高等学校新闻传播学应用型系列教材

新闻综合实训

NEWS COMPREHENSIVE TRAINING

吴洪霞 李未熟 主编

武汉大学出版社
WUHAN UNIVERSITY PRESS

图书在版编目(CIP)数据

新闻综合实训/吴洪霞,李未熟主编.—武汉:武汉大学出版社,2014.3
高等学校新闻传播学应用型系列教材
ISBN 978-7-307-12714-2

Ⅰ.新… Ⅱ.①吴… ②李… Ⅲ.新闻学—高等学校—教材
Ⅳ.G210

中国版本图书馆 CIP 数据核字(2014)第 001999 号

责任编辑:韩秋婷　　责任校对:汪欣怡　　版式设计:马　佳

出版发行:**武汉大学出版社**　(430072　武昌　珞珈山)
(电子邮件:cbs22@whu.edu.cn　网址:www.wdp.com.cn)
印刷:湖北民政印刷厂
开本:720×1000　1/16　印张:13.75　字数:245 千字　插页:1
版次:2014 年 3 月第 1 版　2014 年 3 月第 1 次印刷
ISBN 978-7-307-12714-2　定价:27.00 元

目录

绪　论

新闻学是实践性极强的一门学科。大学期间所学课程，就新闻生产来说，只能算新闻这架机器的“零部件”。把这些零部件组装成能生产新闻的“成套设备”，还有比较长的路要走。

在新闻学科专业课程教学中，教师们布置了一些作业，这些作业为学生们的新闻从业能力打下了基础，但是，这只是向新闻从业万里长征路上迈出的第一步。这一步走得有些艰难，甚至有些趔趄。

第一，无论采访还是写作，无论编辑还是摄影，都还只是纸上谈兵的阶段，大多数学生只是把它当做作业来做，而不是把它当做真枪实弹的新闻来做。

第二，对于这样的作业，其读者只有一位——老师。假如老师也不是一位新闻的熟手，那么这样的作业，无疑还处在练习阶段。

有的新闻院系实行了“三学期制”，即把暑假当成一个学期，让学生到新闻单位实习。这样的教学安排，极大地锻炼了学生采写新闻的能力。即便是这样的新闻院系，也不能保证大部分学生在实习期间亲自动手写了新闻。说白了，学生还是跟着实习指导老师一起下去采访，回来之后指导老师写新闻，带上实习生的名字。在我们评阅学生实习作品的过程中，发现实习生单独署名的新闻稿件很少，因而发现一篇便很惊喜。可见，大部分学生的新闻实习，与新闻记者的实际操作还是有些距离。

据我们了解，一些新闻院系还停留在几十年前的教学模式上，即大学第四年的最后一学期，让学生出去实习，同时寻找工作。最后一学期集中实习的弊端是，学生没有时间再回到学校里去“重修”理论和完善课业，一旦发现自身存在的问题，便没有改正的时间，只好“带病”上岗，这样的学生，用人单位不会很欢迎。

而新闻单位，在近几十年日渐激烈的媒体竞争之中，在用人机制日渐“高消费”的社会现实里，也失去了边用人、边培养的耐心。他们要的是新闻从业的熟手、高手、怪手，而不再是刚出大学校门的“毛孩子”。

所谓熟手，就是有新闻从业经验的人员。媒体招聘，有从业经验的人员优先，当然，有大量新闻作品的毕业生，也算熟手，新闻单位最为欢迎。

所谓高手，便是高学历人员。省会中心城市媒体，无硕士学历的大学生基本不招，这已经成为一条明白说出的条件或者暗中放下的标杆。现在媒体招入的，已经不乏新闻学博士人才。

所谓怪手，就是指非新闻院系毕业的人才。媒体产品中的专刊专版，既具专业性，又有服务性，还兼有新闻性，若所学专业与专刊专版内容刚好对口，也是近年来媒体招聘中颇受欢迎的人才。

高手和怪手不是每个新闻院系想培养就能培养得出来的，而新闻熟手，却是可以成批造就的。靠什么造就？靠新闻教学改革，包括课程设置要打破常规。

传统新闻专业实务课程，无非“采、写、编、评”四个字。而新闻从业人员所要具备的知识与技能，远远不止这些。医学界提倡培养全科医生，新闻媒体何尝不需要全科新闻人？大学新闻院系何尝不需要提倡培养全科新闻人？

新闻媒体每天的新闻生产过程，包括获取线索、选题汇报，新闻策划，以及在采、写、编的过程中重新“发现新闻”，对这些内容，我们的大学新闻教育全未正视，更不谈正式纳入教学过程了。

七年前我们已经尝试开设新闻综合实训课，起初我们称之为新闻综合实务，后来才改为现在的课程名称，主要是报纸媒体的实训。这门课程，我们强调一个“训”字，每一训都用一天时间，按照媒体生产的流程和时间要求，从早上8时持续到晚上8时半。每一训从理论提示性讲解到学生的选题汇报、教师与学生共同敲定选题，再到采访、收集资料、写作，再由教师一对一改稿或者集体改稿，最后由学生组成版面。完不成任务的，视同新闻记者这天没有稿件，本次实训以不及格论。

这样的课程安排，首先是对教师素质提出了高要求。如果教师对新闻写作和生产的其他流程不熟悉，如何指导学生？在美国，担任高校传媒教育的师资来源非常灵活，分为全职教师和兼职教师。前者由经验丰富、学术水平高的人担当，后者由优秀的媒体机构工作者担当，而且兼职教师人数在许多院系超过了全职教师。我国新闻院系的全职教师中，从媒体中来的，寥寥可数，会写新闻的，寥寥可数。这就要求教师们自己能有真枪实弹的本领，才能在每一个指导环节以“内行”教外行，而不是外行教外行，甚至是外行教内行——因为许多学生在媒体实习了好几次，他们的新闻写作经验甚至强于教师。

这样的课程安排，对新闻院系的实验设备提出了新要求。传统的课程，有讲台，有座位，教师讲，学生听。这门课，要求有圆桌教室，供师生围坐在一起进行思想碰撞，要有机房供学生写稿、老师改稿，学生组成报版。古代书院式的教学方式，在这里更为适合，因为选题汇报及新闻价值的提炼，在传统教室里是很难完成的。媒体每周几次的选题汇报或者编前会，都是围坐在圆桌或者办公室完成的。

这样的课程安排，对传统教学管理模式提出了挑战。目前的新闻教学，与其他学科的教学没有区别，都是坐在教室里讲，查堂时，师生得坐在教室里才算。这门课程或许得把学生带到图书馆里查资料，或把学生带到报栏前现场教学，或让学生外出采访，所以，教学管理模式还得从新闻教学的实际出发，不然，一门实践性极强的课程，反而让师生被捆住手脚。

这样的课程安排，近似于发达国家的媒体参与教育。新闻业发达的国家，新闻教育必然发达。他们把新闻生产引入新闻教学中，这个经验值得借鉴。这个模式，被称为“NIE”，即“Newspaper In Education”，是“报纸参与教育”的英文缩写。它原本是报媒为了扩大发行量、争取潜在读者而在大中小学里创办的“实验室”，是报纸营销的手段之一。我们应该借鉴过来，把它变成新闻院系教育的一种方式，让学生与媒体产品直接打交道，直接参与媒体生产，比如三五人一组办一张报纸，严格限定时间，定期出报，所有要求与大众媒体一样。其他新闻课程，照样可以与媒体结合，让广播、电视、网络也参与新闻教育，有的地方已经这么做了，笔者在这里不一一论述。

本书分基础实训和专题实训两大部分。在基础实训部分，我们安排了新闻发现和选题汇报两个实训环节。

发现新闻比写新闻更难，一位好记者首先要具备新闻发现的能力。新闻发现学自从由潘堂林先生创建以来，十多年时间里，越来越多的人认同并主动实践这一学科理论，培养学生新闻发现的能力，就成为新闻学专业教育的题中之义。选题汇报是四大媒体的日常工作，通过选题汇报提炼新闻价值或者进行采写策划，也是新闻从业人员必备的素质。可惜很少有新闻院系安排这样的课程，我们尝试着补长这块短板。实践证明，学生对于选题汇报这样的环节，感觉到非常新鲜实用。我们把这两讲称作基础实训，是指这两个“能力”具有普适性地位。

在专题实训部分，我们安排了报纸媒体几个常用文体或者专版的训练，最后一训是模拟媒体应聘。无论是学生们比较熟悉的消息写作、通讯写作，还是学生们比较陌生的从材料中“拎”新闻、应聘媒体，对于新闻系学生来说，都是需要亲自摸爬滚打的单兵作战。在这种真刀真枪的实训中，学生都是记者的身份。评判作品是否合格的标准，不是老师的口味，而是“媒体能采用吗”。

这门实训课，我们已经开设了七个年头，有了一些初步的经验，对教学时间安排和教学方法的建议如下：

第一，实训课不宜大班上课，分组效果最好。每组 20 人左右，多于 20 人，教师单独改稿的时间不够。如果再加上集中改稿，时间就更不够了。

第二，每训用一整天时间，从早上第一节课直到晚上 8 时半左右。具体时间安排是，第一节课用于理论讲解和知识回顾，第二节课用于选题汇报，第三、四节课让学生收集素材、采访、写稿，教师跟队指导或电话指导。下午开始改稿，最好选择有多媒体的教室，便于集中改稿演示。改稿可一对一，也可一对多，让学生们围在改稿教师周围，这样的效果更好。晚上两节课，由学生在平面组版机房组版。要求学生以自己的作品为头条，其他同学的作品，据其质量优劣，合理安排版面。版面要求图文配搭，图片最好是由学生在采访中自己拍摄。教师指导学生组版，发现问题，及时解决。有条件的学校，在学生版面由教师签发之后，方可结束一天的实训。

关于实训内容的安排，我们还在摸索中。有的内容，似乎还可以安排专业实训，比如新闻标题的撰制、编辑稿件（长稿改短，短稿重写加长，重新提炼主题，变换报道角度）、现场短新闻（要求写出现场感）等，都是值得花时间进行专题实训的。

我们很想将这本教材写成一本实训手册，让师生拿着这本手册，就能进行新闻专业的相关实训。不知我们是否达到了这个目的。

上　编

基础实训

实训一

新闻发现

一、实训目的及要求

生活中不缺少新闻，而是缺少发现新闻的眼睛。新闻工作最需要的是发现，新闻实践中难度最大的是发现。新闻记者的第一技能不是写作而是发现。

本次实训的目的是培养学生新闻发现的能力，要求学生留心日常生活，多看媒体上已有的报道，从中发现一两条具有报道价值的新闻线索，并采写成新闻。

二、实训步骤

（一）理论提示（90分钟）

理论讲解部分主要是老师对以前课程里讲过或没讲的、与本次实训有关的内容做提纲挈领式的回顾，时间以一节课为宜，留下时间便于学生在实训阶段扎实地训练。

在日常的新闻采访活动中，我们很多记者，特别是刚步入新闻行列的同事常常感叹，觉得手头线索不多，没有新闻可发现、可采写编排，特别是为没有重要新闻而苦恼。

果真如此吗？其实不然。没有新闻发现当然没有新闻选题，作为一个记者，其新闻敏感性的有无和强弱，直接影响选题的多和少。新闻敏感性强的记者能在别人司空见惯的地方发现新闻，采写出引人注目的新闻；新闻敏感性弱的记者，只能隐约感觉或全然不能发现。丰富多彩的现实生活犹如一座座宝山，只有用心发现的记者，才能慧眼识取新闻线索，它可能是一件很简单的事、一个数字、一句话、一种现象，也可能是比较复杂的事。可见，要获取新闻线索，记者发现力的培养尤为重要。有些具备较强发现力的记者，就算是从报纸的一条小消息中，都能找出新闻线索，进而做出采访策划，而有些发现力较弱的记者，就算新闻摆在眼前，也可能会视而不见。

比如，下面这些新闻线索，你认为哪些比较有价值，是值得挖掘的呢？

（1）有家长说自己的孩子在青园街小学上学，听说那里昨日丢失了一个二年级小孩。

（2）某村积水，村民无法出门。

（3）某大街南三环附近，外地公交车撞树上了，还轧了人，堵车严重，快两个小时了。

（4）易初莲花超市商品大批量降价，很多市民纷纷抢购。

（5）某路4号宿舍李女士家的菊花开了。

（6）有邻居来索赔，说被我们家的狗咬了，可是我们家的狗从来不咬人，这怎么办？

（7）前几天，我的三个喝醉酒的舍友打车回家，快到家了，出租车司机代舍友打电话，让我去接。接人的时候，司机没有把手机还我们，后来我们打自己那部被司机带走的电话，结果关机了。

（8）匿名电话报料，某大街高架桥施工工地有人意外死亡。

（9）上周日，一个3岁的孩子捡到一个皮包，里面有身份证和万元现金，孩子好像是通过上网查找到失主信息，失主是位律师。

这些新闻线索中，第1、3、7、8、9条具有新闻价值的某些特性，如重要性、接近性、新奇性，可以进一步采访并写成新闻。

下面集中讲两个关于新闻发现的问题，一是在哪里发现新闻，二是新闻发现的能力如何培养，即新闻发现的思维方法。

1. 在哪里发现新闻

（1）会议出新闻

各种不同形式的会议，实际上大多是传递信息、汇报、交流情况和经验的场所。对记者来说，会议是最丰富的信息场，是新闻富矿。记者参加各种会议，能得到一些详尽的书面材料，这为获取新闻线索、采访到有价值的新闻提供了有利条件。但是怎样从会议中挖掘出有价值、有深度的新闻却是大有学问。不会发现新闻的记者只能在会场看热闹，最终写出“5W”式的新闻，即某年某月某日某地召开某会议，某领导出席讲话，强调指出了某些问题。而会发现新闻的记者却善于跳出会议程序，给“公众兴趣”号脉，从庞杂的会议内容中捕捉要闻，挖掘出“宝藏”。

所以，要想从程式化的会议中发现新闻，记者除了要善于从会议的

"即席发言"、简报、会议文件和领导讲话中的"举例说明"里获取更多的新闻线索外，还要注意以下方面：

第一，抓住信息的两个特点。

①新——新事实、新观点、新决策等。

②与受众相关——与受众工作、生活相关，对受众决策、判断有借鉴，满足受众求知欲等。

抓住具备这两个特点的信息后，我们还要进一步用具体的语言描述这一信息，直到挖掘出具有新闻价值的焦点，这也是读者最关注的方面。

第二，挖掘会议新闻的五种思路。

①思路一：新闻六要素。

谁、什么时候、什么地点、说了什么、为什么、受众为何要关心？

②思路二：扩散法。

永远不要把报道会议作为自己的目的。以会议为中心，向外延伸出与会议有关的几个大的主题，每个主题再分别根据会议的实际情况延伸出副主题，以此类推，直到你找到最能吸引读者的那一个或几个点。会议新闻包括三大报道方向——人物、事件及观点和五个组成要素——发言者、听众、背景、轶事/花絮、会议主题内容。

③思路三：抓住新闻动词。

新闻动词是一个行动性动词，或者后面的宾语具有新闻价值，或者动词本身就具有新闻价值，挖掘会议新闻需要记者努力寻找这样的新闻动词。一个新闻动词就是一则会议新闻的焦点。比如会议决定里写道："这次会议的主旨是解决民生问题。""解决民生问题"是一个动宾词组，也就是我们所说的新闻动词。其中的宾语具有新闻价值，它区别于同类规模的会议，反映出党政工作的新变化，既是老百姓关心的新闻，也是领导必看的报道。

④思路四：抓住矛盾焦点，抓住冲突性的场面。

会议常常出现火药味十足的争论。为什么会争论，以及争论的事件，常常指向了更深层次的问题，这也是读者想要知道和需要知道的，我们可以在报道中把这些场面记录下来，让读者"亲自来到"会议现场。

⑤思路五：跳出会议程序，挖掘会议实质内容。

关于会议报道，会议的目的是什么？会议讨论了什么？争论了什么？通过了什么议题？没通过什么议题？谁提出了不同意见？会议中披露了什么重要信息？达到了什么结果？这些都可能是新闻。①

---

① 尚自强：《如何在会议中挖掘新闻?》，http://blog.sina.com.cn/s/blog_681cb0550101jjrr.html，2013-03-25。

如某地政协组织召开了一次座谈会，部分政协委员在座谈会上就招商引资工作进行了汇报发言。如果单就座谈会做报道，就会流于形式，枯燥无味。其实要做好这个会议新闻，可以跳出当时的座谈会，对政协委员招商引资情况进行重点采访报道，如当地政协委员如何发挥自身优势，积极对外宣传当地的投资环境和投资政策，如何为全市招商引资牵线搭桥，全方位、多层次招商引资。这些内容都比较具体实在。

再如某日某市召开一个经济工作会议，会上负责人主要是在汇报工作，但在汇报中他讲到该区的某镇正在实施“退耕还林”工程，计划用三年时间在该镇种植核桃树三万亩，重新打造“亚洲最大的核桃林场”。某记者意识到这个信息是一个很好的新闻线索，随即对该镇核桃种植现场、核桃种植户、技术员、该镇负责人进行了采访，写出了《30 万株核桃树苗“嫁入”××镇——向“亚洲最大”迈出第一步》的深度报道，获得当年全省经济好新闻二等奖。

（2）已有新闻是线索库

记者看报、看电视、上网已成为其生活和工作的组成部分，但记者接触这些媒体不是像普通受众那样根据自己的兴趣随便浏览一下了事，而是要对涉及本地的事件、人物、群众诉求等进行及时了解。同时，记者又要多长一个心眼，善于从别人报道的“缝隙”中引出线索，寻找恰当的报道角度进行深度挖掘、链接解读。

如 2005 年傅剑锋(《南方周末》资深记者、编辑，曾供职于《南方都市报》)所做的产生了较大影响的“砍手党”调查即是这方面的例子，相关的报道有《深圳“砍手党”来自小山村》(据 2005 年 1 月 20 日《南方都市报》)、《阿星的内心挣扎》(据 2005 年 7 月 14 日《南方周末》)。当时，傅剑锋做这些报道的线索来自《南方都市报》深圳版的一个普通政法报道。这个政法报道中的嫌疑人称，他出来砍手抢劫是因为学历太低找不到好工作，工厂报酬低得不合理，另外他称他们整个村庄的年轻人差不多都到广东抢劫。傅剑锋觉得如果只是他一个人这样抢劫，那只是个案，但如果他们村庄多数年轻人都抢，一定有某种必然性和一种普遍的推动力，并且他还推想，这种推动力极有可能与城市、农村之间的矛盾有着深刻联系。于是，傅剑锋涉险进入他们的村庄调查，发现城乡差距背后的极度贫困、贫困诱发的教育不足、工厂的超经济剥削、城市对他们的习惯化、制度化歧视正是推动这一“犯罪村庄化”的核心因素。于是，他找到了“城乡与区域发展之间的断裂”这一大尺度的观察背景。

(3) 日常生活里有“故事”

生活里有形形色色的人，有丰富多彩的事，关注日常生活，留心生活小事，留意“谈天说地”，是记者发现新闻的重要渠道。记者在走路、乘车、聊天、买东西等日常生活中，都是“眼观六路，耳听八方”，不放过耳闻目睹的每一个新鲜现象，并用自己的新闻眼光审视一番，因为这里面可能就有新闻。

如第16届新闻奖二等奖作品《3000小考生妖魔化妈妈》(2005年4月25日《武汉晚报》) 的线索就来自于记者在食堂饭桌上与“培优”妈妈们的聊天。那天，记者与“培优”妈妈及2005年楚才作文大赛的评委钱刚在食堂饭桌上聊到，在作文题《请给我一点时间》的考卷中，超过75%的小学生不约而同地把自己妈妈“妖魔化”，称她们为“母老虎”、“河东狮吼”等。记者马上从中“嗅”出重要新闻，和同事们快速采访写稿，并很快又发掘出系列报道《14岁男孩被母亲逼成白发》，引发了一场“构建和谐母子关系”的大讨论，获得良好的传播效应。

再如，北大学子落魄街头卖肉事件，就是陆步轩的高中同学在与西安电视台的记者聊天中无意提起的。

所以，处处留心皆新闻。

(4) 内部文件和材料里常有大线索

记者经常有机会阅读一些单位的内部文件和材料，如领导讲话稿、部门制定的规章、工作总结、简报等。有些记者对这些材料不屑一顾，扫几眼就签字退回，其实这是对宝贵新闻资源的轻视。只要时间允许，记者应该耐心多看看这些内部文件材料，说不定“一不小心”就会抓出一条好新闻。比如一份简报上说机关最近组织了一次广播体操比赛活动，记者就要问一问，搞这样的活动有什么意义？如果是出于关心机关人员的健康，那么过去做得怎样？如果过去也做得很好，就可以写一篇“某机关员工30年坚持做广播体操”之类的稿件。如果某简报上说本单位某个人受到上级的表彰，或得了什么奖，就要问一问他在哪些方面取得什么突出成绩、所获奖项的级别、是否有报道的价值等。

再比如，有个市级报纸的记者看到某机关总结材料上说：“我们采取租售结合的办法，解决了困难拆迁户买不起经济适用房的难题。”解决困难拆迁户的问题，是各地方政府的一件头痛事，如果这份材料上讲的情况属实，无疑是有推广价值的。于是，记者带着“这到底是怎么个结合法”的疑问，深入采访，对此经验作了公开报道，为附近一些地市解决类似问题提供了参考，并受到上级部门的表扬。

（5）新闻热线大有文章

这里说的新闻热线包括热线电话、QQ报料平台、群众来信、来访等。对于记者来说，群众来电、来信、来稿、来访就是群众送上门的新闻线索，因为群众反映的问题大多是现实生活中无法解决的，要么复杂，要么重大。记者应注意收集反馈信息，发现问题，并通过报道解决问题，这往往能产生好新闻。

现在各媒体都设立了热线电话，鼓励人们提供好的新闻线索和新闻素材。群众来电反映的问题种类繁多，有称赞的、有气愤的、也有困惑的。对这些来电进行调查，大多可采写出深受欢迎的新闻。

某电视台记者从热线获得一条信息，一名年仅18岁的学生身患白血病两年，挺过13个化疗疗程后，因家中没钱而面临停止治疗的困境。得到这一线索后，记者随即前往这位学生家里，采访了相关情况，写成《白血病男孩化疗13次　后期治疗费用无着落》，新闻播出后，引起社会的强烈关注，社会各界纷纷伸出援助之手，不少热心人士更是不辞辛苦地来到电视台捐款。在社会各界的帮助下，这位学生得以进行后续救治。

这个选题还可以接着做深度报道。社会各界伸出援手固然是好事，但是，是否所有白血病患者昂贵的治疗费用，都要通过“新闻”来筹集？“新闻报道救人”的效应到底能解决多大问题？社会上像这样的病人，如果没有新闻帮忙，该如何救治？用舆论推动建立某种机制，拯救大量类似的病人，这才是新闻记者把好钢用在了刀刃上。

除此之外，对于刚入行、认识人不多、对报道领域也不熟悉、往往苦于寻找新闻线索的年轻记者，还可以进入聊天室、BBS、博客、微博等，看看最近网民都在关注什么，哪些帖子点击率最高、跟帖最多，这里面也是有线索可挖的。

在校的新闻专业学生，假期中肯定会到新闻单位实习，而不少学生被安排到新闻热线接听电话。不少学生有怨言，抱怨实习老师不带他们去采访、写新闻，这样的抱怨是错把热岗当冷岗，身在宝山不识宝。

媒体普遍设置新闻热线的时间，是在改革开放之后，严格地说，是在媒体改革启动之后，媒体从宣传部门的角色转变为新闻传播的角色。媒体开通新闻热线的初衷，不是要为社会解决多少问题，因为他们深知媒体既无行政执法权，也无指挥权。媒体开通新闻热线是向社会“要新闻”，因为新闻就是媒体加工、生产并出售的“商品”。至于解决问题，是在满足新闻的条件下，利用舆论监督“顺便”促成有关部门解决问题。

了解了这一点，实习生在接热线电话的时候，就会分清哪些是新闻，哪些不是新闻，哪些事情媒体无法解决，即便通过舆论监督也无法解决，哪些事情会在社会造成强烈反响并立即得到解决。所以，对那些家长里短、鸡毛蒜皮的事，应巧妙地尽快结束；对那些确有新闻价值的线索，则要仔细追问，详细记录，为记者出访提供必要的帮助。

看来，接新闻热线是最好的实习方式之一。它会培养学生新闻发现的能力，为今后从事新闻工作打下坚实的基础。

(6) 多个朋友多条路

作为记者，新闻线索的获得数量与及时程度，与他的社会关系网络密不可分，这也是发现新闻的一个最大的、也是永不枯竭的源泉。记者是一个社会活动家。在采访实践中，记者要交各式各样的朋友，上至党政要人，下至黎民百姓，包括各行各业的通讯员以及同学、朋友，形成一张“新闻线索来源网络”，这样一来，记者才能更多地做出时效性强、价值高、吸引受众眼球的新闻。

(7) 特殊日历表常有提示

重大节日、纪念日、人物日志、季节变化等，对记者来说，都是重要的新闻源。记住这些日子，在它到来之前寻找相关的人、相关的事进行采访报道就是新闻。

作为一名新闻记者，在新闻源不丰富时，必须利用好手中的特殊日历表。在清明、重阳等传统节日到来前，在三八妇女节、五四青年节、光棍节、圣诞节以及环保日、土地日、艾滋病防治日等特定节日到来前，提前做好报道策划，虽然这类新闻属“应景报道”，但从开拓新闻源角度讲是不可或缺的。

(8) 群众关注的热点、难点永不落伍

食品质量安全、高位房价等衣、食、住、行问题，都是政府与老百姓关注的，本身就是很好的新闻题材。作为一名新闻记者，就应该时时找那些老百姓关心的、政府部门关注并努力实施的事情，把握好时机、把握好度，选准突破口进行报道，这样既解决了群众关心的问题，树立了媒体的形象，同时对不作为的部门和单位进行了有效监督，促使难点问题尽快得到解决。

例如酒驾问题已成为社会一大公害，广大市民非常关心。媒体一直代表民众呼吁酒驾入刑，这事终于在 2011 年 5 月 1 日以法律的形式得以落实。酒驾正式入刑以来，媒体又进行了大量报道，各地的酒驾事故大量减少。我们可以从《“酒驾入刑”两个月　湖北酒驾降三成（主）因酒后驾驶造成交通事故死亡人数同比降 50%（副）》(据 2011 年 7 月 9 日人民网)、《醉驾入刑后南京酒驾降三成》(据 2011 年 7 月 6 日《新华日报》）等报道中看到

"酒驾入刑"后的积极效果。

2. 新闻发现的思维方法

天涯处处有芳草，身边时时有新闻，但新闻不会主动跑到记者面前，而要靠记者自己去发现、去捕获。纵观中外新闻史，那些留下新闻名篇、影响巨大的名记者，都有一个共同的特点，那就是其思维异常活跃，所以，掌握一定的思维方法对记者发现新闻大有益处。

（1）用逆向思维看问题

逆向思维即反向思维，它打破了常规的思维方式，从原有的思维返回、朝着相反的方向去思考并力求找到新的解决问题的方法。具体来说，在发现新闻时可以从以下两方面入手。

第一，避实就虚，凸显受众的关注点。

在寻找新闻线索时，我们的惯性思维往往是一头钻入"实"的事实中，这样虽然能给受众提供一些有效的信息，但很难吸引读者，因为没有找出新的角度。有时避"实"就"虚"，换个角度思考，从读者的关注点切入，就会带来不同的效果。

比如，领导去调研，我们习惯于把重点放在领导的行程和活动过程上，当然，调研本身也是有新闻性的，但有时调研的结果也许对读者更有吸引力。作为记者，我们要善于去留意新闻事实发生过程中"虚"的一面。如果直接报道领导调研过程，就落入了工作报道的窠臼，除非重要领导，否则一般不会有多少人关注。而找出调研活动中与受众利益有关的调研成果，这样的新闻的关注度一定很高。

第二，开掘出新闻最有价值的一面。

发现新闻需要逆向思维，这样才能在有价值的新闻中开掘出更有价值的一面。比如，年年做的植树节报道，许多媒体往往是岁岁年年稿相似，年年岁岁树不同。但某报在植树节刊登的《义务植树存活率令人担忧》(据2004年3月8日《处州晚报》）报道，却独辟蹊径，重在指出年年植树不见林的怪现象。再比如某晚报的报道《看个"咳嗽"要掏1065元》(据2002年8月10日《武汉晚报》)，反映出老百姓看不起病的现实，一篇小小的报道，揭示了我国医疗行业存在的严重问题。

（2）用联系的观点找问题

我们现在的不少报道，往往是只报道孤立的、单个的事实，而不把它放在大的背景下，与别的事实联系起来作报道，从而失去了许多可孕出新意的选题。

第一，在相关素材的比较中发现新闻。

新闻的价值有时是通过比较提炼出来的。有一个非常典型的例子：改革开放之初，当时在《辽宁日报》当记者的范敬宜与同事到农村去采访，晚上分别睡在两家公社的值班室。第二天，范敬宜问同事有没有新闻，同事说，睡得好好的，没有打扰，哪来的新闻。范敬宜不以为然，认为“没有”就是意外，就是新闻。于是，他就抓住这个事进行采访，写出了《两家公社干部睡上安稳觉：夜无电话声，早无堵门人》，以崭新的角度反映了实行生产责任制后农村的新变化，农民们自主种植和养殖，不再整天找大队和公社请示该种什么、该养什么了，这成为了一篇很好的文章。

再比如，有一位记者发现，2005 年除夕，温家宝总理到山东济宁与当地农民一起欢度春节时身穿的羽绒服，与 10 年前时任中共中央书记处书记的温家宝，深入山东寿光市考察时所穿的羽绒服竟然是同一件，这件不知什么牌子的羽绒服已经穿了 10 年！记者把这两张照片放在一起，加上简明扼要的文字说明，作为一件新的新闻作品发出，引得不少报纸争相采用。

这个新闻发现的思路，也常常被一些精明的记者用来做新闻。比如，有一位记者长期盯着一户人家，从改革开放初期到当前，每隔几年去采访一趟，用前后对比写出这家人的生活变化，把新闻做得很有“艺术”感。

第二，利用背景素材发现新闻点。

在实践中，记者常会碰到一些不大不小的新闻，写出来觉得没多大意思，扔了又感到可惜。这时，如果去了解一下事实背后的一些情况，或许就能挖掘出更有价值的东西来。

比如 2004 年《处州晚报》曾发过《平安大道不平安》的报道，写的是 A 地至 B 地的一级公路设计问题。发稿后，促使有关部门对这条路的安全隐患采取了一些有效的改进措施。而这条新闻线索，记者当时是从一个车祸新闻中挖出来的，如果记者只是从一个交通事故的角度来报道，只能是一条普通的社会新闻，新闻事件的最大价值并没有被挖掘出来。当记者了解到，这段路从开通以来的几个月中，竟发生了几十起交通事故，死了 10 多个人，便利用这个背景素材，写了这篇分量较足的文章，并由此引起强烈的社会反响。

(3) 用延伸思维找角度

延伸思维就是指沿着新闻事实发生的趋向，追踪下去，找到新的新闻。如一场大地震发生了，这本身就是新闻，接下来会发生什么相关的新闻呢？记者就要顺着这样的思路走下去：肯定是要进行救援工作。哪些救援人员最先到灾难现场的？他们是怎样营救埋在废墟中的人员的？一天救出了多少人？受灾民众的安置工作做得如何，各级政府有什么安置措施？哪些地方送来了救援物资，这些物资在分配过程中是否合理？灾区的防疫工作进行得如何？是否注意到将有余震和次生灾害的发生？受伤人员的救治情况怎么样，他们是否进行了心理治疗？灾后重建工作有什么规划？循着这样的思路继续往前延伸，就会发现大量与地震相关的新闻等待采写。

（4）用发散思维找突破

一个事实，哪怕是一个比较小、比较单纯的事实，也是可以从多种角度去报道的。发散性思维就是由一个点散开去，沿着不同方向、不同角度去观察审视事物，研究分析问题，从多个侧面发掘和认识事物的本质和内涵，一题多解地寻求问题的答案。这种思维可以帮助记者沿着不同的方向、不同的角度去思考新闻事实、选择独特视角、挖掘新闻价值。

比如，曾获第二届中国新闻奖消息类三等奖的《南京时报》作品《全国药交会开幕式变“闭幕式”》。在全国药交会开幕当天，记者前往现场采访，却发现开幕式会场的来宾稀稀拉拉，一些主要业务交易场所和前几天爆满的宾馆也冷清下来，看到这种情况，记者并没有觉得无新闻可写，而是从另一个角度，即对出现这种情况的原因进行挖掘，最后写出了这篇获奖消息。这篇新闻的导语写道：“激烈的竞争使参加本届全国药品供应交流会的代表不再按部就班地等待大会的日程安排，而是提前到宁，抢先做生意，到昨天开幕为止，大会成交额超过10亿元。不少做好生意的代表已打道回府，以至昨天举行的开幕式座位空出一半，大会一位负责人惊呼：‘开幕式成了闭幕式！’”

《纽约时报》著名记者迪姆士·泰勒初涉新闻业时，也闹过笑话。有一回，他奉命去采访一位著名女演员的首场大型演出。泰勒兴冲冲地来到剧场后，却得知演出已经被取消，于是便回家睡觉。半夜时分，编辑用电话叫醒他，气冲冲地说，那个演员已经自杀了。那时的泰勒之所以犯这样的错误，其实就因为他缺乏发散思维，缺少从多角度来看待事物的能力，没有追问为什么会取消演出。

3. 移动互联网内容对新闻发现力的要求

移动互联网已经成为一个新媒体热点和互联网经济增长点，新闻工作者应在这一新的时代背景下注重培养发现新闻的能力，即新闻发现力。在移动互联网背景下，新闻发现力的内涵除了传统的判断力、挖掘力、鉴别力和预见力之外，还包括创新力、信息整合力、移动互联网技术能力、多媒体综合掌控力和国际视野。

（1）创新思维力

互联网和移动互联网带来了传播渠道的重大变革，信息来源和信息本身几乎是无限的。每一家媒体、每一位新闻工作者在利用网络寻找新闻线索时，都面临海量信息的困扰，其中有大量不具备新闻价值的杂音乃至噪音，这需要新闻工作者拓展视野，不断扩大知识领域和发挥联想能力，在地毯式信息扫描的过程中，善于以创新思维发现迄今还没有通过大众媒介广泛传播的、鲜为人知的新鲜思想或事实，或者是契合受众当下需求的新鲜知识与建议。

（2）信息整合力

现在，有的报纸整版都是抄录网上微博的内容，几乎没有信息加工与整合。这种抄袭和偷懒的方式不能叫做发现新闻。网上的内容快速、碎片化、即时，具有相对较高的时效性，同时也表现出浅薄性。报纸的优势正是在于它作为传统媒体的严肃性和深刻性。在微博上发现新闻，需要对具有新闻价值的线索内容进行多渠道交叉认证和编辑整合。网络可以浅薄，报纸不能掉价。

（3）多媒体技术能力

包括对移动终端的选择使用，对智能机操作系统的更新换代，对各种热门高效移动互联网应用的驾轻就熟等，都有不同于桌面互联网之处。移动互联网终端产品形式多样，包括手机、平板电脑如 iPad、电子阅读器如 Kindle 等。另一方面，将触摸屏、传感器、定位系统等设备植入终端，丰富了终端的功能，改善了用户体验。

（4）多媒体综合掌控力

移动互联网的即时性更高，应用也更丰富，是一个典型的多媒体融合平台。除了记录文字之外，拍摄照片或视频、录制音频等都成为新闻现场的有效手段。新闻工作者必须对热门的应用非常熟悉，了解移动互联网的多媒体使用方式，才能够理解和融入消息源。因此，掌控移动多媒体的硬件和软件都将是十分必要的。

（5）国际视野

在全球范围内，移动互联网的应用都已经非常普遍。应充分利用国际化资讯平台，发现各国新鲜的新闻事件。在诸如伊朗选举危机、埃及政局动荡和英国骚乱等举世瞩目的重大政治事件中，都有一家美国互联网媒体发挥了重要的传播作用，那就是推特。在事件中，每个人都可以很容易地成为信息传播的节点，以很简单的技术方式和文字技巧记录与参与新闻事件传播，信息扩展的范围广、速度快。

所以，在移动互联网时代，新闻记者应密切关注移动互联网上的信息流动，对于新闻事件发生后迅速变化的局势需有掌握，从当事者在现场上传的各种文字、音频和视频材料中观察和发现新闻，判断新闻走势，挖掘深层原因，这样一来，具有深度、力度、厚度的新闻报道才可以不断产生。①

（二）选题汇报（45 分钟）

新闻选题即是选择新闻采访的“题目”。对新闻报道来说，新闻选题既是一个过程也是一个结果。新闻选题的确立，能使记者与采访对象之间的关系得以现实地建立起来，从而使每一次具体的采访活动通过主体与客体之间的交互作用得以有效地展开和发展。如何进行新闻选题，请参见本书“实训二　新闻选题”一章。

这个环节要求每位学生都拿出一个想做的选题，并说明自己将如何去做这个采访，具体而言，即要明确采访的对象、采访的方式、采访中要提的问题，预见采访中可能面临的困境及解决措施等。针对提出的选题，老师鼓励学生们一起讨论，并做启发引导性发言，告知学生哪些题目可以做、哪些没有报道的价值及为什么没有价值、哪些选题换个角度可能就有新意等，时间控制在 45 分钟以内。例如，下面是 2011 年上学期一次实训课中，学生们提出的选题：

（1）女大学生在春节期间忙着相亲，直呼比上学还累；
（2）新学年开始，学校工作还未走上正轨，学生有怨言；
（3）考生在驾考中作弊花样多；
（4）春节期间某市对酒后驾车严抓严管；
（5）某高校图书馆开设的考研自习室不够用；
（6）春节后很多人不再愿到外地打工，而选择在家门口就业；
（7）婆媳因刚出生孩子属相起争执；
（8）为求健康，一 30 岁妇女吃粗粮吃出“营养不良”；
（9）高校学生校外租房现象严重；
（10）一箱龙眼一斤树枝，包装精美的礼品果盒“水分”多。

以上选题中，有些比较好地反映了现实生活的新元素，颇具新闻价值，如第 1、3、6、8、10 条。但有些选题缺乏挖掘，角度不新颖，这些将在问题部分指出。

---

①　于迎：《移动互联网背景下的新闻发现力分析》，载《新闻传播》2013 年第 3 期。

三、作品赏析

听证会上的惊天一"抛"① 解说：今天上午，在哈尔滨马迭尔宾馆举行的哈尔滨市调整城市居民生活供水价格听证会上，发生令人震惊的一幕：因为屡次举手没有得到发言机会，听证代表刘天晓愤怒地将矿泉水瓶抛向主持席。 现场：刘天晓拿起一瓶矿泉水扔向主持席	标题有悬念。"惊天一抛"四个字，暗示听证会出了大新闻。 "导语"新，代表抛矿泉水瓶争取发言机会，这个举动实属被逼，在现实生活中很少见。
同期（刘天晓）：我最早举手为什么不让我发言，这里法律面前人人平等。 解说：此举让现场一片哗然，刘天晓也因此争取到了发言机会。	新闻背景非常客观，唯一一位"民众代表"不同意涨价，暗示"寡不敌众"。对于水价涨幅，用数字说话，效果非常惊人。
同期（刘天晓）：我代表消费者，反对涨价，其理由如下：调价时机尚不成熟，听证方案提前早产，定价成本不透明，老百姓雾里看花，这是温柔的打劫，这是水淹和谐社会。 解说：今天的听证会一共32名代表参加，其中人大代表、政协委员，以及供水企业代表占了大多数。59岁的刘天晓是一名退休教师，他是作为普通消费者代表参加听证会的。听证会上，除刘天晓外，其余31名代表都同意涨价。此次哈尔滨水价调整方案为：每立方米水价由1.8元上涨到2.4元，涨幅33%。据记者会前调查，市民普遍认为哈尔滨水价不该大幅上涨。	这条新闻的价值在于，记者非常敏锐地捕捉到会上唯一持反对意见的代表为了争取发言机会而采取出人意料办法的突发瞬间，在可能全票通过没有悬念的听证会里，投下一颗溅起巨大浪花的石子，让一个司空见惯的听证会回响起响亮的"民声"，这条消息揭示了涨价背景下民众的呼声，反映了民生的重大问题，主题深刻。

① 选自黑龙江电视台2009年12月8日《法制在线》栏目。

这是一篇获得第20届中国新闻奖的电视消息类作品。

这是一篇会议新闻。在很多时候，记者报道会议新闻时经常是看看材料或会议通稿，不深入会场，会还没开完人就走了，做出来的新闻自然就是“八股文”，老生常谈，新闻不耐看，受众不爱看。

但在这个会议中，记者并不是在会场“蜻蜓点水”，满足于会议所提供的材料，而是蹲守现场，在会议的进程中发现了好新闻。这条新闻成为独家新闻，最能说明在同一现场、媒体众多的情况下，作为新闻工作者是应该并且能够发现新闻的。

四、实训中存在的问题

1. 对长期存在的问题缺乏新的报道角度

这是带有普遍性的问题。很多学生以为只要事实发生了就可以写，哪怕这个事实反反复复地出现过多次。比如，有学生想写春节期间某市对酒后驾车严抓严管，这是可写的，但要看怎么写。酒后驾车现象很普遍，尤其到春节这个特殊时期，交警严抓严管是职责所在，而且每年这个时候都这样，有何新意呢？还有高校学生校外租房住的现象也是如此。这不是动态消息，而是业已存在多年的问题，如果硬要报道，还得找出这种现象的新变化。如过节时送礼也很普遍，有学生在汇报选题时就提到现在很多礼品包装很精美，但里面却是“水分”很多。精美的包装，往往藏着商家的欺诈。这个道理我们都心知肚明。但是，要提示这种现象，还得具体落实到某一件事上，正好，将“一箱龙眼中至少有一斤树枝”作为典型，提示了这种欺诈现象。我们在传达某一种观念、揭露某一个问题时，总得以一个新闻事件作为载体，用它说话，才能显得鲜活而实在。

2. 只见事实，看不到事实背后的“厚重背景”，不会把社会事实转化为新闻事件

一所学校图书馆为考研学生开了一个考研室，但不够用。一位学生了解到这种现象，想写新闻，却停留在呼吁扩大考研室的层面。他没有发现新闻。如果我们能多问个为什么，即三本院校的考研室为什么供不应求？再调查了解其他三本院校，如果出现了同样的情况，这个新闻就铁板钉钉了。这个新闻从现象——考研室不够用，到本质——三本院校学生为改变出身，千军万马再挤独木桥，这不就有新意了吗？这样的新闻，所有大学生都爱看，所有家长都爱看，社会上的所有受众，都会关心这个新出现的“再挤独木桥”现象。

思考与练习

1. 美联社老社长作为记者进行第一次采访时，主编看他是个新手，给他一个最简单的选题，报道当地一对年轻人的婚礼。不一会他就回来了，告诉主编说，没新闻可写。“为什么？”“新娘子跟别人跑了。”结果差点被炒鱿鱼。

请讨论：这位记者首次采访失败的原因何在？并用一句话概括什么是有价值的新闻。

2. 在你所在学校转一圈，看看有什么不寻常的迹象？在那里的餐厅或咖啡厅吃点东西，听听周围人的谈话，把自己观察到或听到的不寻常的东西记到笔记本上，看看有没有新闻线索。

3. 采访学院领导、教授、学校食堂厨师、保安、清洁工、学生宿舍管理员、校医院医生或护士、学校商店经营者等，请他或她描绘一下工作中最高兴的事情或最烦恼的事情。问问他们今年以来最大的成绩是什么？面临的最大困难或挑战是什么？从中发现一条有新闻价值的线索。

实训二

新闻选题

一、实训目的及要求

本次实训的目的是培养学生进行新闻选题的能力，要求学生掌握新闻选题的基本知识，熟悉选题汇报的程序，敲定新闻主题以及采写角度，确定报道方式，做好选题汇报前的一系列准备工作。

二、实训步骤

（一）理论提示（90分钟）

在理论讲解部分，要求老师讲解清楚以下几个基本的理论问题：①新闻选题的概念，选题的作用，选题的原则；②媒体单位是如何进行选题汇报的；③在实际工作中，新闻记者是如何策划新闻选题的；④学生在选题汇报中常见的问题；如何培养学生的选题意识等。

1. 新闻选题的定义

新闻选题是指新闻工作者根据所掌握的新闻素材，在正式采访报道之前进行的一场持续性的新闻选择和新闻策划的复杂思维活动和实践活动。

它包括新闻主题的选择、新闻材料的组织、报道方式的策划、采访写作的具体安排等。它是一个过程，可以是个人的思考酝酿，也可以是集体的头脑风暴。

通过新闻选题活动，能使新闻报道者与报道对象之间明晰地建立起现实的关系，从而使每一次新闻报道活动变得更加科学有效，提升新闻报道的价值。

新闻报道来源于客观存在的新闻事实，是报道者的主观意识对客观存在的准确反映。所以，新闻选题活动不是简单地“复制”已有的事实、观念或思想，而是通过积极的精神活动，不断地利用新闻敏感度和新闻发现能力，整合新闻素材。在已知的基础上发现未知、发现新价值，从而产生新知识、新观念或新思想，让新闻的价值得到提升。

2. 新闻选题的作用

新闻选题的作用很大，它是进行正式新闻采访与写作之前的第一道程序，古人说：“凡事预则立，不预则废”，还有一句谚语：“磨刀不误砍柴工”，所指的都是准备工作的重要性。新闻报道活动也不例外，充分的准备工作能够做到有的放矢、谋划充分。

具体说来，新闻选题的主要作用有以下几点：

第一，明确新闻报道的主题，挑选合适的新闻素材，初步规划好新闻报道的框架，增强新闻报道的整体性、方向性、科学性。

第二，明确新闻采访的方向，有助于采访活动的顺利进行，提升新闻采访活动的质量和效果。去哪里采访、采访什么、怎样采访、使用哪些采访技巧等，都可以在这个环节里进行合理规划。

第三，可以转换传统的视角，寻找创新点，让新闻报道活动充满个性化。

在 Web 2.0 时代，资源共享的程度史无前例，新闻同质化现象非常严重。所以，个性化、差异化的新闻报道成了稀缺资源。通过新闻选题活动，转换视角，寻找创新点，可以做到“人无我有，人有我优，人新我深”，充分发挥个人的竞争优势。

第四，可以发动“头脑风暴”、集思广益。在新闻选题汇报会上，同事之间（包括领导）可以通过讨论的方式进行思维碰撞，激活灵感的火花，寻找最佳选题。

第五，可以增强新闻报道的科学性，提升新闻报道的价值和影响力，吸引受众的注意力，从而实现新闻报道的理想价值。

3. 选题的原则

关于新闻选题原则的讲述，有很多版本，不同的专家学者有不同的见解，编者在这里只从综合新闻实训的角度，说明新闻选题过程中最直接、最实用的几个主要原则。

（1）站在受众的角度选题

这种“换位思考”是新闻选题的核心原则，它要求新闻人必须紧扣媒体及不同版面（或栏目）的定位，对“受众想了解什么”有明确的认知。

比如：报道国际车展，汽车讯息版会关注新款型、新性能；娱乐新闻版会捕捉展会上的模特风采、花边趣闻；体育新闻版会介绍哪些体育明星对哪些款型更为青睐；综合新闻版则会借此向大众传达家用轿车的流行趋势等。

有的媒体为了获得汽车厂商的广告，偏离读者的视角和需求，版面（或栏目）内容甚至编排都完全按照厂商的要求来设置和处理。这种宁可忽略受众而不敢忽略广告商的做法是极其有害的，媒体真正的衣食父母归根结底是受众，如果没有原则地满足个别广告商的利益，就会失去受众的信任，进而影响媒体的可信度，降低关注度，最终会没有人来做广告。

围绕"受众想了解什么"进行报道选题的策划，好的选题就会涌现出来，问题也会迎刃而解。

例如：2008 年美国刮起金融风暴后，美国政府拿出 7000 亿美元援救金融市场。此新闻发布后，媒体顿时集体亢奋，纷纷寻找新闻选题，受众最想了解的具体内容往往成了媒体进行新闻选题的关键性因素，实践证明，受众最关心的话题有以下几个方面：7000 亿怎么用，怎么救（主要用于购买银行坏账）；什么是银行坏账，什么是有毒资产，有毒资产的解毒前景如何（以实例进行解释性报道）；政府巨额支出将会给国民及储户造成哪些损失和隐患（以实例进行解释性报道）；中产阶级人士目前应如何理财；低收入阶级该如何应对，政府是否考虑到他们的利益等。这些都是美国媒体需要报道的内容。①

对照之下，我国受众则更关心我们金融市场的状况，国人应吸取哪些教训、做好哪些防范等。媒体需要针对这些问题进行层层挖掘、层层推进，展开新闻事实的全貌和细节，及时解答受众普遍存在的疑问。

（2）顾及媒体利益

这是新闻选题的另一条重要原则。每个媒体都有自己的媒体方针和原则，站在媒体的立场思考问题，才能从狭隘的个人视角中解脱出来，高屋建瓴地看待问题，从而准确地把媒体利益、公众利益和受众利益结合起来。

媒体的受众群体，其实是一个概念性的对象，是一个混合体。它不可能符合所有个体的个性，但又包含大部分个体的共有属性。因此，媒体新闻报道的指向一定要侧重于符合那个"共有属性"的部分，目的是能够引起"普遍关注"。

---

① 基本材料来源于《新京报》2008 年 9 月 21 日。

比如四川雅安大地震的报道，从大的选题范畴讲，伤亡情况、救治情况、安置情况等就是在最初阶段受众“普遍关注”的报道重点。而大灾难中难民及国人所表现出和散发出的人性光彩，又必定成为后一阶段符合受众心理诉求的报道焦点。

当然，在整个地震新闻报道中，一些人和一些地方救灾不力，或者出现一些不和谐的事情在所难免，媒体也要给予关注，这是媒体履行监督功能的表现。所以，新闻人只有站在媒体的立场上来思考这些问题，新闻报道才能更准确地服务于广大受众。

（3）鲜明的现实针对性

新闻选题是一种理性行为，忌讳主观随意性。鲜明的现实针对性主要是指：选择一些周期性和季节性很强的话题；选择较有影响力的事件，进行快速的专题调查，以与事件同步的方式推出第一时间的调研；针对某种流行的社会现象，展开调查、追踪等。一句话：直面现实抓热点，紧跟中心抓重点。这样的选题方法是当前所有媒体的基本动作。

（4）以差异化和个性化为导向

近年来，由于新兴媒体不断增加，传统媒体不断扩版，有限的新闻资源已由当初的“买方市场”转为“卖方市场”。随着社会透明度的不断提高，新闻资源共享性也随之提高，独享新闻资源已变得越来越不可能。在这样一种态势下，新闻媒体间的竞争也自然地由独享资源领域进入到共享资源领域，同题竞争的情况会经常出现，谁能有效利用和挖掘这些有限的共享资源，变共享为“独享”，谁就能在竞争中胜出。

在新闻同质化现象非常严重的今天，差异化和个性化显得非常可贵，“两化”也将是未来媒介重要的核心竞争力之一。这其实也涉及个人新闻素养的问题，同样的新闻素材，到了不同新闻人的手里，就会出现不同的新闻成果，有的甚至截然相反。所以，高明的新闻人在新闻选题的阶段就十分注重差异化和个性化。他们充分占有新闻素材，利用独有的新闻敏感度和独特的新闻操作能力，在初始阶段就能做到高起点、高质量，选择新的角度，激发新的思想，写出与众不同的新闻作品来。

4. 如何寻找新闻选题

在实际工作中，每个新闻人都有个人的“绝招”。俗话说：“八仙过海，各显神通”，这里依然从实际工作的角度，说明新闻人常用的选题技巧。

第一，在日常工作中寻找新闻选题。

新闻工作者一般都能养成深入实际、深入生活、深入群众的生活习惯。他们关心群众的冷暖，关注社会的变化。他们的眼睛和耳朵能敏感地洞察到社会的各种变动，能看一般人看不到的内容，听一般人听不懂的声音，捕捉到一般人感觉不到的动静。在看与听的过程中进行缜密的思索，寻找到适合自己的新闻选题。比如，衣食住行、教育、就业、医疗保障等行业，时刻牵系着人民群众的心，这些都是新闻工作者进行新闻选题的富矿，新闻记者都很关注这些，经常从别人不经意的事件中，找到自己的新闻选题。

第二，从党和政府的重要会议、重要活动、重要文件和重要方针政策中寻找新闻选题。

党和政府的工作牵涉到社会生活的方方面面，会影响社会发展的进程和人民群众的日常生活。同时，党和政府也是各个媒体的最重要的新闻源之一，他们的活动包含着丰富的信息资源。高明的记者嗅觉非常灵敏，能从看似不起眼的文辞章句中找到新闻选题，他们都是党和政府的重要会议、重要活动、重要文件和重要方针政策的关心者，并且经常进行研究，通过新闻敏感性，寻找新闻线索和新闻选题。

第三，从微博、微信、博客等网络社交媒体中寻找新闻选题。

这些网络社交媒体往往就是现实社会的一面镜子，既能看到进步，也能看到问题。由于网络社交媒体超强的及时性和互动性，许多重要的话题都能迅速引起网民们的围观，其中的新闻线索非常丰富，是新闻选题的重要途径。

第四，从其他媒体的新闻报道中寻找新闻选题。

由于媒体的受众定位不同、媒体人的视域不同、媒体栏目的指向性不同等多方面的原因，许多新闻事件的报道都不可能穷尽所有的角度，也不可能显示出新闻报道的所有意义，这就给其他媒体的选题留下了一个很大空间。同样一个新闻事件，往往“仁者见仁，智者见智”，从其他媒体的报道中找到自己独到的新闻选题，也是高明记者的基本功之一。

第五，在新闻选题汇报会或者新闻专业工作会议上寻找新闻选题。

这样的会议往往是“头脑风暴”的中心，同一个问题或同一个话题，不同的人从不同的角度进行解读。这些不同的解读对于新闻选题来说，具有不同寻常的意义。往往在激烈的交锋或讨论中，能够找到灵感，使人产生豁然开朗的感觉，进而，一个崭新的选题就会呈现出来。

第六，从日常生活中寻找新闻选题。

生活丰富多彩，变化无穷。别人不经意的一句话、一个表情、一声感慨甚至一声叹息，都有可能反映出一个敏感的社会现象。在朋友聚会的交谈中，在逛商场或外出旅途中，甚至在街边、广场的散步中，其所见所闻，都有可能捕捉到一个好的新闻选题。

5. 媒体是如何进行选题预（汇）报的

新闻选题汇报会是每个媒体经常召开的重要会议之一。虽然媒体以最终产品论输赢，但是一家好的媒体，往往赢在开端，也就是赢在新闻选题上。这里以报社为例，详细说明媒体是如何进行选题汇报的。

在目前的选题汇报制度中，主要有周选题预报（也叫部门例会，由记者向主任预报一周的重点选题）、晚选题预报（对早报和日报来说，前一天晚上会预报第二天的选题）和早选题预报（当天早上预报当日选题）三种。

在说选题预报之前，先说说记者的“战线”。无论是党报党台还是新兴媒体（都市报、晚报、各电视台、广播台下属各频道），记者都被安排到“战线上”，媒体一般习惯上称负责部门采访报道的记者为战线记者，或者对口记者。如果漏掉本战线的重要新闻，战线记者一定会受到严厉批评甚至相应处理的。

（1）周选题预报

目的：了解下周即将发生的、可预知的重点新闻选题，便于跨部门总体协调；培养记者每周向对口战线索求重要新闻的习惯。这可以给对口单位留下好的印象，更重要的目的是迫使记者培养对自己所报道领域的专业精神和专业技能；培养媒体各部门养成重要新闻的策划意识，并保证下一周能有相对重大的报道面世。

周选题预报会一般一周只需开一次，其他时间如有新的情况，则由总编辑与采编部门负责人临时商量决策。

选题方案经拍板后，采编人员不应随意改变。如果有必要改动，需由部门主任报总编辑批准后实施。

难点：此类选题大多是静态选题和预知选题，需要策划以提升其新闻价值。

由于记者对口内行业的了解程度不同、主动性不同、业务能力不同，选题质量也会高低不齐。再加上以周为周期单位，选题的急迫性不强、压力不大，如无合理的选题评价制度和相应的奖惩制度，则会使周选题预报流于形式，敷衍了事。

操作方法：每周确定一个具体时间召开周选题预报会，以部门为单位，编辑记者全部参加。规定一定数量的选题预报量，由记者部主任权衡哪些作为重点选题。做好记录，第二周根据落实情况打分。

（2）晚选题预报

目的：动态调节版面；提前安排人力（包括文字摄影配合）、调配口线资源；提高第二天的白班效率。

难点：对于第二天实际发生的新闻，依然有很多未知。在版面有限的情况下，如果第一天配备的人力、版面不合理，可能会妨碍第二天更重要的新闻呈现。

记者在完成写稿任务之后，还需了解、上报第二日选题。如要求得过于苛刻，记者太疲劳，勉强为之，这样的选题预报往往会是走过场。

操作方法：记者在前一天晚上9时之前，将选题通过电话、短信、QQ、微信等即时通讯工具上报给第二天的白班主任。

（3）早选题预报

目的：当日重点选题的策划；提高责编工作效率。

难点：选题漏报（对大量依赖通讯员稿件的记者来说，经常是在晚上五六点钟才知道选题）；白班主任的新闻价值误判，该重点策划的新闻没重点策划。

操作方法：记者在早11时之前，用电话、短信、QQ、微信等即时通讯工具上报选题。

需要说明的是，三种选题预报会在理论上都有各自的目的和作用，但是在现实操作中，除了早选题预报必不可少外，另外两个选题预报制度可以根据人力、精力、报纸的成熟程度有所选择。

（4）选题汇报会

新闻选题不仅仅是选定新闻报道的题目，还包括以下几个关键词：

搜寻——在社会生活动态中搜寻新闻点。

挖掘——从新闻现象的表面入手挖掘有报道价值的新线索。

策划——以新颖视角和周密布置对新闻报道进行预先谋划。

决断——最终确定报道的方向、思路和方案。

报纸的选题会，在纯粹“选择”的问题上费脑费时并不多。因为针对某个社会新闻事件，按本报的报道定位、编辑方针及新闻价值进行衡量，大家很快就会形成共识。譬如讨论上海一家晚报当天用哪篇稿子上头条，是用《车牌拍卖均价跌至34000元》，还是用《内环外二手房价大幅下降》，共识很快就形成：后者变动更大，涉及面更广，与百姓生活的关系更密切，如无其他更重要新闻，则以《内环外二手房价大幅下降》做头条。① 如今报纸的选题会，往往把主要精力放在选题的挖掘和策划上。一家报纸，要想在报业市场上独树一帜，就必须在“人无我有”、“人有我多、我深、我优”方面做文章。即使在信息传播高度民主、发达和开放的今天，也不要轻易放弃

① 高东：《高东的新闻教学课堂》，http：//blog. eastday. com/shgaodong，2013-08-07。

对独家新闻的挖掘和抢夺。独家新闻仍然是可遇也可求的，关键在于“遇”的努力和“求”的能力。

当然，如今媒体间的竞争，通常集中在对同类题材甚至同一新闻的报道上，各自都要力争拿出与众不同的视角和高人一筹的挖掘力与发现力。这些，都促使报纸加强了以集体力量对新闻选题进行挖掘和策划的工作，力求在报道方面做到出色与领先的程度。

报纸的选题会是最具效率的会议，不需要布置会场，也不需要设置复杂议程，两个人以上、随时随地都可以开会。但报纸也有固定时间和地点的选题会，它与其他类型的选题会不同的是，需要相关人员到齐，汇总集体力量，在会上必须拍板决策。

日报的选题会（也称编前会）放在下午四五点钟开，拍板第二天见报的内容安排，决定第二天的采写选题。

晚报的选题会放在当日出报完成之后，在会上评价当天的报纸质量，决定下一天的报道方案。晚报因为是下午出报，因此在早晨排版之前，有时会增开一个小型短时的碰头会（由总编、采编主任及责任编辑参加），在出报之前的最后阶段对一些新的情况作出决策。

（5）记者进行新闻选题的主要形式

记者进行新闻选题的主要形式主要有以下几种：

第一，正式参加选题汇报会，要准备好完整的选题汇报报告书，分发给每一个相关的与会人员，邀请其提出宝贵意见；并准备好口头报告内容，口述要简明扼要，抓住中心内容和重点、难点内容。详细记录现场参与人员提出的宝贵意见，得到部主任同意后，进行修改。选题汇报的结局主要有三种：无需修改并立即执行；修改后可行；当场否决。

第二，来不及准备详细的报告书，到选题汇报会上进行口头汇报。其注意事项等同于第一种形式。不同点是：要做到详略得当、条理清楚、重点突出。

第三，电话汇报。人在外地或在工作地无法抽身，发现了新的选题后，通过电话的方式向部主任或相关责任编辑进行汇报。

第四，通过电子邮件或即时通讯工具进行汇报，这种方式也是因为无法亲临选题汇报会而采取的补救措施。

6. 学生在选题汇报中常见的问题

由于学生都是新闻的初学者，在选题汇报中经常会出现一些问题，现在把问题列举如下，并简要分析其主要原因。

第一，不知道为什么要抓新闻选题。

这是一个最大的问题。主要原因是，学生没有经历过新闻实践，或很少参与新闻实践，对新闻选题的重要作用认识不足，其对新闻业务活动的认识仅仅停留在采、写、编、评、摄等几大环节上，殊不知这五大环节只是入门的必要条件。

新闻报道是复杂的脑力劳动和繁重的体力劳动的集合体，还有很多重要的环节需要在实践的过程中慢慢掌握。解决之道主要有两种：第一，开设专门的新闻选题课，既能让学生学习到相应的理论知识，也可指导学生进行业务仿真训练，达到与媒体真实实践环节的对接；第二，在新闻采访与写作课堂上增设这一环节，其作用虽不及第一种方法，但是至少可以解决好学生对这一内容的重要性认识不足的问题。

第二，学生到了实习单位后，或者在实训课堂上，自己不会找选题，向指导老师要选题的情况时常出现。

学生没有寻找合适选题的能力，对问题的概括分析能力不强，新闻敏感度不高，新闻发现能力不足。这是因为在校学习时，接触社会太少，关注的新闻太少，又缺乏足够的新闻选题训练，所以，一谈到选题，便抓瞎了。特别是学生实习时，他们在媒体办公室里苦坐，等着实习指导老师带出去采访，只要老师不带，便无所事事。老师如果安排他们看报、听广播，或者是看台里播出过的电视新闻录像，几天之后，就生怨言。这种现象的出现，就是因为学生还把自己当成学生，而不是以准新闻人的身份苦找选题。

只有经过老师苦口婆心的指导，再加上一定的训练量后，方能解决这个问题。教学过程中的解决方法主要有：第一，给学生指定一些与他们的实际工作相关的理论书籍，包括哲学、社会学、心理学、传播学、新闻学等几个方面的，提高其理论水平，增强其发现问题的能力；第二，有针对性地提供一些情景，让其进行选题实践，并指出其每次实践中的长处和不足之处，使其逐一克服缺点。

第三，不会撰写选题报告书，或者写出来的选题报告书质量不高。

选题报告书的结构比较容易传授给他们，关键是，写出来的选题报告书的整体水平不高。

这是一个很复杂的过程，其能力的提高也非一朝一夕之功，只有通过严格的训练才能完成，训练的方式主要是：经常变换话题，让他们提交选题报告书，其主要目的是提高其发现问题、分析问题的能力，提高其新闻敏感度、提高其新闻发现的能力，使其养成搜集新闻素材和把零散的素材整合成科学选题的能力。

第四，选题立场不合适，定位不准，没有新意，没有创意。

选题立场不合适主要是指其既不能站在媒体的立场上思考问题，也没有站在目标受众群的立场上思考问题，把自己等同于一个普通的受众，这样的立场必然会导致定位不准的结果。定位不准的结果是，只见树木，不见森林，或者思想偏激，或者思想过于保守等。选题不客观、不准确，甚至会出现歪曲事实的现象。没有新意和没有创意是更高层次的问题表现，没有新意的主要原因是就事论事、就现象论现象，在问题的认识上不能有所突破。而没有创意则是指不能“见别人所不能见，想别人所未能想”的创意出来。这里的创意是指新闻创意，与文学艺术的创意不同，它要求学生能够在真实性的基础上，进行由点到面、由现象到本质、由个别到一般的思维活动，洞察现象背后的本质问题，进而设计出与众不同的新闻选题来，为优质新闻报道的策划做准备。

7. 如何培养学生的新闻选题意识

培养学生的新闻选题意识，主要通过以下几个途径完成：

第一，鼓励学生多参加新闻选题报告会，进行正式的训练；同时，也可以三五个同学一起参加活动，不拘形式、不拘场合，就日常生活中所见到的新闻现象，提出个人的想法，然后集体讨论，这样的“头脑风暴”很有效果。新闻院系的教学工作也不能几十年一成不变，课堂教学最好紧跟当前重大活动，把学生们都当记者，随着活动一起参与新闻报道，逼着他们拿出选题。就编者所知，目前有的新闻院系在国家“两会”期间，停下原来的课程，通过电视和网络“听会”，将学生当成记者，这样，他们就会在实战演练中拿出自己的选题。

第二，提高对学生对新闻选题重要性的认识程度。好的选题是新闻成功的一半，也是实现新闻差异化和个性化的必经之路。在新闻同质化现象比较严重的今天，其意义非同寻常。不然的话，都是千篇一律的雷同新闻，谁愿意去看选题都是一样的新闻报道呢？

第三，鼓励学生多参与社会实践活动，在活动中提高分析问题、解决问题的能力。新闻选题有时候不需要正式地撰写选题报告，它往往是一个简单的想法，或者是一个灵光闪现。然后，把这些想法或灵感记录下来，久而久之，就练就了新闻发现的能力，进而提高了新闻选题的能力。

第四，多阅读一些与实践工作相关的人文科学、社会科学等方面的理论书籍，提高理论修养，提高个人的认识问题的能力。这样的话，就具备了“高屋建瓴式”的视角，视野开阔，才能发现别人发现不了的东西，才能做出好的选题来，进而提高对新闻选题的浓厚兴趣。

第五，利用微博、微信、博客等网络社交媒体，让学生自设话题进行讨论，或主动参与别人设置的话题进行讨论，尤其是新浪微博和腾讯微博的话题，对于学生的新闻选题能力的提高很有帮助，特别是一些意见领袖的观点，是很值得关注的。

☞ **教学案例**

下面的内容是笔者在教学过程中有意识地培养学生选题意识的案例。

2013 年 4 月中旬，黄家湖湖面上飘起一阵阵恶臭，也部分地弥漫到了校园里，尤其是住在湖边的同学，感受颇深。在当时的综合新闻实训课上，老师设置了这个话题，让学生讨论，结果，除了几个没有关注这一现象的同学之外，多数学生的发言非常积极认真，气氛热烈，他们主要从以下几个角度来分析讨论的：①污染原因不明，应该向学校反映，利用校方的力量帮助解决问题，从学校的立场进行报道。②原因应该是周边学校污水处理得不好，从学生的立场写稿，呼吁相关学校（大学城里有好几所高校——编者注）治理好污水问题。③有同学说是白沙洲蔬菜批发市场的污染造成的，那里的污水没有经过处理，直接排放到黄家湖里了，应该追究他们的责任，让他们治理好污染问题，可以站在黄家湖大学城或黄家湖整体水域的角度写新闻稿，送到《楚天都市报》或者《武汉晚报》上发表，至少可以在荆楚网或大楚网上发表。④也有同学说，这是武汉市整体水污染严重的大环境造成的，应该站在政府的角度上或站在武汉市民的角度上进行选题等，不一而足。当天老师鼓励有兴趣的同学做这个选题，撰写新闻稿。课堂讨论结束之后的两天时间内，同学们又在微博上和腾讯 QQ 群里继续讨论这个话题，还吸引了其他同学的参与，部分媒体人士和市民也参与到了讨论中，当然，话题的范围也越来越宽，既有上升到国家环境治理的高度的，也有提出每个人都应该从自身做起、不做破坏环境的事情的，等等。

（二）选题汇报（45 分钟）

因为这次实训的主要内容就是选题汇报，评价选题的优劣，所以，只能安排一个热点话题，让学生各自寻找自己的选题，通过比较，总结优点，寻找差距。热点话题是事先告知的，让学生提前搜集资料，确定自己的选题，然后召开选题汇报会。

这个实训的主要目的是：训练学生选题的差异化和个性化能力。因为差异化和个性化的新闻选题不仅能够吸引受众的眼球，还能够充分挖掘新闻潜在价值，同时也是学生在新闻选题过程中必须具备的基本功之一。

例如，这次实训的话题是：雅安震后10天。

雅安地震牵系着每一个中国人的心，虽然同学们都没有亲临雅安现场，但是，作为一名新闻学子，对雅安地震新闻的强烈关注是必不可少的。好的新闻选题是好新闻成功的第一步，这个环节要求每位学生都要提出一个自己的角度，并说明为什么要做这个选题，怎样完成这个选题，在进行新闻报道的过程中，会遇到哪些困难等。鼓励同学们在选题汇报会上开展头脑风暴，畅所欲言，进行充分的讨论，并做好记录。教师要给予适当指导。本组共有16名同学确定做了这个选题，以下选出了几个具有代表性的选题：

（1）雅安地震后当地农作物受到影响而产生的滞销问题；
（2）雅安灾区流动厕所专题报道；
（3）“雅安十日”图片报道；
（4）对雅安地震后的捐款新模式作深度报道；
（5）汶川、雅安地震应急救灾处置情况对比；
（6）雅安震后高三学生高考备战；
（7）灾难中充满正能量的女性力量；
（8）雅安难忘瞬间和地震防护措施。

在这些选题中，多数学生具有了“剑走偏锋”的个性化意识，尽量回避新闻的“大路货”。选择其中一点，独辟蹊径，比较有效地避开了自己不是主流媒体新闻工作者的弱点，把自己设想为都市报或晚报类的新闻工作者，着眼于新闻的平民化、故事性、可读性，体现正能量。有意识地挖掘出了比较“冷”的新闻题材，有一定的报道价值，但有些选题挖掘得还不够深或角度不新颖，这些将在后面的问题部分进行具体分析。

☞ **教学案例解析**

“雅安震后10日”选题策划书（初稿）

地震属于无法预见的突发事件，对此类重大突发事件，我们采用“后果式——着重报道事件发生的过程”和“影响式——着重关注事件所带来的影响”两种方式进行报道。其中对“灾难中充满正能量的女性力量”给予重点展示。

一、选题分析

题材分析：雅安地震属于重大突发性事件，报道具有时效性、接近性。对其报道动作要迅速，以最快的速度把现场的情况传达给受众，为受众传达最新最全的消息。

角度分析：在报道这次地震事件时，媒体工作者要客观、全面，在报道中，要体现人文关怀。通过对事件的跟踪报道，抓住事件新动态来揭示事件的本质。

深度分析：在地震事件中，许多负面新闻信息也通过相应渠道得以传播。但是在“聚焦灾难中充满正能量的女性力量”时，则侧重表达积极向上的心态，以鼓舞人心。

二、内容分析

1. 最新报道：采用追踪连续报道，以时间为维度将地震的发生、发展过程、当前状态、未来趋向以消息或通讯形式展示。

2. 事件细节：以文本的形式把相关事件发生的时间、地点、人物、原因、发生了什么等新闻要素组织成文。

3. 新闻图片：把与此事件有关的、具有新闻性的图片展示出来。

4. 典型事件：展现此次地震中的典型人事。

5. 微博反响：民众在微博上发表的有关此次地震的言论。

[点评]

诚实地说，这只是一个纲要性的选题策划书，没有深入到更具体的内容。作为一名初次参加实训的学生，也可以算基本上过关。除了没有详细交代执行者，没有详细的实施和应急计划表外，主要问题和主要内容都说清楚了，其存在的主要问题如下：

（1）没有新闻标题。标题是新闻的眼睛，如果缺了它，下面的策划内容就没有主心骨了。

（2）选题策划书的具体内容不够清晰。比如说，时间、执行人、执行地点、应急计划等交代不清楚。

（3）没有交代采访方式、材料搜集路径等。

（4）有些语句表述得不够清楚。还有一些病句和残缺句子。

学生接受了老师的当面指点，再辅以其他同学的建议之后，该同学做了修改。当然，修改后的选题报告依然是一个纲要性的报告，因为考虑到实际困难，老师没有要求其做更详细的规划。修稿后的策划书克服了上述的缺点，基本上符合要求。下面是修改后的选题报告书。

“雅安震后10日”选题策划书（修改后）

地震属于无法预见的突发事件，对此类突发性的重大事件，我们一般采用“后果式——着重报道事件发生的过程”和“影响式——着重关注事件所带来的影响”两种方式进行报道。现在，准备以都市类报纸记者的身份，以“灾难中充满正能量的女性力量”为题目进行选题，制作一版内容，主要内容如下：

一、选题的标题：灾难中充满正能量的女性力量

二、出版时间：第二天早晨

三、策划人：王彬彬

四、选题分析

1. 题材分析：雅安地震属于重大突发性事件，报道具有时效性、接近性。作为一名女性，我打算以女性的视角，报道灾难中感人的女性故事，主要供本报的女性读者阅读，同时，也提供给男性读者，为社会提供正能量。

2. 角度分析：在雅安地震报道中，其主角多以男性为主，本报道独辟蹊径，选择女性视角。在报道女性力量时，要注意客观、公正、全面，不以偏概全，不宣扬女权主义思潮，本着人文关怀的理想，着重选择典型故事进行如实报道。

3. 深度分析：透过现象看本质，避开浮光掠影式的新闻描述，在“聚焦灾难中充满正能量的女性力量”的主题下进行深处挖掘，但是，也不能挖掘得太深，应点到为止，读者对象主要是市民阶层，报道不能太深奥。

五、内容分析

1. 报道思路：采用追踪报道的方式，以最新事件为由头，以时间为维度将地震的发生、发展过程中表现女性力量的事件挑选出来，进行整合。

2. 事件细节：以文本的形式把相关事件发生的时间、地点、人物、原因、发生了什么等新闻要素组织成文。

3. 新闻图片：把与此事件有关的、具有新闻性的图片展示出来。

4. 典型事件：展现此次地震中的典型人物事件。

5. 微博反响：民众在微博上发表的有关此次地震中表现女性正能量的言论。

六、版面设计

专题栏头应选择一张具有视觉冲击力的地震现场照片做背景，体现

事件灾难性，图片要准确、客观地传达沉重的情绪，体现反思的情怀，栏头的文字用单一的黑体字。

版面设计风格要典雅、大方，充满积极向上的精神，色调以暗红色主，辅以适当的黄色。

七、专题的实施和运作

1. 本选题要经过选题策划会的深入讨论和分析，然后修正，实施与运作以本人为主，辅以老师和本组同学的帮助。争取一天时间拿出成品来。

2. 采访以网络采访、电话采访为主，通过新闻网站等搜集相关的详细信息。

八、专题的应急措施和预备方案

1. 在本专题的设计上，要充分考虑各种状况发生的可能性，并做好防备工作，做好一个备用的栏目。如本专题栏目不可实施，比如，当新闻材料不能及时获取，采访活动受到多方阻挠时，则改用备用方案。

2. 必须做出两套预备方案，一旦某一个方案有问题，能及时采用下一个方案。

三、作品赏析

下面的作品是学生根据《广州日报》2013年4月23日的《地震救援十大进步》进行的综合组编，原报道选题视角很好，属综合性消息。综合消息是对同类事物或同一事件的多侧面情况进行归纳、综合的新闻报道的总称。它的总体特征是：既有全面情况概括，又有典型事例的说明。

汶川、雅安地震应急救灾处置十方面情况对比

说明：汶川地震5年后，强震再袭四川雅安，我们再次选择坚强。同时我们发现，上至政府、军队在大灾应对上的快速与务实，下至网络组织、民间力量和媒体的成熟与理性，面对灾害，大家少了慌乱，多了理性和秩序。

5年来，一方面，我国的地震救援从硬件条件到反应机制都取得了突飞猛进的进步，救援能力大大增强；另一方面，救人第一、信息及时公开、与民众积极沟通，正在成为抗灾的主流理念。

进步1：解放军更神速

5年前的汶川地震对人民子弟兵是一次艰苦的历练，也是宝贵经验的源泉。

4月20日8时02分，雅安市芦山县发生7级地震，18分钟后，部队立即成立抗震指挥部，2120名抢险救灾指战员带领173辆救护车、挖掘机、装载机、4架直升机紧急出动，奔赴灾区展开救援。几乎同时，武警四川总队出动了1200人赶赴灾区，军区的专业灾害救援队和医疗队紧随其后，可谓反应神速。

据成都军区公布的数据，截至4月21日晚上8时，也就是震后36小时，就有28架直升机完成了66架次的起落，紧急救助伤员、运送急需物资，昨天下午4时，4架装载食品等救灾物资的军用直升机又对芦山县的太平镇和宝兴县实施了空投。

回顾5年前的汶川地震，震后第三天（5月15日），灾区共有20架直升机在执行任务。汶川地震的受灾范围和受灾程度远大于雅安地震。通过这次芦山地震中直升机的投入数量，足可见直升机在解放军抗震救灾中的实际作用已经得到了大幅度的提升。

时间就是生命，地震两个半小时后的10时36分，芦山城区居民就在大街上看到了第一批子弟兵。10时40分，第一支救援部队抵达震中，以最快的速度展开救援工作。目前，在灾区参与救援的子弟兵约有2万人。

此番，抗震指挥部科学统筹，将指挥层级压缩为两级，建立专人联络、工作协调、值班报告和情况检查等4项制度，按地域划分4个责任区，进行有序救援，逐村逐户排查救助被困人员，确保不漏一村一人，积极救治伤员，最大限度减少人员伤亡。

进步2：专业救援队伍成主力

在这次雅安地震救援中，国家救援队伍发挥了主力作用。雅安地震灾区跟汶川地震灾区一样，都是山区，灾区通往外界的公路都是山路，地震引发的山体滑坡等次生灾害极易破坏道路，若“生命线”受阻，灾区伤员就无法正常离开灾区就医，救援人员和救灾物资也无法顺利进入灾区。

2008年汶川地震后，次生灾害不断，汶川、北川灾区与外界的交通线路一度瘫痪，直至灾后第三天——5月15日晚，几条生命线才在官兵们夜以继日地抢修下恢复通行，汶川从此不再是“孤城”。

雅安地震后，国家救援队伍同样需要面对这个难题，但凭借充足的人才、设备和过硬的爆破等专业技术，他们势如破竹，打通了一个又一个阻塞点。宝兴县一度是形势最严峻的“孤岛”，经过武警部队与四川当地交通部门17个小时的连续奋战，灾后第二天（4月21日19时30分），宝兴县灵关镇苏家岩段成功开辟便道，芦山县至宝兴县的省道210线最后一处阻断处被彻底打通。

攻坚克难越来越自如，主要源于国家救援队专业性的提升。一是人才储备更充分了，二是可紧急调用的救灾专业设备更充分。在汶川地震的救援和灾后重建工作中，“一方有难、八方支援”的“对口”模式起到了奇效，不仅是四川，各省市自治区都从中锻炼出了抗震救灾人才队伍。

汶川地震之初，一度出现专业救灾设备数量不够，必须临时采购、调用的情形，此次雅安地震中，这种临时抱佛脚的情形大为缓解。雅安地震发生后，不少省市自治区自发吹响了集结号：地方政府顷刻之间就能组建出一支救援队，救援队由医生、消防等专业人员组成，他们给灾区带去了生命探测仪、搜救犬、挖掘机、吊车、移动医院等专业的搜救器械和医疗设备，这是我们用5年时间收获的成果。

进步3：灾民更淡定

记者发现，震后不少灾民在个人微博和微信朋友圈里发布自救措施、救援事项等知识供其他灾民参考。四川农业大学雅安校区的邓姓同学经历过2008年汶川地震，她清晰地看到了过去5年间发生的巨大变化。雅安地震发生时，同学们从高楼层有序撤离到楼下的空旷地方，虽然楼道较窄，但并没有影响大家的撤离速度，更未发生踩踏事件，大家都表现得很淡定。

到达地面后，邓同学与那些经历过汶川地震的同学一道，开始抚慰从外地到那里求学的同学，大家自发参与搭建学校为学生准备的帐篷。她说，无论是学生逃生，还是学校的住宿、饮食等应急供应，各方面的措施都比5年前强了许多。

进步4：“72小时黄金救援期”更入人心

雅安地震发生后第一时间，国务院总理李克强作出重要指示：“72小时黄金救援期，一分一秒也不能耽搁，首先要把埋在废墟里的群众抢救出来。”灾区官员发出的求助信号也聚焦于紧缺物资：食品、水、帐篷、被褥、蚊香。他们比5年前更明白，非常时期，钱并不能解决所有问题。

此次雅安地震后“72小时黄金救援期”的概念与“救灾阶段论”

得到了广泛的传播。“壹基金”创始人李连杰在微博上普及“救灾阶段论”：“救灾一般分三个阶段：一是72小时的黄金救援期，主要挽救生命；二是7~10天的暂时过渡期，保障灾民基本生活需求；三是灾后重建期。”三个阶段应各有侧重。

进步5：民间救援队更专业

汶川地震时，民间救援队基本处于各自为战的状态，彼此之间沟通与配合不足，由此产生了不少问题。比如，震中映秀等地区灾情较重，媒体报道较多，民间救援队队员们闻讯后不约而同地赶去，导致救援队员供过于求；与此同时，那些曝光率不高、但灾情同样不轻的地区却救援人手紧缺。

目前，此情况得到了很大程度的解决。民间慈善机构“壹基金”创建的救援联盟，经过5年的发展，队伍数量已接近300支。这些救援队在汶川、玉树等地震灾区积累了实战经验，持有破拆、顶升、挪移、搜救等全套救援设备以及营地灯、卫星电话等救援急需的辅助工具，救援专业技能值得信赖。此番雅安有难，这些救援队彼此通气，分工清晰，有效解决了战时救援力量分布不均的问题。

进步6：社交媒体让救援更高效

过去5年间，互联网改变了信息传达的方式，并深刻地影响了灾时的救援和寻亲，社交网站表现尤为显眼。汶川地震7分钟后，有网友在百度贴吧发出简短的地震消息；而此番雅安地震发生1分钟后，国家地震台网官方微博“@中国地震台网速报”就发布了雅安地震的通报。网友们通过社交平台发布灾区路况、求助信息等，为救灾工作提供了许多有价值的信息。

“家乡的人们，我联系上了我的家人！感谢救援人员的努力！感谢社会大众的关注！”在微信平台上，“芦山地震救助账号”累计发布寻人和报平安资讯几十万条。

回望5年前的汶川地震，彼时社交媒体尚未兴起，5年间科技突飞猛进，社交媒体在信息传递中的通达性、及时性及服务性无与伦比，极大地提高了雅安地震抗震救灾的效率。

进步7：志愿者更理性

2008年汶川地震后，有多达100多万志愿者奔赴地震灾区，志愿者精神无可厚非，但客观上，他们中一些人帮了忙，一些人却添了乱。一些人因为缺乏救援技能，有的甚至没自带生活物资空手而去，最终沦为“新灾民”，占用灾区宝贵的救灾物资。然而，5年后的今天，民间志愿者普遍变得更理性、更成熟了。

与此同时，国务院办公厅发通知要求“有序支援救灾”，“单位团体未经批准勿前往灾区。”“黄金72小时添砖不添堵，守望也是一种力量”，新华网把这段话置于首页中心位置。“理性救灾”已成为全社会的共识。

进步8：媒体播报更立体

5年前，有关汶川地震灾区的信息，更多地依靠传统媒体传递；此番雅安地震，信息爆炸且呈碎片化，与此同时，虚假信息披着来自媒体的外衣浑水摸鱼。在这种情况下，政府官方微博及主流媒体微博便有了独特的价值，它们传递权威信息，且立体化的信息发布方式更是深得人心。

震后6分钟内，就有多家官方微博发出了地震消息，使全社会第一时间内知情。解放军、武警、各级政府也纷纷通过官微即时发布救援的最新情况，给灾区人民吃上一颗“定心丸”。

媒体记者作为信息传递的专业尖兵，震后纷纷赶往灾区，借助多媒体技术，图文并茂地传出灾区最新动态，借助官微、微信、官网等新媒体平台，第一时间全景式地向读者传递灾区情况。媒体赴灾区采访的装备也“鸟枪换炮”，比如，本报平时就给记者配备了急救包，里面包括冲锋衣、冲锋裤、帐篷、应急包、医疗包、水壶、收音机和手提电脑，遇到灾情，拎起来可走，这样也避免了记者去到灾区成为“难民”。除了新闻，媒体通过全媒体及时公布的政府、医院、捐助机构等电话资源也给灾区群众提供了切实的便民服务。政府部门也纷纷借力社交平台，有的放矢地公布灾区急需的救援物资。

进步9：捐赠方式更便捷

汶川地震时，民众个人捐款主要通过单位组织、街头募捐或银行汇款。此番雅安地震，除了这些传统渠道外，大家的选择更多了，捐款平台从实体募捐、银行汇款延伸到了微博、淘宝等，捐款途径更便捷、途径更多样。

地震发生后2天之内，新浪微博“微公益”平台就发起了36个募捐项目，引导8万多个微博账户完成捐款，累计达9366万元。“微公益”平台除了提供便捷的捐款服务，还设有“捐赠物品”、“报名志愿者”、“参与慈善拍卖”等选项，并显示目标捐款额和当前的完成额。

此外，淘宝上的四川卖家发起了全国物资捐助渠道，把灾区所需物资列在淘宝页面上，引导大家有针对性地网购捐赠实物。

进步10：多用短信保救援通信通畅

抗击汶川地震时，舆论场上传播的实用知识基本上都与地震直接相关，比如地震来袭时该如何自我保护等。过去5年间，互联网的飞速发展让知识的传播越来越纵深，一些专业知识得以在震后第一时间影响普通民众，并对抗震救灾起到辅助作用。

"问灾情、报平安请用短信，不要频繁拨打灾区电话，救灾期间节省无线通信资源就是贡献，比灾后捐钱更重要！"灾后第一时间，微博圈里的著名通信专家"奥卡姆剃刀"不断提醒网友。在雅安联通宣布灾区通话、发短信免费后，他又建议运营商对通话时长加以限制，超时即掐断，以确保救援通信顺畅。

［**点评**］

上面的这个综合性消息有以下六个看点：

（1）既纵览全局，有整体视角，又有细节材料的详细报道，立体感强；

（2）组织材料以点带面、点面结合，材料丰富、适当，条理清楚、明了；

（3）表现手法多样，夹叙夹议，既有现场描写、又有引语代叙等；

（4）事件的选择侧重于典型性、针对性和指导性，有个人的观点，层次分明；

（5）言简意赅，语言的概括力比较强，没有多余的废话；

（6）使用对比衬托的方法，增强表现力，更能凸显出作者的主张。

四、实训作品问题诊断

（一）选题雷同现象明显

由于同学们所掌握的材料基本相同，所以，选题内容雷同的比较多，导致前面的同学汇报了选题之后，后面选择了相似选题的同学无话可说，然后，不得不另选别的题目，时间上有些仓促。

（二）选题报告书比较简单，缺少详细的操作环节

这跟他们没有实际操作经验有关，也跟这次选题有关，因为，同学们对雅安比较陌生，所以，选题报告书也就没法做得十分详细。

（三）简单的新闻集纳比较多，对新闻价值的挖掘不够深

针对“雅安震后10天”的选题，部分同学意识到了自己在差异化和个性化方面存在问题，同时，在新闻价值深度的挖掘上，还很欠火候，当然，这与同学们的阅历不深、接触新闻实践的机会不多有关系。

地震影响　芦山多地农产品遇销路难题①	
2013年4月20日四川雅安发生了7.0级的地震，损失惨重。地震的灾后救援牵动着全国人民的心。同样，当地化肥生产企业和经销商的生产和生活状况，也牵动着全国农资行业的心。	这个版面包括一个长稿、四个短稿、三张照片，基本上都是新闻集纳，没有充分挖掘新闻价值，如果能够指出一条好的解决之道就好了，如果能够配一篇短评就更好了。
对于当地农资市场而言，受地震灾害影响较大的主要是农资经销商。目前，农资市场已全面停滞，灾后很长一段时间当地生产生活重点将是救援和重建工作，农业生产将受很大影响，农资销量也会面临削减。据了解，雅安农作物以茶树、果树、蔬菜为主，5月份是传统用肥旺季，6、7月份就会进入淡季。	
芦山县庐阳镇火炬村是当地的生姜大村，全村320户人家，七成以种植生姜为生。村民刘志远告诉记者，他家还存有1万多斤的生姜，全村目前囤积的总量超过了10万斤：“还有1万斤左右，放在地窖里？对。地窖没问题吧？现在没问题。姜好的话1块，不好的话8毛，那边还有几个多的，一户有两万多斤吧，到现在没卖。”	
火炬村支书赵本正说，他们村的生姜大部分已经在1月份卖出，考虑到当时收购价比较低，很多村民就囤积了一部分，想等价格上涨之后再出手，但突如其来的地震影响了销售：“当时价格不好，个别农户就不卖，他要想放一段时间，等价格涨高了他再卖，结果就遇到20号的地震，害怕地震就不来了。”	几篇稿件都是媒体上公开发表过的内容，记者搜集过来之后，稍加整理之后直接采用，没

① 来源于中国广播网，http://native.cnr.cn，2013-05-03。

宝兴县的情况也差不多，当地五龙乡盛产樱桃、枇杷等水果，但是地震对交通造成的影响，让往年络绎不绝的游客望而却步，这也让当地的果农很受伤。 情况在今天上午出现了转机，一家正在芦山参加救灾的，来自北京的餐饮企业在得知这个消息后，专门赶到农产品滞销地，考虑把生姜和将要上市的枇杷全部收购，该企业员工何正昔：“生姜基本上跟当地的农户谈了，马上跑到宝兴去联系枇杷的事，主要考虑把老百姓的事解决了，就像我们来做饭一样，都是给他们排忧解难，社会责任。” 但考虑到存储和运输的原因，该企业表示无法收购目前已经成熟的樱桃。目前，五龙乡的村民们心急如焚，如果再找不到买家，两三天时间，只能眼睁睁地看着樱桃变成地里的肥料了。	有进行深度加工，几条新闻报道的关联性也没有充分地体现出来，没有注明出处，没有自己采写的内容，也没有体现个人的基本思想。
芦山地震灾区多种农产品严重滞销 **爱心企业接力收购①** 愁完樱桃愁枇杷，还有生姜没有卖，芦山地震灾区部分农产品严重滞销。近日，一条微博紧急求助信息引起网友关注，网友称，芦山县生姜大村火炬村，由于地震使存储生姜的地窖垮塌、松动，雨水浸入，生姜面临腐烂。现在全村大约积存了10万斤没有卖出去。村民打算将生姜低价促销，但地震对交通有影响，菜农们担心没人去收。网友希望市民帮菜农解决燃眉之急。 面对这样的困境，一些爱心企业开始接力收购，但更多地帮助，仍然至关重要。昨天雅安政府派人到村里察看，与种植户洽谈购买滞销的农产品。记者见到了前来购买农产品的种植户，他们表示，农产品卖不出去，大家心里面着急。但既然有这么一个困难的情况，那就义不容辞地帮助解决。	选题汇报时，还有另外一位同学也选了这个题材，说明有一定的重复率。大致重复不是问题，问题是，一定要有不同的指向性，即能够体现自己风格和个性的选题方向、编排思想和编排风格等。

① 来源于中国广播网，http://China. cnr. cn，2013-05-03。

芦山县芦阳镇火炬村是当地的生姜大村，全村320户人家，七成以种植生姜为生。突如其来的地震让村民囤积的生姜面临无人可卖的困境。村民刘志远告诉记者，他家还存有一万多斤的生姜，全村大概有十万斤，到现在还没卖。

雅安市农业局局长杨明江说政府已经在积极协调交通等部门配合企业的义购，争取把村民的损失降到最小。运销方面有渠道的企业，他们将欢迎大家到这个地方来收购，对运输等各个方面也会全力支持和积极服务。

四川宝兴50吨樱桃因地震滞销①

宝兴县五龙乡，以盛产樱桃闻名，年产量约80吨，占全县产量的2/3。今年，地震让五龙乡的果农损失惨重，大量樱桃无人采摘，成片成片地烂在地里。

宝兴县农业局局长李勇明告诉华西都市报记者，整个宝兴，共有1800多亩水果树种，其中樱桃300多亩，五龙乡200多亩。地震发生后，樱桃滞销严重，据初步估算，今年仅能销售出1/5左右。“按照每亩800斤的产量核算，五龙乡约有50吨左右的樱桃滞销。”李勇明说。据宝兴县农业局初步估算，经济损失至少达50万元。眼看枇杷还有近一个月就将成熟，而通往外界的路段仍不时有塌方现象，五龙乡的果农担心枇杷遭遇和樱桃相同的命运。

樱桃熟了两千斤没卖出一斤②

家住五龙乡东风村4组的徐永兰是4组种樱桃最多的果农，昨日上午10点，她又到自家的樱桃地里转悠。一路上，她见人就喊：“来，摘樱桃吃，不吃就烂地里了。”

① 来源于新浪网，http://news.sina.com.cn，2013-05-03.

② 来源于新浪网，http://news.sina.com.cn，2013-05-03.

如无地震，这时的徐永兰本来该忙得饭都没空吃。往年遇到樱桃成熟时，她和丈夫都会成天不间断地采摘樱桃，然后用三轮车运到县城，周而复始。徐永兰告诉记者，她家种了五六十株樱桃树，年产约两千斤，“去年卖了1万多元”。 **枇杷将熟　别和樱桃同样滞销①** 较之樱桃，大多果农则对已经挂果的枇杷更为担心。“如果和樱桃一样，就损失大了。”五龙乡一位果农杨女士告诉记者，再有近一个月，枇杷就将上市，希望别和樱桃一样的命运。 徐永兰有着同样的担心，因为她也种有近两百株枇杷和梨等果树。“现在脑子里成天想的就是如何销售这些水果。”徐永兰说，以往各种水果上市前，都有一些果商会提前联系，而今年，却迟迟不见动静。 宝兴县农业局局长李勇明也非常忧心，他说包括樱桃树在内的很多果树，根系都因地震遭到不同程度损伤。如果不及时防治，可能导致土壤保肥、保水能力不足，导致果实偏小、产量降低。据介绍，从前日起，宝兴县农业局已召集80多位专家和技术人员下乡帮助果农恢复生产并指导抢救工作。	

思考与练习

1. 读下列新闻选题的案例，然后回答问题。

案例1：1984年，北京音乐厅建成的报道

（1）《北京晚报》的报道：音乐厅首场演出。时间、地点、规模、演出盛况、出席的人员。

（2）美联社的报道，导语：中国第一座适合于演奏欧洲古典音乐

① 来源于新浪网，http://news.sina.com.cn，2013-05-03.

的音乐厅建成；票房：前十场演出票售空；上海：古典音乐磁带畅销，销量首次超过流行音乐；判断：中国这样一个有五千年文化的古老国度不会抛弃人类的古典文明。

案例 2：珠海机场通航

（1）新华社：1994 年 5 月 30 日，珠海机场竣工，李鹏出席，机场建设时间、耗资、跑道长度，先进设备。

（2）美联社：中国南方开通国际机场，距澳门 33 公里，其他三大机场的名称。香港主权回归，中国将掌握这四家机场，对国家经济、社会生活的影响，中国作为世界第三大国，此举的深远影响。

回答问题：比较上面两个案例，分别说说中美两国媒体新闻选题的不同之处，你更喜欢哪种选题，为什么？

2. 回忆你在假期实习过程中做过的新闻选题，或曾经参加过的新闻选题汇报会，说说给你最深刻印象的新闻选题是哪一个，为什么？

3. 留心你所生活的城市的突发新闻事件，发现后，立刻在第一时间拟好你的新闻选题报告，在最短的时间内发给你的指导老师。

下　编

专题实训

实训三

新闻消息

一、实训目的及要求

通过本次实训，要求学生掌握这种新闻文体写作的一些基本知识，包括标题、消息头、导语、主体、背景和结尾等；学会灵活使用消息的五要素，突出重点；掌握五大类消息的写作方式，即动态消息、经验消息、综合消息、人物消息、述评消息的写作方式。

二、实训步骤

（一）理论提示（45 分钟）

消息即是狭义的新闻，需要强调三点：事实是第一性的，新闻是第二性的，先有事实，后有新闻；必须是“新近发生”，新闻不是旧闻，强调的是变化中的“新”；消息反映的是有意义的事实、重要的事实、值得报道的事实，是经过新闻工作者加工裁剪的事实。

消息是最常用的一种新闻体裁，它是以简要的文字迅速及时地报道新闻事实的一种最广泛、最经常采用的新闻体裁。消息必须具备“五要素”，即何时、何地、何人、何事、何故。一则消息只有具备这五个要素，才能让读者对所报道的事情有一个清楚的了解。

因为消息是新闻写作的主要形式，也是学生在校学习期间（包括实习期间）运用得最多的一种新闻体裁，熟练地掌握这种体裁，对于以后从事新闻或与新闻相关的工作，意义重大。

1. 消息的基本知识

消息，就是用最简要和迅速的手段报道最近发生事件的一种新闻文体。

狭义的新闻就是指消息，它是新闻体裁的重要形式，是报纸和广播电视新闻的主角，其他新闻报道如通讯、广播稿、新闻评论等是它的发展和补充。

消息的特点是：采写发稿要及时、迅速，叙事直截了当，语言简洁明快，篇幅短小，在结构上一般由标题、消息头、导语、主体、背景、结尾几部分组成。

消息的写作原则有如下几点：

一是必须用事实讲话，要选择和运用典型事例对事实进行概括，处理好议论与叙述的关系（消息中的议论必须是从事实本身得出来的结论，不能抽象推理，消息中的议论很少）。

二是必须完全真实、可靠，有一说一。要真实可信、分寸得当。还要强调反映本质的真实，不搞片面性和表面性。

三是新闻要新，包括时间新、内容新、角度新、文本结构新。

四是坚持新闻的思想性，主要是指观点正确、方向明确，有一定的指导性和针对性。

五是要有“共同兴趣”，即大多数受众喜闻乐见。具体而言，就是要与受众的切身利益相关，有可读性、知识性、趣味性、接近性。

消息写作的要求如下：一是迅速及时；二要短小精悍；三要生动活泼；四要避免文字过于干巴。

按照篇幅的长短来分，消息种类如下：

（1）简讯：即用三言两语简要报道新发生或新发现的具有新闻价值的事实。这类报道的内容要求单一。一般不分段，既没导语又不必交代背景，只求简单明了地告诉读者某地、某时发生了某件事就可以。一般100字以内，有的媒体标明“一句话新闻”。

（2）短消息：即用简洁文字把最新、最重要的事实报道出来。一般的短消息，由导语和主体两部分组成。有的短消息也没导语，一气写下去，但是它比简讯、快讯要具体。也是100字左右。

（3）长消息：即用较多的笔墨比较详细地报道新闻价值较高的新闻事实。此类消息的写作要有导语，还要交代必要的背景，主要是报道重要会议、重大事件或成就及介绍先进经验等。500字以上。

按照内容来分，消息种类如下：

（1）动态消息：就是准确、迅速地报道新近发生的或正在发生的国内外重大事件、新鲜事实的一种消息形式。它是最能鲜明、直接体现新闻定义、及时传递信息、沟通情况的一种报道形式。其特点是短、快、新。

（2）经验消息：就是反映事物发展变化的阶段性、概况性、经验性或典型性的报道。它不是以一个独立的事件为中心，而是由许多事实，或者说，由一件以上的事实，经过综合、归纳、概括、提炼而成。它不是突发性的，事情的发生、发展有比较长的过程。它所选择的事实有典型意义，能在不同程度上反映某一个时期、某一项工作的全貌。它不是简单的现象罗列，而是通过纵和横的对比、分析、阐述，揭示事物的本质，对读者有启发性、指导性。

（3）述评消息：往往以“记者述评”的方式发表，因此也称记者述评。它是一种以夹叙夹议、边述边评的方式及时分析形势、阐述重大事件、揭示问题本质，用以指导现实生活、工作的新闻与评论杂交的体裁。

（4）综合消息：是对同类事物或同一事件的多侧面情况进行归纳、综合的新闻报道的总称。它的总体特征是：既有全面情况的概括，又有典型事例的说明。综合消息的写作有特定的要求，这些特定的要求主要有：消息的主题要纵览全局，有整体视角；组织材料要以点带面，使用材料要点面结合；表现手法要求多样，常用夹叙夹议、现场描写、引语代叙等；经常使用对比衬托的方法，增强表现力；事件的选择侧重于典型性、针对性和指导性。

此外还有特写消息、人物消息、图片新闻等。

2. 常用的消息结构类型

（1）倒金字塔式。所谓的倒金字塔式结构，就是把最重要、最新鲜、最精彩的新闻事实放在最前面，然后依次后推，形成“虎头蛇尾”的形状。这是一种最常见的、传统的新闻结构方式。常应用于动态新闻。

（2）金字塔式。所谓金字塔式结构，即上小下大的形式，按事件发展的顺序，把最重要的结局放到后面去写。常用于目击式新闻。

（3）自由式。所谓自由式结构，即以不拘一格、自由灵活的表现方式打破常规写作新闻的方式。常见的方式有目击式、散文式和对话式等。

3. 消息的标题

新闻标题在版面编排上具有独特的优势，标题是对新闻内容最好的标示，具有引导和吸引读者阅读的作用，并展示媒体的新闻立场、观点。标题还可以用来组织、美化版面。

标题的种类如下：

（1）正题。正题也称主标题、主标、主题。它是标题中最主要、最受注意的部分。在复合型标题中，一般字号大，居主位，点明消息中最主要的事实或观点。

（2）引题。又称肩题、眉题、上副题。它与正题搭配，烘托、引导、说明和渲染正题。引题字数少于副题，字号小于正题。

(3) 副题。又称辅题、子题、下副题。它与正题搭配，是置于正题后的次要标题，用于补充、注释、深化、完善正题。

除此之外，还有提要题、插题等多种形式的题目。

提要题又称提示题或纲要题，它提纲挈领地概括新闻的主要事实、做法、经验或问题，向读者作概括扼要的介绍。这种提要题一般有提供背景材料、介绍主要内容、突出新闻事实等作用。

如《楚天金报》2013 年 7 月 2 日报道草根学者徐勇，题目是这样安排的：

草根学者徐勇“顶天立地”(引题)

从田间地头讲到中南海（主题）

卷起裤腿，上山下乡，坚守数十载。草根学者徐勇，从田间地头，一路讲到中南海。6 月 26 日在华中师范大学校园内，本报记者专访了徐勇教授。(提要题)

有了这个提要题，就把文章的主要内容告诉受众了。特别是徐教授如何草根的，基本上介绍清楚了。

插题，又称小标题、分标题，是分别穿插于文中的小标题。同样是这篇报道，文章设了小标题，比如“上山下乡明白天高地厚”、“他把大学送到田间地头去”，每个小标题明白如话且新鲜。

“看报看题，看书看皮”，人美在眼睛，文美在标题。也就是说，标题犹如人的眼睛，第一眼一定要吸引人。好的标题相当于文章的广告，能招揽读者，好的标题能一下吸引读者的目光，是文章的门面。能使读者看了标题后产生要读内文的欲望。

如何创作好的标题呢，确实需要一些技巧。有的新闻标题，几十年过去了，人们还对它记忆犹新。一个记者或者一个编辑做了一个好标题，到老都引以为豪。

首先，标题要准确生动。准确和生动是不可分的，生动而不准确会失之于浮夸，准确而不生动又会失之于枯燥。准确主要包括两个方面：事实准确，观点准确。事实准确主要说的是，标题要忠于新闻，不能文不对题，事实不能歪曲，不能任意拔高，更不能虚构。观点准确主要说的是，观点要有立足点、有依据，不能天马行空。生动就是指用词要生动，遣词造句要恰当、贴切，不浮夸，不粉饰。常用的方法有三种：第一，标题句式工整，注意对仗，不仅生动活泼而且朗朗上口，如：有钱买小车，无钱办教育。第二，恰到好处地运用成语，能收到意想不到的效果。第三，可以用修辞学的比喻、比拟、借代等手法，借以增强标题的形象性，如：一道公文背着39颗印章旅行。

其次，标题要点出文章精华，这是能否引起读者阅读兴趣的关键要素之一，标题要把最有价值的新闻事实写出来，达到“引人入文”的效果，如：“山定权　树定根　人定心”。

再次，标题要简短易读，不要把标题做得太长。

下面是一些具有示范作用的经典好标题，供师生参考。

（1）巧用比喻

美国华纳　时代在线（引题）

终于拜了天地（主题）

（2）巧用比拟

遭到空袭48小时后（引题）

巴格达：平静之中气难平（主题）

（3）巧用排比

做文明市民　创文明单位　建设文明城市

（4）巧用摹拟

飞天伏群芳　碧水映明霞

（5）巧用反复

喜喜喜　娘家频添回门女

（6）巧用对比

狗咬人——没事　人咬狗——罚款

昔日：农民掏钱　干部去旅游　如今：政府出资　农民去考察

（7）巧用谐音

羊倌的儿子留了“洋”

有“礼”走遍天下

（8）巧用感叹

跑！跑！跑！（引题）

东北敌军官兵纷纷跑到解放区来（主题）

不许乱收费！（引题）

国家计委出台八项价格、收费检查项目（主题）

（9）巧用回环

猪多肥多　肥多粮多　粮多猪多

人才开创事业　事业造就人才

（10）巧用双关

有欺诈怎"安然"　无诚信"安达信"（引题）

"两安"悬念越滚越大（主题）

（11）巧用衬托

国民遇难海里挣扎　首相挥汗球场尽兴

（12）巧用设问

潜艇没长眼？（引题）

美称将全面调查核潜艇撞船原因（主题）

（13）巧用引用

会翁之意不在会，在乎山水之间也

心急吃不得热豆腐

允许"生财有道"　不可"为富不仁"

（14）巧用顶针

权力金钱美色关　关前落马一批官

4. 消息头

学生们通过学校教学和实习，对消息写作有一定了解。在实习中也许发表过一些作品。但是，在实训中我们会发现，让学生自己写消息，错误会非常多。消息头的写作就是其中之一，而且似乎是他们最陌生的。

消息头就是消息正文最前面的一句话。比如："本报讯"、"新华社2月24日成都电"、"快报讯"、"本台消息"、"记者×××"，等等。

消息头的作用大致有三：一是声明版权。如"本报讯"声明此篇消息的版权是属于"本报"的，同样，"本台消息"声明版权是"本台"的。二是注明消息来源。"本报讯"表明是本媒体派出记者亲自采写、采录的。即此消息为本报原创。"新华社2月24日成都电"表明此消息来自新华社电讯。三是标明体裁。有消息头的新闻报道即为消息而非通讯等其他体裁。

实训中，学生往往把"本报讯"打上括号，而记者的名字不打括号，他们不明白的是，强调本报讯是强调媒体，把记者的名字打括号，是对个人的淡化。再如格式，学生们往往把“本报讯”顶格，显然是平时看报没有留意。

老师们在讲解消息头的时候，还应该向学生介绍，遇到通讯员和实习生参加采写的报道应该如何署名。

5. 写出漂亮的导语

导语是指一篇消息的第一自然段或第一句话。它是用简明生动的文字，写出消息中最主要、最新鲜的事实，鲜明地提示消息的主题思想。

导语一是要抓住事情的核心，二是要能吸引读者看下去。要做到第一条，必须具备训练有素的分析能力；要做到第二条，则要有写作技巧。

导语写作中的思维过程，通常是以作者的自问自答开始的：

> 什么事情是已经发生的事件中最重要的？
>
> 什么人参加进去了？——谁干的或谁讲的？
>
> 是用直接性导语，还是用延缓性导语？
>
> 有没有什么吸引人的词汇或生动形象的短语要写进导语中？
>
> 主题是什么？什么样的动词能最有效地吸引读者？

导语应该最简洁地反映出新闻要素、新闻的要点与轮廓，使读者一见即知传递的是何种信息。要最简洁地确定新闻基调，要最精彩地激发读者阅读兴趣。

新闻人历来都重视导语写作。虽说“文无定法”，但新闻发展到今天，无论写作还是阅读，都已经建立起传与受之间的默契，已经有一定的表达方式和结构形式，或者说，已经形成一定的规律。记者或者编者不遵循这种规律，读者便难以摸到阅读的门径。至少，在传者与受者之间，便会隔着一层东西，以致出现思想交流的障碍。导语主要有以下几种类型：

（1）叙述式。直接用叙述的方法，把新闻中最重要、最吸引人的事和思想，经过提炼、概括扼要地写出来。

（2）评论式。在消息的开头就对事物发表评论，使消息事实的意义更加明确，或者把事物的结论写在开头，揭示事物的意义和目的。

（3）提问式。在消息的开头，提出读者所关心的问题，然后加以解答。

（4）描写式。也称见闻式、目击式或细节式。在消息中对主要事实或某一有意义的侧面、细节，作简洁朴素而又有特点的描写，以造成气氛，增添声色，引人入胜。

（5）谈话式。也称“你”导语。在导语中直接把读者称呼为“你”。这类导语缩短了记者与读者之间的距离，是最使人感到亲切的导语形式之一。

（6）引语式。即引用一两句新闻人物重要的讲话或精当的俗语、诗歌，借以概括地表达出新闻事实或揭示主题。

（7）对话式。采取对话问答形式写成的导语。

（8）对比式。利用同一事物或具有可比性的事物进行对比。

值得说明的是，这些所谓的“式”，不是人为规定的，它是在新闻发展过程中，由记者、编辑们慢慢尝试出来的，或者说，它们符合导语写作的一般规律，符合传与受之间的接受习惯，天长日久，用的人多了，就把它们固定下来了。正像新闻文本还在发展一样，导语也不是一成不变的。培养学生熟悉这些比较固定的导语形式，是为了入门的方便。以后在工作中，完全可以创造出自己独特的导语形式。

6. 消息的主体

消息的主体是消息的骨干部分，也是消息的展开部分。它承接导语，用足够的、典型的、有说服力的材料对新闻内容作具体全面的陈述，以体现全篇的主题思想。概括地讲，主体就是表述和说明新闻主题的主要部分。

在一篇新闻报道中，新闻主体部分通常是由一个或几个自然段组成的。基本上每个自然段一层意思。一般情况下，新闻主体的前几个自然段解释和深化导语中所涉及的内容，随后的几个自然段则提供同一主题的新的事实、补充新的新闻要素和提供新闻背景。也有将这两种功能交叉表现的，主要视结构安排的需要而定。主体部分常见的结构有：

（1）倒金字塔式结构。把高潮或结局放在开头，然后再介绍其余内容。

（2）金字塔式结构。一段比一段具体，事件的高潮和结尾要到最后一段才显示出来，能吸引读者看完全篇。

（3）时间顺序结构，也称编年体结构。根据事件发生的先后按时间排列，其优点可以使读者对某一事件的全过程有一个鲜明的印象。

（4）提要式结构，也叫“一二三四”结构。这种结构适于比较系统地介绍某一事件的综合消息。

此外还有特写镜头式、电影蒙太奇式、散文式等。结构是为内容服务的，合理结构的标准在于用最短的篇幅把新闻事实写得能吸引读者读完全篇。与导语一样，介绍这些内容，只是让学生知晓最通常的方式。

消息的主体部分要写出足够的、有说服力的事实材料，内容充实的标志就是看这一部分是否准确地回答了导语中提出的问题。要用确切、恰当的词汇正确反映客观事物的情况，充分得体地表达主题。语言运用上要防止套话、废话、大话或滥加形容词，当然语法错误更不能出现。

7. 消息的背景

消息的背景主要是指新闻事件发生的历史条件和环境。背景材料主要有三种：对比性材料，说明性材料，注释性材料。我们在采写消息时要注意，一般在以下情况下才使用背景材料：第一，报道较复杂的新闻事实；第二，报道一项新事件，如一项新技术、新设备的采用；第三，报道读者不熟悉的或时间间隔较长的事件；第四，靠交代背景才有价值的消息。

总之，丰富的背景可以帮助读者深入理解消息本身的意义，以揭示其内在的含义。

背景材料有助于突出、烘托、阐述、深化主题，增强说服力；可以提高新闻事件的意义和价值，使消息大为生色；有助于增强新闻的知识性、趣味性和可读性。

8. 消息的结尾

消息的结尾也有一些常见的形式。

（1）归纳式。对于内容广、头绪多的新闻，为了给读者一个整体印象，作者常以归纳式结尾。

（2）点题式。在结尾处点题。

（3）反问式。这种结尾往往可以加深人们对新闻所述事物的思索，进一步悟出其中奥妙。

（4）评论式。文章提出了值得人们注意的问题，最后以评论式的语气作为新闻的结尾。初学新闻写作的人，建议少用这种方式。学生写消息，最后一段往往是评论，似乎不把自己的观点说出来就放心不下，这是一种误区。评论式结尾，往往用在舆论监督的新闻里面，所以，我们要分清使用它的场合，不得滥用。

（5）引语式。这种结尾常选用消息当事人的话作为结尾，或者用权威人士对此事件的看法作为结尾，具有暗示的功用，最能体现消息写作的匠心。

（二）选题汇报（45分钟）

这个环节要求学生提交事先准备好的新闻选题1～3个，要求至少有一个选题是列出选题大纲的。口头向老师和其他同学汇报自己的选题原因、主要思想、采访思路等，接受老师和同学的补充或质疑。根据老师和同学提出的意见，进行修改，方可进入采访、写作环节。下面是2013年4月份的一次消息实训课上，学生汇报的部分选题：

（1）武汉长江工商学院携名企单位举办模拟招聘大赛

（2）食堂周末伙食不尽人意，学生感叹十分无奈

（3）成品油价格下调，网友直呼"没感觉"——降得像乌龟 涨得像兔子

（4）华师斥资百万在学生宿舍楼安装摄像头

（5）给废弃手机电池一个"归宿"，还生存空间一片"蓝天"

（6）校园无线网速慢

（7）一个不小心，差点"被烫发"——美发店消费需警惕"热情陷阱"

（8）书山有路勤为"径"

（9）老鼠寝室"狂欢"，女同学惊心难眠

（10）校园网吧安全堪忧

（11）专家称可放心食用煮熟禽类，调查显示近半市民仍不敢吃

（12）白沙洲水厂周六停产17小时，黄家湖附近居民将受影响

以上选题都是本校学生普遍关心的话题，有很强的实效性和接近性。第2、5、8、9、10、12条属于本校内的选题，第3、4、7、11条属于校外选题，但是，与他们的生活切实相关，第6、12条属于本校周边环境的选题。整体上看，选题视野不够开阔，但是，选题的角度都还很新颖，消息的标题（初步）也设计得不错。

（三）学生根据敲定的选题自行采访（90分钟）

要求学生根据已确定的选题，写一篇500字以内的消息，一定要深入实地进行采访，可以利用网络搜集与选题有关的资料以备采访，但不许抄袭。采访时间为两个课时，时间不够的话，由学生利用午休时间补充。老师提醒学生注意采访时间及采访过程中的人身安全，并进行电话指导。

采访时要注意的几个问题：

与其他体裁的新闻实训相比，消息训练一般都放在前面，消息类采访的技巧是其他新闻体裁采访技巧的基础，所以，要求不可太复杂，可以从最基本的采访技能训练做起。主要注意事项有以下几个方面：

1. 草拟一个合适的采访提纲

采访提纲上首先要重点突出新闻的五个基本要素，即新闻的5个W，

分别为何时（When）、何地（Where）、何事（What）、何因（Why）、何人（Who）。其次，提纲上要有合适的采访计划、必须使用的采访工具等。

2. 要学会微笑

不管采访对象是热情的，还是冷漠的，都要始终保持微笑（当然，悲伤性新闻事件的采访除外）。微笑是行走世界的通行证，是没有国界、没有沟通障碍的世界性语言，所以，先练习微笑。

3. 提问要简洁通俗

对要提问的每个问题，事先在其用语的长短上应当精心设计、推敲，宜短勿长，宜通俗勿艰涩。因为人的记忆力有限，若提问不当，采访对象难以理解，容易造成前记后忘，以致常常出现这种局面：当记者提问一通后，采访对象只能迷茫地看着记者，不知所以，或者回答了一堆废话，不得要领。

4. 提问要具体

如果是对一件简单事件的采访，那么，没有问题；如果是一个复杂事件的采访，就要看采访者的功力了。把复杂问题简单化是记者必备的基本技能之一，所以，要学会设置问题，经过反复推敲、斟酌，让被采访者能够很快地明白你的意思，回答出你想要的新闻素材来。例如：央视著名主持人敬一丹曾到石家庄签名售书，活动完毕接受记者采访，一记者问："你如何看待中国目前的新闻舆论监督作用，你怎样处理生活和事业的关系？"敬一丹听后回应说："你的问题太大了，恐怕我回答不了。"结果好不容易获得的提问机会就此溜走。另外，一些记者常犯的泛泛而谈的错误，也要尽量避免，例如，"你有什么感想？""你是不是很激动（或很伤心）？""请说说你对这件事情的看法？"等，一看就是没有经过专业训练的外行。泛泛而谈的结果是泛泛回答，被访者谈多少，访问者就记多少，貌似采集到了不少素材，但回来写稿时才发现，被访者的回答都是自己不能用的废话。

5. 把握采访的主线

由于时间和环境的限制，采访者和采访对象之间不可能像拍摄纪录片和写人物通讯那样可以长时间采访，所以要抓住关键问题，一旦采访对象的谈话偏离了主题，一定要及时将它拉回到主线上来，切勿跑题。当然这并不是说不鼓励触类旁通，关键在于掌握好分寸。

6. 提问要口、眼并用

一位著名摄影家说过："人物内在的思想、精神和灵魂，有时会在一瞬间通过他们的眼睛、双手和体态表现出来——这就需要紧紧抓住稍纵即逝的最重要的瞬间"。这说明，采访中除了语言的交流，还要注重非语言的交流。两位记者同时到一个现场去采访，写出来的报道大不一样，除了基本水平以外，主要就在于会不会或善不善于用“眼睛”采访。当然，用眼睛采访是配合用“口”提问的，如果只用眼睛就能窥探到采访对象的全部，那么采访艺术也就不存在了。口、眼并用意在强调观察得深、观察得细，力求生动、逼真地反映出事物的本质来。

7. 提问结束时要学会核对一些核心问题

采访进入收尾阶段，常常容易松懈，匆忙了结，刀枪入库，马放南山。其实在结束提问时也有一些工作要做，不能忽视。

比如，如果有时间，应向采访对象复核材料，力保准确无误；回头看看，是否有遗漏的问题；征求采访对象的意见，特别是比较重要的报道，双方议论或讨论一下，这样做只有好处没有坏处，因为记者事先准备得再充分，毕竟是外行，有些东西需要采访对象的补充和解释。最后，看看你留下了采访对象的联系方式没有？在写稿时，有些问题还得再请教采访对象。

（四）写稿与改稿（180 分钟）

写完之后，一定要认真修改。俗话说“好事多磨”，对新闻人来说，要写出好稿件，就要有一股磨劲。这种磨劲表现在写稿上，主要是精心修改稿件，会改稿才能写好稿，好稿件是经过反复修改磨出来的。鲁迅说过，写完后至少要看两遍，竭力将可有可无的字句段删去，毫不可惜。稿件的修改，实际上就是一个选择的过程。选择最适当的词句，要适应情境、题旨，创造意境。我们应该学习名家对自己作品认真修改、仔细推敲、精益求精的精神。文章要想做到深（思想深）、强（指导性强）、活（文字生动活泼），就不能孤立、片面地在文字上打转。好稿件需要不断地改，不断地磨，但并不等于说只要舍得花时间就行了。

写作要从语言的思考开始，可以容许一些错误的存在。毕竟，出口成章、下笔成文是不常见的。从思考语言到表述需要一个过程，在这一过程中，一般是边思维，边组织语言。刚开始写作时，语言难免有些片面，甚至会出现语法逻辑错误等毛病，这些都是正常现象，在后期的修改中可以纠正这些错误。

自己不满意的稿件不要拿来给老师改，这样会消耗掉老师太多的时间和精力，影响老师指导其他学生，也会影响老师对学生的平时印象，进而会影响到学生的平时成绩。稿件写好之后，同学之间可以互相修改，这样，就可以避免很多错误了。

在写作过程中，如果发现有些事实要素不全，可以通过微博、QQ 等即时通讯、电话或邮件等多种形式，进行补充采访，一些背景性的材料，也可以在网上（必须是知名网站）下载，或去图书馆查找。

稿件修改的具体方法：

(1) 自改。自改作品，得审查如下问题：标题满意吗？消息头是否正确？导语是否精练？事实是否真实？是否符合党的方针政策？阐述是否有片面性？主体是否突出？有无本末倒置的错位现象？语言是否流畅？是否有错别字和病句？

(2) 互改。文章写好后尽可能征求一下相邻同学的意见，这就需要放下架子，虚心听取意见，对稿子反复推敲，进行修改。

特别要注意消息与通讯、与其他文体的区别。在实训中，我们发现，学生写消息一般还过得去，但总有那么几位同学，写得像“文章”，像故事。从标题到语言到结构，没有消息的味道。写通讯像消息，写消息像故事，这样的写法，是还没有掌握消息的要领的表现，新闻专业的学生应尽力克服。

下面，我们拿出一篇消息在改前和改后的情况作例子（该消息是学生根据《华商报》2013 年 2 月 18 日的报道材料写成），来说明修改是多么重要。

修改前：

中国电影分级制度　该何去何从

（本报讯）大年初一上映的《西游降魔篇》票房一路飙红，目前已经突破了亿元大关。在该片赚得盆满钵满的同时，不少观众却指出，影片恐怖镜头过多，不适合少儿观众观看。

记者随机采访了几名观众，不少人都指出：“影片确实有点吓人”，也有人指出，从片名和宣传都看不出影片有恐怖的成分，以为只是单纯的喜剧片，于是领着家里的小孩一同观看，结果小孩子被吓到了。

截至 27 日，在新浪微博上关于《西游》“吓人”的微博有 1000 余篇，关于《西游》“分级”的有 500 余篇，明确提到“电影分级”的也有 500 余篇。

该片的热映引起的争议，也让中国电影分级的话题再一次出现在社会舆论中心。在我国现行的电影审查制度下，电影分级一直是个充满争议的话题，尽管呼吁分级的声音不断，但相关部门则由于各种理由讳莫如深。

目前，在英国、美国、日本以及台湾香港地区都已经建立了完善的电影分级制度。然而内地的电影分级制度仍旧苦难重重、遥遥无期。但是如今电影市场越来越繁荣，电影也越来越良莠不齐，为了给观众提供更好更健康的观影方式，强烈呼吁有关部门尽快建立起完善的电影分级制度。

这篇消息的问题很具有代表性，能充分反映出学生在实训过程中所表现出来的共性问题，诊断如下：

第一，标题是作者的观点，这个同学的标题像是一篇新闻评论的标题，其实，消息的标题主要是叙述性或描述性的，而不是观点性的，尤其是在只有主标题的情况下，不能虚，只能实。

第二，即使这是一篇新闻评论的标题，也犯了文题不符的毛病。通读文章，看不出“该何去何从”的内容。文章主题叙述了几个事实，但是没有作者的观点，所以，连评论也算不上。

第三，这篇消息的主体部分共四段文字，前两段和后两段的文字的关联性太弱，很难组合在一起，其中“截至 27 日”这一段，属于补充说明部分，放在这里显得很突兀。所以，主体内容混乱。

建议做如下修改：

第一，改标题，使用叙述性或描述性的标题，尽量做到形象生动。

第二，大量删减内容，把主体部分的最后两段删掉，因为这两段的指向性不明，概括性太强，不适合做消息的内容。

修改后：

小孩看《西游降魔篇》被吓得哇哇大哭

本报讯　大年初一，一位家长带着孩子去看新上映的《西游降魔篇》，以为只是单纯的喜剧片，看电影的过程中，小孩子被吓得哇哇大哭。

《西游降魔篇》票房一路飙红，目前已经突破了 10 亿大关。在该片赚得盆满钵满的同时，不少观众却指出，影片恐怖镜头过多，不适合少儿观众观看。

记者随机采访了几名观众，不少人都指出：“影片确实有点吓人”，但从片名和宣传都看不出影片有恐怖的成分。

截至27日，在新浪微博上关于《西游》“吓人”的微博有1000余篇，关于《西游》应该“分级”的有500余篇，明确提到“电影分级”的也有500余篇。

看点一：标题形象、生动。看点二：内容简洁集中。

还存在的主要缺点：消息的主体部分写得不太具体，也不太详细，如果能仔细地描述出孩子被吓哭的具体情态，把接受采访的几名观众的原话写出来，就会显得具体生动多了、丰满多了，会给消息大大增色。

（五）组版（150分钟）

在组版时，要求学生做一个新闻版面，符合都市类报纸的版面风格，且要将自己所写的稿件做头条，并配一幅与文字有关的图片，版面所需的其他稿件与图片则自己提前收集好。最后，学生将做好的版面交给老师评点。以下是一个学生做的版面。

这是一个比较好的版面，优缺点总结如下：

主要优点：

（1）版面设计简洁、层次清晰，阅读方便。

（2）版式设计细腻，色调安排合理，线条主次分明，符合这个栏目的个性和风格，有亲和力。

（3）标题制作精致，富有变化，凸显了编辑的思想。

（4）点缀用得也不错，字体、线条和空白的合理运用，美化了版面。

（5）图片有一定的视觉冲击力，两帧照片和一幅漫画，层次合理，布局得当。

主要缺点：

（1）报头平弱，不够醒目，个性不足，没有充分发挥其“心灵窗户”的作用。

（2）版面显得有点呆板，生动性不足。

（3）个别选文标题没有使用修改稿，比如《我的钱到哪里去了?》，修改稿的标题应是《学校代发的银行卡里的钱莫名其妙地“飞”了》。这些错误都是学生粗心所致。

（4）个别标点符号不准确，且有词序颠倒现象。

长江新报　社会连线

2013年2月28日　责任编辑　徐亚丹

学校热水器安全隐患多

本报讯(记者 徐亚丹)新学期里,武汉长江工商学院寝室楼安装的新热水器,好心办坏事。

记者到8栋寝室楼调查,发现热水器存在多种隐患,如若不及时处理,很可能会引发安全问题。记者调查时,两个热水器已经坏了一个,据程同学介绍,昨晚她打了一瓶水之后,其中一个热水器就坏了,具体原因不清楚,接水时速度很慢,不到一分钟的接水过程,水温就从100℃下降到61℃,而且打水的花销比在学校开水房打水要大。

据记者观察,热水器安装在一楼与二楼交接的楼梯口处,平时人流量大,若是在集中的打水点,就很有可能因为拥挤发生烫伤事件,地板上也到处是污泥水渍,这样不仅容易滑倒也影响了寝室卫生,而且,走廊处的电灯坏掉之后一直没有维修,一到夜晚,更是为同学们的安全蒙上了一层阴影。(图示　8栋热水器)

交口称赞后不一定会付诸于行动
“禁餐”新规则诞生受肯定　效果待考量

《武汉市城市公共汽车、电车及轮渡乘坐规则》,第五条　乘客乘坐公共汽车、电车、轮渡时不得有下列行为:

(九)吸烟、进餐、打闹喧哗

本报讯(记者程傲)从3月1日起,新版《武汉市城市公共汽车、电车及轮渡乘坐规则》

将在全市范围内开始实施,“进餐”也被正式纳入新《规则》的禁止条例。

“公交禁食被正式写入新《规则》,你怎么看待这一新规定,你会严格遵守吗?”近日记者就此问题做了调查,了解到市民对新《规则》的出台几乎是交口称赞,但问及是否会严格遵守时,有部分市民的回答却是“不会”。高度的“肯定”又加之坚决的“否定”,这着实有点摸不透。

早在去年8月武汉市公交集团就推出了公交车“禁食令”,而效果却不容乐观。今年新《规则》中的“禁餐”条例就是通过公开征集社会社会意见后,由“禁食”修改而来,这一改变虽然更加人性化、合理化,但实际效果却有待考量。

正规的士为何不打表

本报讯(记者 张美娟)“从武昌火车站到学校明明只要20元左右,为什么却要了40元。”武汉长江工商学院的一名同学向记者投诉。

2013年2月25日,记者接到投诉后,来到武昌火车站对面打的。在中山路武昌火车站站点处偶尔有一辆的士停靠载客。而在站点外却停靠了一长条的士,记者正想上车,却被的士司机询问有多少人。当得知有四个人时,司机开口说道要20元一个人。记者要求打表乘车却遭到了拒绝,还还被告知这算便宜的,昨天(正月十五)要50元每位。

据在路边等车的乘客们介绍,这样的事情经常出现,尤其是在过节、学生离校和返校的时候更严重。对此,提醒广大乘客,当遇到了类似情况时请拨打投诉电话027—××××××。

我的钱到哪里去了?

本报讯(记者　金迪)平时,我们把钱存到银行卡里去大多都是想着方便,钱不会丢。但在武汉长江工商学院的同学们却向我们反映存在银行卡里的钱变少了。

胡同学是武汉长江工商学院一位大三的学生,她告诉我们,学校去年给她发放的实习经费打到学校发的建设银行的卡里。本来是200元,结果一星期后取钱时发现少了十几元。胡同学表示这已经不是第一次了,每次只要卡里有钱,不及时去取,总会变少。像胡同学这样的情况不在少数,而且所用的卡都是学生刚进学校时所发的建行卡。

同学们对于这种情况很不理解。而向学校或银行询问时都没有得到回应。所以,每次只要学校一发放实习经费或者奖学金,同学们会马上去银行取出来,不敢存在银行里,怕钱又少了。

三、作品赏析

作品一（学生作品）：

武汉一高校考研座位近九成“占而不坐”	标题简洁明了，直接显示消息的中心内容。
本报讯（记者　梅星星）2013 年春节后，武汉各高校陆续开课，一场堪比春运的“考研占座大战”也逐渐尘埃落定。然而，武汉长江工商学院考研自习室竟然出现了近九成座位“占而不坐”的现象。 2 月 28 日上午 10 点多，记者来到该学校考研自习室，发现可以容纳 200 多人的自习室仅有不到 30 名学生，但是每一个座位上都毫不例外地堆上了各式各样的参考书籍，其中不乏部分低年级的参考书籍，甚至部分座位上还留有吃剩的早点、零食等。	导语采用类比修辞手法，把“考研占座”现象比作春运，形象具体，虽有些夸张，但是，很形象地突出了“考研占座”形势的严峻性。
记者随机采访了一位来考研室“观摩”的瞿同学，他告诉记者，今年大三的他为了能够在考研室占到一席之位，大年初十就来到了学校成功占位，但等到正月十五正式上课这一天，他来到考研室准备安营扎寨时才发现，先前占到的座位已经被从未谋面的同学“委婉”地“侵占”了。面对这位陌生的“朋友”留下的“感谢信”，瞿同学不禁感慨道：“亲，能不能不要来这么温柔的一刀啊，哥的心都碎了啊！”	语言通俗明白，口语化色彩很浓，增强了消息的可读性。
其间，不少同学来考研室“观摩”，面对“占而不坐”的现象，他们也只能望“书”兴叹。其中一位大三的女生告诉记者，这是她第三天来考研室了，有的时候考研室仅有五六人，今天人数算是多的了，不少低年级的同学占了座位却整天都没见到人影，自己对这一现象十分无奈。 据了解，该高校考研室上半年不作限制，仅充作普通自习室使用，任何年级、系别的同学均可使用，只有下半年才供给考研学生使用。该校一位大三辅导员告诉记者，要避免考研座位“占而不坐”的现象，关键是学校要加强考研室的管理，设专人负责，同时还要培养学生的自觉意识。	既有现场目击和采访，也有历史回顾，使这篇消息的信息量扩容了，最后使用辅导员的话做结尾，起到点睛作用，其实就是作者自己的观点。

作品二（记者作品）：

“检讨材料就是弄虚作假的证据！”

本报讯（记者　罗雄鹰　通迅员　张安妮报道）“到底是关闭矿井还是标准化建设矿井？”贵州省副省长孙国强重重地一拍桌子，清脆的茶杯响声“震动”了整个会场。被问的盘县副县长易政衡沉默无语。

这一幕发生在4月3日贵州省煤矿安全生产紧急电视电话会议上。

今年一季度，贵州的9个地州市只有2个实现事故起数和死亡人数“双降”，煤矿的事故起数和死亡人数“双升”，非法煤矿发生的事故严重反弹。

面对如此形势，会议安排了6名发生较大煤矿事故的县、乡政府有关负责人做检讨。易政衡是第一个发言的。3月18日这一天，盘县羊场乡羊场煤矿发生2起事故，造成5死1伤。贵州省安监局的事故通报指出，此矿是应关闭矿井，却非法组织生产，冒险蛮干。地方政府及有关部门明显监管不到位。然而，易政衡在代表盘县人民政府做检讨时说，在思想认识方面，认为已纳入规范化、制度化管理的煤矿发生事故的可能性要小些，认为顶板不会出大事。他大谈如何做好下一步工作，只字不提关闭矿井非法组织生产的事实。一听完易政衡的检讨，孙国强就提问：“到底是关闭矿井还是标准化建设矿井？”易政衡无语。

数秒钟后，孙国强追问，易政衡仍然不答。孙国强问：“冒充生产矿井非法组织生产，发生了事故还说是标准化建设矿井，这是什么检讨？你们得到了哪些好处？”

孙国强的目光转向台下：“羊场乡副乡长请站起来，羊场煤矿是不是属于正常生产矿井？”

台下，羊场乡副乡长蒋文刚保持沉默。孙国强再问，蒋文刚还是沉默。

“你不回答是不是？”孙国强加重了语气，“那你说说，今年安全生产执法的主要任务是什么？”

这是一篇获得第20届中国新闻奖的报纸类消息类作品。

标题好。引语作题，一针见血。

导语现场感极强，充满戏剧性。

监管不力、发生事故，在全省大会上公开检讨，却转移话题，作品就是抓住这一极具戏剧性的情节而展开的。通观全篇，作品主题重大，监督有力，行文流畅，层次清晰，信息量大，背景交代清楚，尤其注重大量使用直接引语，以推动情节、体现主题，现场感极强。

会场寂静无声。蒋文刚“思考”了数秒钟后，支支吾吾地回答：“是安全生产隐患治理年……” “胡说，是严厉打击非法违法生产经营行为！”孙国强再次拍案，“作为分管安全生产的干部，连这都不知道，你的工作是怎么抓的？你不要做检讨了，请有关部门直接查处！” “面对企业弄虚作假，你们也弄虚作假，甚至在全省的会上弄虚作假！”孙国强怒斥，“这是什么检讨？党性何在？科学发展观何在？” 孙国强走下主席台，把易政衡的检讨材料交给了前来参会的纪检、监察部门有关负责人。他说：“检讨材料就是弄虚作假的证据！” （据2009年4月9日《中国安全生产报》）	

获得中国新闻奖不容易，既要有机遇，又要有水平。这篇新闻好就好在记者捕捉到了会议现场的一个“突发瞬间”，这个靠准备是逮不住的，必须靠记者平时养成的素质。我们不妨看一下这篇稿件采访写作和编审的全过程，了解一篇好稿得来的艰辛。

“作者参加全省会议，亲眼目睹了事件经过，认真观察，详细记录，在第一时间形成稿件传至编辑部”① ——不靠通稿吃饭的记者，抓新闻的意识永远“枕戈待旦”。

“责任编辑与其反复沟通，核实细节，对稿件进行了大幅度删节修改，适当补充背景，精心润色文字”②——后方责任编辑同时意识到这是一篇新闻价值较高的新闻作品，因为关涉问题重大，所以反复沟通，核实细节。追求新闻精品是后方编辑的宝贵品质，“大幅度删节修改，适当补充背景，精心润色文字”③，是在做新闻时留了一个心眼，为冲刺中国新闻奖作必要准备。全篇字数控制在1000字以内，符合中国新闻奖消息类字数的参赛要求。

“重新制作标题，使新闻价值更加突出”④——我们不知道原标题是怎样的，但新闻成品的标题是省长的一句原话，检讨成为弄虚作假的证据，更有戏剧性，更让人觉得糊弄上级领导已经成为某些管理部门的常态。

“同时，编辑将此文安排在一版倒头条位置，标题使用蓝字，予以强势处理”⑤——版面安排是用一种特殊的编辑语言告诉读者，它很重要！

①②③④⑤ http://news.xinhuanet.com/zgjx/2010-06/13/C_13348525_2.htm,2014-02-27。

这篇消息获奖应该还有一个因素，那就是编辑部专门为它配了一条短评，借以彰显新闻的价值，这也是编辑精品意识的一个体现。

社会影响：报道发表后，在全国范围内引起很大反响，被多家媒体转载。许多读者纷纷来电来信，痛斥弄虚作假者。写这则消息的记者对此事件进行追踪，连续发表了多篇后续报道。这进一步推动了贵州省有关部门对相关责任人的查处。贵州省上下以此为鉴，加强安全监管，从而促使安全生产工作连创佳绩。

请看当年发稿报纸及获奖作品的发排位置。

中国安全生产报
CHINA WORK SAFETY NEWS

今年安全生产月活动方案敲定

国务院安委办印发“三项行动”实施方案

把握新形势新任务
争取新成绩新胜利

辽宁——
以安全保增长
保民生保稳定

开展非煤矿山专项整治

安全生产被列为重点内容

高危行业强推　两年内全覆盖

“检讨材料就是弄虚作假的证据！”

思想隐患是最大隐患

四、实训作品问题诊断

学生在消息类新闻实训中常出现的缺点主要有：不会拟标题；消息头总有这样那样的错误；导语太长，且无新意；消息主体缺乏扎实的材料；结尾总爱加一个评论的尾巴。至于错字错句，“的”、“地”、“得”不分，随处可见。请同学自己对照看看，这些问题是否常常出现。

1. 标题问题

标题撰制平淡无奇，很少出现精彩标题；概括事实往往不准确，从标题看不出底下的新闻写的是什么。

下面是2013年2月28日实训课上，本小组16位同学做的消息类新闻标题：

(1) 90后妹子被标志“晚婚族”
(2) 武汉一高校考研座位近九成“占而不坐”
(3)“抗韩抗日”还看中超
(4) 学生寝室寒假失窃谁来负责
(5) 大学生网上吐槽发压岁钱压得他们好“累”
(6) 正规的士为何不打表
(7) 武汉上榜十大最想逃离城市
(8) 油价上涨，学生申请发改委信息公开
(9) 新版《笑傲江湖》结局或逆转
(10) 交口称赞后不一定会付诸行动（引题）
“禁餐”新规则诞生受肯定　效果待考量（主题）
(11) 影片档期的诟病　好莱坞影片中国上映路慢慢
(12) 我的钱到哪里去了？
(13) 90后男女相继跳江　至今下落不明
(14) 学生“寒窗”苦读，校考研室条件实在差
(15) 元旦假后返校：我的拖把竟然就被砸烂了
(16) 中国电影分级制度　该何去何从

整体而言，这16个标题语言都不够精彩，也不能一下子吸引读者。但是，比较而言，前6个标题还不错，值得肯定，这几个标题做到了语言简洁、真实，比较准确地概括了正文的主要信息或中心意思。分别使用了引

语、对比、设问等修辞手法，增强了标题的生动性和深刻性。

第 8 个标题，事件发生在哪座城市？如果发生在别处，则这个选题本身就是人家发表过的，或者网络里早有了。如果发生在学生中间，应该加上发生地，新闻才“接地气”。

第 11 个标题显然把动词“诟病”当作了名词；“路漫漫”又写成了“路慢慢”，一个新闻标题里两处词语有错误，这是文字基本功的问题，说明离新闻记者还差很远。看了全文才知道，原来，该同学想说的是奥斯卡获奖影片引进很慢的问题，主要是因为我国的进口审批制度造成的，次要原因是引进的价格与利润分账难以达成一致，根本跟“影片档期”没有关系。后来，这个题目在老师的建议下，改为《大陆观众难见奥斯卡大片　审批制度和利润分成是主因》。

第 12 个标题《我的钱到哪里去了?》，让人感到云里雾里，指向性太模糊，谁知道你的钱哪里去了？消息的标题应尽量只用主标题，而且必须是实标题，这个标题其实是虚标题，虚标题不能单独使用。修改的方式有两种：第一，加个实标题；第二，重新拟定一个实标题。建议采取第二种修改方法，改为《学校代发的银行卡里的钱莫名其妙地“飞”了》。同样，标题《90 后男女相继跳江　至今下落不明》也犯了交代不清的错误，改为《一对 90 后男女相继跳江　至今下落不明》更好一些。

第 14 ~ 16 标题的错误是文题不符。

例如，标题《学生“寒窗”苦读，校考研室条件实在差》主要表达的意思是呼吁学校能改善考研室的学习条件，原标题中的寒窗苦读与校考研室到底有什么关系？这是两件事还是一件事？其表达不准确。建议改为《“寒窗”苦攻，校考研室条件待改善》，这是因为，“读”是一般的读，指普通学生。“攻”则指备考研究生，与标题的后半句形成照应。修改之后，学生的观点倾向性也显得更加清楚了。标题《元旦假后返校：我的拖把竟然就被砸烂了》的错误与前面一位同学类似，建议改为《这砸烂的拖把　我该找谁赔》。

还有，标题《中国电影分级制度　该何去何从》已经在前文中举例分析过，这里不再赘述，改为《小孩看〈西游降魔篇〉被吓得哇哇大哭》，用一个个例做典型，事件具体，问题严重，带出电影分级制度势在必行，便小中见大了。

2. 导语普遍不够精彩

在实训作品中，导语不足的地方主要是：有的稿件导语中心太多，这也讲，那也说，就容易使读者看完导语后还不知重点；有的导语太长，像给上级领导汇报一样，一项项数字开列出来，让人看了有些抵触情绪，没有兴趣再往下看全文；有的导语概括性不强，虚话、套话讲了一大堆，而且还老绕圈子，绕了半天，结果就是没说到主题上，让人看了着急。

案例一：导语中心太多。

本报讯（记者×××）很多国内观众都期待能够第一时间欣赏到好莱坞影片，毕竟漫长的等待对于影迷来说是一件十分痛苦的事情。在刚刚结束的第85届奥斯卡颁奖典礼上，本·阿弗莱克导演的《逃离德黑兰》获得了最佳影片奖，该片的网络版权已经卖给了内地一家互联网付费点播，在国内上映是不可能了。3月8日，帮助梅丽尔·斯特里普拿到上一届奥斯卡“最佳女主角”奖的影片《铁娘子》将与内地观众见面，距离得奖已有一年之久。包括去年年底上映的奥斯卡最佳影片《艺术家》，也是差不多相隔一年之后才得以在中国上映，奥斯卡影片往往都不得不面临上映时间滞后的尴尬局面。（**题目：《影片档期的诟病　好莱坞影片中国上映路慢慢》**）	这条导语有260多个字，不符合导语写作的要求。该消息把大量新闻主体中应写的事实都放到导语中来了，不简洁。 另外，消息头也不规范，请同学们自己指出消息头的问题。

案例二：导语太长。

本报讯（记者×××）昨晚，亚冠联赛小组赛第一轮的比赛全部结束了。中超出战的四支球队，两支亚冠新军都以失利而告终，江苏舜天客场1∶5惨败给首尔FC，贵州人和主场0∶1不敌柏太阳神；广州恒大则主场3∶0完胜日本球队浦和红钻，北京国安和浦项制铁0∶0握手言和。尽管首轮比赛中超球队只取得1胜1平2负的成绩，但是在场面上中超球队所展现出来抗日、抗韩的气势让人眼前一亮，与近两年对阵日韩球队的比赛截然不同。“可以输球但绝不能输气势”贵州球迷如是说。（**题目：《“抗韩抗日”　还看中超》**）	这条导语的字数也是200字以上。导语过长，暴露出学生归纳能力较差，选取最让受众感兴趣的新闻要素的能力不强。

案例三：导语的概括性不够强，没有直指消息的核心。

本报讯（记者×××）近日，微博上有这样一搞笑段子："同学聚会，小学同学晒孩子，初中同学晒结婚，高中同学晒工资，大学同学晒被子。""90后妹子已走向晚婚年龄"，这些说法引来热议。**（题目：《90后妹子被标志"晚婚族"》）**	用这个段子想说明什么？读者看不明白。

3. 主体部分太简略，不够生动，没有现场感，背景材料交代得不够仔细

武汉长江工商学院教育教学工作会议：如何走进学生的心灵 **本报讯**（记者×××）民办高校学生沟通难，这是民办高校的一个"特色"。如何走进学生的心灵，让学生打开话匣子？武汉长江工商学院近日召开的教育教学工作会议上，来自华中师大的江光荣从心理咨询的角度给民办高校老师们指出了一条新路子。 江教授是华中师范大学教授、博士生导师、湖北省人的发展与心理健康重点实验室主任、湖北省心理健康教育中心主任、华中师范大学心理学院副院长、华中师范大学心理辅导研究所所长，主要研究方向是心理咨询与治疗，学校心理辅导。 江教授的讲座深入浅出，将复杂的心理学理论通过通俗易懂的语言、贴近实际的案例，娓娓道来，让人深思、反省，更让人回味。讲座结束后，老师们涌上讲台，围着雷教授提	此稿件标题用"心理学教授带老师走进学生心灵"更好一些。"武汉长江工商学院教育教学工作会议"与教授作报告之间到底是什么关系？将二者扯在一起是没有跳出会议报道的表现。 导语部分写得不错，开头用"如何走进学生的心灵，让学生打开话匣子？"吸引读者的注意力，让人产生悬念。 第二段是介绍江教授的情况，这属于新闻的背景，可以放在消息的最后再说明，也可以在主体里穿插说明。如果用倒金字塔的结构则应该把这些背景材料放在后面。读者没有必要突然知道江教授是干什么的、有什么成就，读者要看的，是老师如何走进学生们心灵，而这个秘诀，是江教授在报告里"秘授"的。也就是说，读者要看的，是教授传授的独门绝技。 恰好，这个独门绝技被作者私吞了。这是这篇消息最大的缺陷。

问、述说，除了谈到老师与学生的沟通问题，有的老师还问到了家长与儿女的沟通策略等。气氛热烈而秩序井然，讲座获得了圆满的成功。	事实上这位同学提炼的主题很好，能抓住人的眼球，从教育教学工作会议中发现亮点并提炼出来，算是条不错的消息。 学校的“教育教学工作会议”也可以作为背景提一下，是定期召开还是不定期召开，是不是每次都请类似江教授之类的专家来参与？为什么这一次邀请专家到校？既然是“新路子”，那应有旧的方法与之对应。作为背景，作者也可以提一提旧的方法，形成对比，这样才更能显出“新”。不过，这些文字都要简单一点。

思考与练习

1. 下则消息是在2013年4月25日的消息写作实训课上，一位同学写的作品，请利用所学的知识，分析它的优缺点。

校园网吧安全亦堪忧

本报讯（记者　王彬彬）日前，湖北省襄阳市一网吧失火导致14人遇难，人员伤亡惨重，大火虽已扑灭，然而网吧安全隐患仍在。据此，记者对校外唐人街网吧进行了一次实地探访，具体了解了该网吧的消防安全状况。

网吧位于唐人街二楼，狭窄的楼梯，走在上面感觉不是很稳当。进门后环顾一周，网吧面积大概有阶梯教室那么大，能容纳上百人上网。记者观察到网吧只有正门一个出入口，且正门设置并不宽大，若发生险情，逃生实在有些困难，甚至可能会引发踩踏。

由于是中午吃饭时间，网吧没什么顾客，老板也不在。得益于认识的学姐在此兼职收银，记者可以更方便地察看。在一排排的电脑桌上，可以看到一些零散的烟灰缸，里面的烟灰像堆积了很久的样子，新的烟头被随意搁置在沿上。尽管有张贴着禁止吸烟的提示，然而网吧的前台表示，不好管，玩家可以吸。桌子下角堆放了一堆垃圾，包括废弃的纸箱、饮料瓶、桶面碗、塑料桶等易燃品。前台说通常垃圾都很多，大概两三天才清理一次。记者最想看的还是网吧的消防措施，两只灭火器被放置在墙下角的凹槽里面，看起来比较新，没有被厚厚的灰尘掩埋，试用了一下还是可以正常工作的。最后记者留意到了网吧的线路问题，裸露在外的电线不算少，蒙了些灰，老化情况也未可知。为安全起见，网吧电线应该走暗线更好。

整体察看下来，记者发现唐人街网吧的安全隐患不少：安全通道太少、对吸烟管理不力、易燃物品处理不当、电线安装欠妥、消防措施尚待完善等。网吧安全问题导致的惨案愈演愈烈，实在令人痛心，生命诚可贵，望网吧经营管理者们正视安全问题，消除隐患，平安方能无忧！

2. 一次消息的采访进程可以被分成哪几个阶段，试举例说明。

3. 预选 10 个新闻选题，分别列出他们的标题。

4. 搜集 5 位同学的实训作品，分别改写他们的导语。

实训四

从材料中“拎”新闻

一、实训目的及要求

（一）目的

通过本次实训，让学生知晓大量材料中蕴藏着丰富的新闻宝矿，并以记者的身份，完成变工作为新闻的写作，即所写新闻应是广大受众感兴趣的，而不仅仅是对某一单位的工作的硬性宣传。

（二）要求

第一，学会从材料中“拎”新闻是新闻记者的一个基本功。

第二，懂得材料中哪些内容可以变成新闻。

第三，根据教学要求，培训学生在一篇单位总结里发现新闻并写成消息的能力。

二、实训步骤

（一）理论提示（45 分钟）

前面讲过，新闻记者获得新闻线索的渠道有很多，包括亲见亲历、通讯员告知、从通讯员单位获得纸质和音像材料、各级报纸杂志、电视、广播新闻，都可以让记者获得灵感。网络上的大量信息，已经成为记者获取新闻线索的重要渠道。

本次实训只讨论如何从材料中获得新闻。

凡是材料，都可能藏着新闻的要素。比如通讯员单位提供的材料、领导讲话、月度小结、季度小结、半年总结、年度总结，各单位的简报、报告，企事业单位的宣传品，包括内部报纸，内部杂志、音像制品等，其中都可能藏着新闻。

即便是街头接到的名片、各种宣传单，中间也藏着大量的新闻，或者说，至少提供了新闻线索，包括舆论监督性的新闻。

如果说新闻通讯员们提供的活动情况、会议情况是动态的，那么，从不同地方获得的材料则是静态的。这就要求记者用自己的一双慧眼，发现材料里面蕴藏的新闻。

1992 年 4 月 12 日《长江日报》发表的新闻通讯《一节葡萄枝》，获得当年武汉新闻奖一等奖，《中国检察报》刊用后，获“红塔杯”头条新闻大赛一等奖。其材料就是来自于一家单位的年终总结，通讯员根据这份年终总结写出新闻初稿，想找记者投稿，正好当时记者不在。时任《长江日报》政文部主任的潘堂林先生，接过初稿仔细看后，发现通讯员写的稿件有上千字，都是查处大案要案的成绩，新闻从业人员把这样的稿件称为工作广告，也就是说，通讯员们还不可能像记者一样，去发现工作中的新闻，去寻找所有人感兴趣的新闻价值要素。经这位政文部主任指点，那位通讯员重新构思，补充采访，把原来枯燥的工作广告变成了情节生动、思想性强的新闻通讯。①

这篇新闻通讯没有全面介绍那家检察院的工作，而是只选取一节葡萄枝“报案”的情节，来反映检察院重视举报、明察秋毫办大案的故事，情节曲折，生动有趣，是广大读者喜闻乐见的新闻故事。这样的新闻，最终会让人们记住这家检察院及其办案人员的办案精神，同样起到了宣传的效果。

一头钻进新闻里，埋头做报道，这种精神固然可贵，但是，所有媒体人都在创造性地做新闻，他们一天也没有间断过有益的探索。从我们国家有报纸、广播、电视以来，新闻报道领域获得了极大的拓宽，新闻报道的形式前所未有的丰富，学习其他媒体的报道领域和报道方式，是获得新闻线索的一个好办法。所以，媒体的各个记者部门，都订有大量的报纸杂志，记者们没事就会翻看，从中获得报道的灵感。进入网络时代，人人都是记者，每一位网民都可以利用互联网发布相关信息，比如微博、帖子、博客，这里有大量新闻，相当于网民记者的爆料。记者根据这些报料内容，进一步核实采访，就可以做出本媒体需要的新闻来。

---

① 潘堂林：《怎样发现新闻》，湖北人民出版社 2007 年版，第 194 页。

新闻实践表明，至少 30% 的新闻来自各单位的材料。材料在手，哪些内容可做新闻？这是作为记者必须具备的一个基本功。

（1）注意数字：100%；增长 2 倍；100 万人受灾；10 万人受益。

（2）注意高级别副词：最大；最好；最多。

（3）注意序数大小：第一；第二；冠军；亚军；在同类企业里排名第三等。

（4）注意事件发生的频率：首次；50 年来第一次；百年未遇；有气象记录以来最高、最低。

（5）注意独特性：前所未有的做法；不平常的事件；尖新的观念；填补空白的科研成果。

自然，能做新闻的内容，远远不止上面列出的这些。只要感觉是新的做法、新的事件，且有引人瞩目的成就，均可用来做新闻。也可以根据材料做出舆论监督类的新闻。

（二）实训的具体要求

本次实训，要求教师指定一到两篇年终总结材料，让学生们获得材料并根据材料内容，“拎”出具有新闻价值的事件，完成一至两篇消息写作。因为消息写作已经实训过，那么本次实训要考查的重点，应该放在学生是否从材料里“拎”出了有价值的新闻，是否在写作过程中提升了材料中事件的新闻价值。具体考查内容如下：

（1）标题。学生在拟标题时，往往受原材料影响，把标题做得大而空，宣传意味浓，对于这样的标题，应该让学生在老师的提示下修改。

（2）导语。与标题一样，学生也会受原材料影响，写出的导语照搬材料，经常是“为了……某单位开展了某某活动，取得了明显效果。”对于这样的导语，应责令学生回忆新闻写作课程中讲过的导语写法，即要用最吸引人的新闻要素，说“新闻故事”，而不能像总结材料一样，一纸官腔。

（3）新闻主体。要用新闻文体，而不能是单位总结文体摘抄。学生往往出现的问题是，整段拷贝原材料，结果弄成新闻不像新闻、总结不像总结的文体。一定要让学生跳出材料，以记者的身份重写新闻。

（4）要求学生在新闻稿件后面附上材料原稿，这样教师会发现学生在阅读材料中用不同颜色做的记号，便于教师了解学生是否认真钻研了材料，在阅读材料的过程中是否抓到了可写新闻的重点素材。

（5）对于从材料中“拎”新闻的写作，学生们会八仙过海、各显神通。

这是好事，教师要引导学生。新闻主体里的材料，要支撑标题，要呼应导语，切不可胡乱抄一段以应付实训。

(6) 选题汇报结束之后，学生可以回寝室或到图书馆里写作，下午带着作品和原始材料到实验室接受单独或者集中批改。

(三) 选题汇报 (45 分钟)

本实训的选题汇报与消息、通讯、述评略有不同，前面说的这几次实训选题汇报必须自己汇报选题，包括写什么、写谁，由自己根据掌握的新闻素材进行汇报。本次实训的选题，由教师提供一到两篇材料，领导讲话也行，单位总结也行，让学生读后围坐一起，各自汇报自己的选题角度，为接下来自己“拎”新闻作热身训练。

每位学生都得汇报自己的选题，老师首肯之后，选题才算定下来。这对老师提出了更高的要求。所以在选题汇报过程中，老师要耐心引导，指导后的选题角度和立意，都要高出最开始一大截，学生才能从中得到启发，学到真东西。

一位学生自己找到了吴江市质监局的年度工作总结，在选题汇报时，她说，想报道吴江市的“首席质量官”制度，因为这个制度确立了“企业第一质量人”，新闻意义重大。老师首肯了。

但是，新闻写出来，却没有达到预期的效果。原因是什么呢？学生汇报了选题，却没有具体汇报入题角度，老师在敲定选题时，也没想那么多。结果，还是在改稿的过程中，调整了报道角度，提升了新闻价值。请看这篇消息的原稿：

用质量创新　打造质量强市

我市“首席质量官”培训班学员顺利结业

本报讯（记者　刘芳芳）昨日下午，首届企业“首席质量官”培训班学员结束了近两个月的集中培训，顺利结业。

今年上半年，我市在苏州全市范围内率先建立“首席质量官”制度。2 月 24 日首届企业“首席质量官”培训班开班，吸引了全省众多人才，并对来自各名牌企业、国家级标准修订企业及规模型企业的副总经理、高级管理者或未来高管储备人才进行了集中培训。

据了解，此次培训是我市“质量强市”活动的重要组成部分。为学员授课的是国家质检总局原党组成员、中国标准化协会理事长纪正昆、康力电梯股份有限公司董事长王友林等领导、专家和企业家。

吴江市政府副市长汤卫明表示，通过实施首席质量官制度，推进首席质量官试点工作，能更好地促进以“企业第一质量人”为核心的企业质量文化建设和质量创新。

这篇稿件中有许多错误，比如引题中，把“质量强市”的“强”理解为强大，即打造强大的质量城市，而“质量强市”的本意应该是用质量把城市做强大，“强”是使动用法。我们这里只说入题的角度。围绕首席质量官制度，吴江市做了两件事，一是开培训班，二是让这些参加培训的人员全部上岗，首席质量官制度得以落实。

那么，是开培训班的新闻价值大一些呢，还是这些首席质量官上岗执法的新闻价值大一些呢，显然是后者。前者只是过程，是环节，是吴江市的一个工作，后者才是具有借鉴意义的、或者说是划时代意义的重大举措。所以，新闻的入题角度，应该是首席质量官上岗执法。从工作的角度说，这是吴江市的一个创新。从民生新闻的角度说，与老百姓密切相关的生产生活质量，终于有人严把质量关了。以前不是也有质检部门吗？那么这次的不同在哪里？在于首席质量官一言九鼎，由抽象的制度变成了实在的执行，你说，这样的新闻，谁不喜欢？

所以，在选题汇报环节，学生应该汇报的详细一些，老师指导也应该具体一些，同组的学生在这个环节才会学到更多东西。

有一点我们还要明确，从材料中“拎”新闻，“拎”出来的或者是一个相对独立的故事，比如《一节葡萄枝》，以及下面的赏析作品《广州“金菩萨”来汉“打短工”》。有时，“拎”出来的是具有新闻价值的一个活动、一个观念，它们如果单独成文，会显得很单薄，而且这个活动或者观念，只是这个单位工作的亮点，在写作的时候，还得补充大量的背景材料。这样一来，学生们从各种角度“拎”出来的新闻，很可能在背景材料的引用上，出现大同小异的情况，这个没有关系。

三、作品赏析

全国第六届中学生运动会于 1995 年 8 月 26 日至 31 日在武汉举行。1995 年 7 月间，武汉市一份筹备运动会的工作简报中有这样一段话：

本着“既满足需要又尽量节俭”的筹办原则，这届运动会竞赛器材不少是自制或租借的，节省了大笔竞赛器材购置费用。

时任《长江日报》社副总编辑的潘堂林先生，看到简报里的这段话，认为其中必有广大受众喜欢的新闻，于是安排记者调查采访。结果发现，简报里没有写出的细节，真的很有创意，很有故事性。于是，一篇以这段工作汇报为线索而挖出的新闻，上了一版头条。①

<table>
<tr>
<td>
高档“搁”货 借比买好
广州“金菩萨”来汉“打短工”
中运会花5万元借到价值150万元高档精密计时器

本报讯 广州天河体育中心价值150万元的日本“精工”电子计时器来汉“打短工”的合同，昨日签字生效。
据赴穗签订合同的市教委体卫处曹文伟电话说，付5万元租金，天河体育中心派操作员携设备来汉，为本月下旬在汉召开的全国第六届中运会田径比赛计时。
这套大型电子计时设备，是国际性体育赛事的标准计时器材，广州市1987年筹办第六届全国运动会专门从国外进口，国内目前仅有两套。
今年初，中运会筹委会在商议竞赛器材购置方案时，曾为田径比赛的关键器材——计时器犯难：武汉市首次承办全国性体育盛会，理应选购一流计时器。但筹委会器材开支预算总共只有43万元，不够“精工”计时器价格的零头。有人提出：“上几届中运会都未用‘精工’，我们也不必‘打肿脸充胖子’。”有人说：“花150多万元，买来了几年难派一次用场，岂不是买个‘金菩萨’供着？”
竞赛部几位“老体育”难中出计：“借”个“精工”如何？
</td>
<td>
标题运用拟人手法，生动形象。副标题细说租借省钱数额。

导语简洁，告诉读者事情已经搞定。
</td>
</tr>
</table>

① 潘堂林：《怎样发现新闻》，湖北人民出版社2007年版，第64~65页。

竞赛部工作人员陈寿满是国家游泳裁判委员会委员，与天河体育中心负责人有交情。一个电话打了过去，对方诧异：租借这么贵重的器材，“天河”还没有先例。十几个长途电话协商，广州方面松了口，末了，说出这样一句话：“这一回，武汉人比广州人还精明——使用率不高的高档器材借比买好。” 据中运会筹委会有关人士透露，本着“既满足需要又尽量节俭”的筹办原则，“借”成了这届中运会筹备工作的一大特色。他们花1000多元钱租到了中南财大前几年办“大运会”购置的全套高档撑竿跳高设备。为使整个中运会比赛编排、成绩记录达到自动化，他们向一家大企业借来了成套电脑打印复印设备。	叙述细节。这段内容本是工作情况，可是工作里有可供传播的要素，符合共同兴趣，因此成为可读性强的新闻。
国家教委有关人士前不久检查中运会场馆建设和器材准备情况时，称赞武汉市人求实务实，改变了“贪大求买”的传统做法。	结尾交代权威部门的评价。

四、实训作品问题诊断

下面是一个县林业局的年度工作总结，它为我们提供了丰富的材料，这些材料中有许多都可以成为我们的“新闻点”，即在林业局的做法里“拎”出广大受众感兴趣的新闻来。

2009年度森林防火工作总结①

在县委、县政府的正确领导下，在市森林防火指挥部、市林业局的指导帮助下，以科学发展观为指导，我县2009年度的森林防火工作，认真贯彻落实党中央、国务院和省、市领导的重要指示以及省、市森林防火会议精神，紧紧围绕××省森林防火工作“三个力争”、“三个确保”的目标，克服气温高，林区人员活动频繁，防火基础设施设备和扑救力量水平低等困难，切实做到思想认识到位，工作责任落实，防范措施严密，处罚力度严格，扎实做好森林防火工作，取得了无重大森林

① http://www.ttshopping.net/Article/96892.html,2011-04-15。

火灾、零伤亡的好成绩，现将2009年度的森林防火工作总结如下：

一、基本情况

××县位于××省西北部，××市东南部，××江中段北岸，全县幅员面积2200平方公里，地势西北高、东南低，境内山峦起伏、沟壑纵横。全县辖5乡3镇，5个社区，55个村民委员会，居住着汉、傈僳、彝、傣等26种民族。全县现有林业用地面积242.6万亩，活立木蓄积771万立方米，林业用地占国土面积的74.6；公益林面积占林业用地面积的72.3，集体林占林业用地面积的86.5。森林覆盖率（含灌木林）50.5%。

截至6月15日防火期结束，全县共发生森林火警1次，比市下达总火灾数控制在12次以内的指标减少11次，此次火警发生在石龙坝乡民主村，过火面积60公顷，属未郁闭的新造幼林地火警。全县1次森林火情均已查明火因，林政处罚1人，火案查处率为100%。林火当日扑灭率为100%。全县被监控的卫星热点共有27个，核实结果：计划烧除11个，荒火1个，农事用火15个。全县无重大森林火灾、无人员伤亡。

二、主要做法和采取的措施

（一）领导重视，及时部署

县委、县政府高度重视森林防火工作，认真贯彻中央、省、市有关森林防火的会议、文件精神，从维护林区稳定，维护生态平衡，保障辖区经济社会可持续发展战略实施的高度出发，坚持“预防为主，积极消灭”的方针，对2009年森林防火工作做到早发动，早部署，早安排。县、乡、村各级在防火期到来之际，都相继召开了森林防火工作会议，认真贯彻落实省森林防火电视电话会议和市森林防火会议精神，及时调整充实了由县长任指挥长的县森林防火指挥部。修订完善了《森林火灾扑救应急预案》。进一步强化了森林防火工作由党政一把手负总责的责任制，县人民政府精心分析召开了两次森林防火紧急工作会议。防火期内县政府及森林防火指挥部下发了《关于切实抓好森林防火工作的紧急通知》等文件20份，促进了森林防火工作的有效开展。进入防火期，县森林防火指挥部成员单位深入到各自分片包干乡镇及重点林区和重点部位督促检查防火工作，发现问题及时予以整改。一旦县城面山、重点部位林区发生火情，县指挥部主要领导高度重视，亲临火场精心部署，科学指挥，做到“打早、打小、打了”。

（二）明确责任，落实任务

在2009年度森林防火工作中，我县认真贯彻落实《森林防火条例》、《××省森林消防条例》、《××省人民政府森林防火令》和《××省森林防火目标管理责任状》规定，以森林防火各级行政首长负责制为核心的各种防火目标责任制，做到政府、林业部门和指挥部成员单位“三条线”责任制建立健全。县政府与各乡、镇政府签订2009年森林防火目标管理责任状之后，各乡、镇与各村（社区）；各级林业系统之间以及与驻林区经营、施工等相关单位层层签订了森林防火责任状（书）。全县共签订各种森林防火责任状（书）457份，并对2008年的森林防火工作进行了奖惩兑现。

（三）多方筹资，保障经费

2009年是我县近年来森林防火经费投入最多的一年。全县共计投入森林防火资金105万元。这些经费除了用于正常的防、扑火工作外，还对重点造林地块进行了防火线的铲除工作，聘请了专门的护林人员；我县除常用的森林防火物资储备外，还筹集资金15万元，购置了风力灭火机12台、油锯6台、灭火水枪15台、指挥服15套、阻燃服55套、割灌机5台、对讲机备用电池20块、电线20根、水壶50个，增加了防火物资的储备，基本达到了《××省森林防火目标管理责任状》中一般火险县必须储备15万以上的物资的要求，有力保障了森林防火工作的顺利开展。

（四）认真做好计划烧除工作，排除火灾隐患

为有效控制重大森林火灾的发生，最大限度减少森林资源损失，变被动打火为主动预防，排除林内可燃物，经各指挥所申请、县人民政府同意，我县于2009年1月10日至1月22日，在中心镇、荣将镇、新庄乡、石龙坝乡、兴泉镇、船房乡、××林业局、县林产公司几家指挥所管辖的适宜林区内进行计划烧除。计划烧除总面积为35261公顷，第一期烧除因气候原因只完成了计划的15%，于是在2009年2月12日至2月20日进行了第二期计划烧除，对原第一期计划烧除的适宜林区内进行了补烧，第二期完成了计划烧除的70%。两次共完计划烧除面积28208公顷。开展了此项工作后，有效减少了林下可燃物，杜绝了较大火灾的发生，控制了森林受害。

（五）加强应急管理和队伍建设，提高应急处置水平和能力

为科学、高效地预防、扑救森林火灾，确保我县生态及森林资源的安全，最大限度地减少国家和人民生命财产损失，县森林防火指挥部和各乡（镇）根据森林防火工作实际制定完善了森林防火预案，县森林防火指挥部、8个乡（镇）、两家天保实施企业都制定了森林防火应急预案，均达到了《××省处置森林火灾安全规范》的要求。同时，要

求县森林防火指挥部、各乡（镇）领导在组织扑救森林火灾的过程要靠前指挥，在确保安全的基础上及时组织力量扑救，同时为了进一步提高森林防火应急处理能力，我县在没有专业扑火队伍的情况下，结合森林工作需要，今年我县新组建季节性扑火队伍一支，计30人；县、乡两级义务扑火队伍10支，计300人；这些队伍的组建，能有效做到就地就近处置森林火灾。在防火期间，督促各级加强值班管理制度，加大宣传力度，加强巡山力度，对重点林区、重点造林地块由专人进行巡查，严防死守，及时排查火险隐患。

（六）加大宣传力度，严格野外火源管理

坚持把宣传教育作为森林防火工作的第一道防线，采取“点、线、面”相结合，因地制宜，因人施教，进一步加大了宣传力度，确保森林防火意识深入人心。重点宣传是森林防火政策法规、森林防火基本常识和应急避险知识等。利用广播、电视、简报的形式，多渠道宣传森林防火工作，大力营造森林防火的浓厚社会氛围，共发放了入户宣传单45000份，防火知识宣传单3万份，发放防火知识牌1000张，到乡镇、村、组书写防火宣传标语2000条，在各中小学校上防火知识课500节，清明、五一期间，由天保人员在进山、路口向游人及扫墓人员发放防火宣传单2万份；出动防火宣传车70台次，召开森林防火工作专项会议30次；利用有线电视播放森林防火公告三期，出简报二期210份。

为使森林防火工作更直接、更有效，我县加大了野外火源管理，努力从源头上截断火患。第一，继续实行生产用火许可证制度，由农户向村民小组长申请，由乡镇林工站实地落实后审批，同意后方可用火，全县共核发生产用火许可证49份；第二，认真落实五个百分之百野外火源管理制度，加强对“五类”人员的管理，共登记造册“五类”人员27人，重点地段设置防火检查站1个，防火检查卡6个。在重点时段，我县加大了巡山护林力度特别是加大了在敏感地区、重点地段死看死守，××林业局安排在狮子山人工造林区，20名管护人员轮班昼夜巡护，有效地加强了火源管理；第三，加大了瞭望的频度，24小时不间断观察全县火情，做到了火情早发现、早处置。

（七）加大投入，做好重点造林工程森林防火工作

7.9万亩青桐造林基地是我县2009年度森林防火工作的重中之重，为确保造林成果，县林业局竭尽所能从资金、领导、队伍、措施、装备等方面满足了青桐造林地防火工作需要。首先，在资金上给予了保障，多方筹集资金55万元用于青桐基地防火；其次，加强了领导，安排一名能力强、基层工作经验丰富的副局长，在防火期专门负责造林地的防

火工作；第三，建立巡扑火队伍。从县林业局抽调2名技术人员从林业公安分局抽调2名干警，向社会聘请15名扑火防员住扎造林区，专门负责防火工作；第四，实行生土隔离。在青桐基地开设生土隔离带338公里，昼夜巡护，严管火源，认真查处造林区违规用火行为；第五，加强硬件建设，配置防扑火装备。县林业局新购置吉普车1辆，摩托车2辆，风力灭火机2台水筒水枪2套，割灌机2台，车载台1台，对讲机1对，用于青桐基地防火。由于各项措施到位、工作到位，7.9万亩青桐基地平安度过防火期。

（八）认真防范，加强督导

为全面抓好2009年度森林防火工作，县级森林防火指挥部针对严峻的防火形势，适时开展森林防火大检查，特别是进入防火期以后和戒严期开展的森林防火大检查涉及面广、力度大，对检查出的火险隐患，及时发放了《火险隐患整改通知书》，要求被检查单位限期整改，并将整改情况报县防火办，发放火灾隐患整改通知书25份。凡检查出的隐患有关单位都作了整改。

（九）职责明确，齐抓共管

为搞好森林防火工作，我县各级各有关部门，都能把森林防火工作作为己任，认真履行职能，森林防火指挥部成员单位，防火办等齐抓共管，积极配合，协同作战，确保了2009年度森林防火工作取得良好成绩。县、乡二级森林防火指挥部（所）办公室认真履行职责。针对近年我县森林防火面临的严峻形势，进入防火期以后，我县就按照戒严期值班的要求，坚持24小时双岗值班、领导带班。在工作中各级防火办工作人员都能从讲政治、顾大局的高度认识森林防火工作的重要意义，做到坚守岗位、尽职尽责、兢兢业业地忘我工作，无论日常工作、核实卫星热点、反馈航护火情等都一丝不苟，按质、按量、按时上报各类材料、报表，真正做到了工作认真，适时协调沟通，为我县森林防火工作的健康、有序开展发挥了积极作用。天保工程实施单位认真负责，坚守岗位。防火期内全县天保实施单位职工队伍和林政员、护林员、巡山员等全员上岗，严格划分管护区域，建立防火管护责任，在县、乡森林防火指挥部门和林业主管部门的统一领导下，齐心协力，紧密配合搞好森林防火工作。

三、取得的经验

（一）领导重视是做好森林防火工作的关键

我县各级党委、政府及相关部门始终高度重视新形势下的森林防火工作，进一步规范、完善森林防火责任制的落实，严格按照温家宝总理衡量森林防火工作的“五条标准”要求森林防火工作。进入森林防火期，我县各乡镇、各有关部门领导真正把森林防火工作放在首位抓紧抓好。在政策措施、指挥扑救、资金投入等方面保障了森林防火工作的需要。

（二）落实责任是做好森林防火工作的前提

今年我县的森林防火工作严格按照省、市的要求，结合实际认真落实了政府、指挥部成员单位和林业部门三条线责任制，层层签订了责任状（书），真正做到了各级党委、政府亲自抓，各有关部门具体抓，责任、任务落实到人头，形成了森林防火工作齐抓共管，责任制层层落实的工作格局。同时通过落实各项措施，确保了2009年度全县森林防火工作的顺利开展。

（三）对森林防火政策法规的大力宣传是做好森林防火工作的基础

通过大力宣传森林防火法律、法规，加大火案查处力度，严惩纵火、失火人员，使森林防火意识深入人心，让广大农户主动支持，积极配合、自觉参与到森林防火工作中来。

（四）物资经费保障是做好森林防火工作的保证

今年我县在财政十分困难的情况下，千方百计筹措资金105万元，购置了森林防火相关设备，在人、财、物方面予以了重点保障，确保了森林防火工作正常开展。

四、存在的困难和问题

我县森林防火工作取得了一定成绩，但仍存在一些困难和问题。主要是：

（一）火源管理工作有待加强，我县扑救火还局限于传统的遇火打火，对于火源、火险隐患的管理和整治排查还不够。

（二）重扑救、轻查处的现象时有发生，遇有火情，各乡镇人民政府、林工站、天保管护人员、护林人员都能够快速出动，积极参与林火扑救，但是对一些违规用火、未批用火的行为查处惩戒不够。

（三）队伍建设有待于加强。我县的扑火队伍基本上是以义务扑火队伍为主，仅有一支30人的季节性扑火队伍，扑火队伍素质不高，扑火能力有限，不具备扑大火救大灾的能力。迫切需要建立一支50人的森警部队。

（四）提高群众森林防火的责任意识和忧患意识，工作有待进一步加强。森林防火工作是一项全社会都需积极参与才能完成的系统工程，特别是林改结束后需要每个村林权所有人都担负起森林防火工作的主体责任，需要发挥每个公民的主人翁精神，因此，进一步提高群众森林防火的责任意识和忧患意识就成为森林防火工作中亟待解决的问题。

（五）由于2009年我县新建专业扑火队伍，购置装备，高投入新造林地防火资金，资金缺口较大。

五、下一步着重抓好的工作

我县2009年度森林防火期已顺利结束，为确保明年的森林防火工作更上一层楼，做到早部署、早安排，以预防为主，打牢各项基础工作。为此，下一步要着重抓好以下几方面的工作。

（一）继续抓好森林防火宣传教育，营造全民防火氛围

充分利用电视、电台、报纸等播放森林防火公益广告，防火法律法规，宣传森林防火工作的重要性；继续使用宣传车，挂横幅标语，发放宣传资料，竖立防火警示标牌进行宣传；组织开展现场宣传咨询活动，扩大森林防火教育的影响力，营造浓厚的全民防火氛围，全面提高森林防火的宣传力度。

（二）切实抓好防火预防工作

森林防火指挥部和林业部门对森林防火工作做到思想上警钟长鸣，措施上常抓不懈，主要做好以下工作：一是抓好防火监测站（台）的维护，确保信息畅通；二是对重点造林地块，有计划、按要求开挖防火线；三是对重点地区的公路两侧和人为活动频繁地带的林下可燃物进行清除；四是抓好扑火队伍的建设。

（三）抓好业务培训工作

为不断适应新形势下森林防火工作的需要，适时组织开展森林防火各种业务培训，特别是森林防火网络办公系统培训。同时对林工站、天保人员、扑火队员等进行一次全面的森林防火基础知识培训，不断提高森林防火人员的思想和业务素质。

2009年我县森林防火工作，通过全县广大干部、职工、群众的奋力拼搏，顺利完成了森林防火工作任务，安全、平稳地渡过了森林防火期。我县将继续开拓进取，扎实做好森林防火工作，努力开创森林防火工作新局面，为××经济社会又好又快发展营造良好的环境。

××县森林防火指挥部

下面是学生在实训中写的原稿，我们可以看到，这份原稿没有摆脱宣传该县林业局的框框。原因是学生一下子跳不出总结的内容，一直被总结牵着鼻子走。这篇新闻习作的具体评点见表格右框里的文字。

××县多措并举维护林区生态健康 **本报讯**（记者　蒋姮）××县担负着该县242.6万亩林业地的保护和执法的重要职责。近年来，经济林带在开发与转包和再利用中违规混杂，纵火炼山。因此，该县立足自身职责，依照国家《森林法》、《森林法实施条例》、《森林防火条例》等有关法律法规，严格执法，为维护生态林区的健康发展作出了贡献。	标题大而化之，“多措并举”，其实无法尽举其例。“维护林区生态健康”之说，也很抽象。 导语中“无事”，没有把最吸引受众眼球的新闻要素放在导语里，而是列举了三个法规和条例，受众肯定不愿看这样的新闻。
县委、县政府高度重视森林防火工作，认真贯彻中央、省、市有关森林防火的会议、文件精神，从维护林区稳定，维护生态平衡，保障辖区经济社会可持续发展战略实施的高度出发，坚持“预防为主，积极消灭”的方针，对今年森林防火工作做到早发动，早部署，早安排。	
在县、乡、村各级在防火期到来之际，该县相继召开了森林防火工作会议，认真贯彻落实省森林防火电视电话会议和市森林防火会议精神，及时调整充实了由县长任指挥长的县森林防火指挥部。修订完善《森林火灾扑救应急预案》。进一步强化了森林防火工作。	消息主体仍然照抄林业局总结，还是跳不出材料局限。
防火期内县政府及森林防火指挥部下发了《关于切实抓好森林防火工作的紧急通知》等文件20份，促进了森林防火工作的有效开展。进入防火期，县森林防火指挥部成员单位深入到各自分片包干乡镇及重点林区和重点部位督促检查防火工作，发现问题及时予以整改。一旦县城面山、重点部位林区发生火情，县指挥部主要领导高度重视，亲临火场精心部署，科学指挥，做到“打早、打小、打了”。	
加大宣传力度，严格野外火源管理。坚持把宣传教育作为森林防火工作的第一道防线，采取“点、线、面”相结合，因地制宜，因人施教，进一步加大了宣传力度，确保森林防火意识深入人心。	消息结尾还是总结中的文字，作为新闻，肯定显得干巴，没有受众想知道的“新闻”。

而下面修改后的稿件则大不一样。消息着眼于总结中的一个做法，这个做法正好说明该县在森林管理方面的严格要求，既有新闻价值，又有宣传价值。

××县生产用火要办“准生证”	标题运用比喻修辞手法，很形象。有悬念，有新闻，能吸引受众一看究竟。
本报讯（记者　蒋姮）××县注重野外火源的管理，生产用火一直实行从严办理“准生证”制度，这是记者日前从××县林业局获得的信息。	导语简洁，突出了消息来源。
记者了解到，为使森林防火工作更直接、更有效，该县加大了野外火源管理，努力从源头上截断火患。如果生产要用火，农户得向村民小组长申请，由乡镇林工站实地落实后审批，同意后方可用火。除此之外，该县还签订各种森林防火责任状457份，用生死状的形式保证防火思想不懈、措施不弱、责任不减。	消息主体不是照抄总结，而是把总结里的内容化为消息语言。
该县还利用广播、电视、简报的形式，多渠道宣传森林防火工作，大力营造森林防火的浓厚社会氛围，共发放了入户宣传单45000份，防火知识宣传单3万份，发放防火知识牌1000张，到乡镇、村、组书写防火宣传标语2000条，在各中小学校上防火知识课500节。	具体做法，因为总结里有大量数据，这些数据刚好是新闻所需要的。
县林业局相关人员告诉记者，该县实行24小时不间断监控火情，火情便能“打早、打小、打了”。截至6月15日防火期结束，该县无重大森林火灾发生，亦无人员伤亡报告。	结尾虽然也是总结里的内容，但是，记者把它写得有现场感。

从材料里“拎”新闻，不是说新闻仅从材料中来，如果是这样，便不会有生动的细节，新闻记者在实际操作中，是把材料当做新闻线索看的，材料有值得一写的新闻，记者还是要到相关部门进行采访，让材料文字变成具体可感的事件，这样写出来的新闻，才是好新闻。

这里得提醒一下，如果是通讯员提供的材料，需征得同意方能带走。看完之后，还必须妥为保管，需要归还时，还得按期归还。涉密单位的材料，要问清哪些可以公开报道、哪些不能，这个非常重要。还有，现在有许多材料属于商业机密，不能轻易丢失。再就是，在采访中如果看到相关材料摆在桌上，但主人不在的时候，也不能随意翻看或者拿走。这是基本礼节。

至于街头接到的宣传单、报刊上看到的相关广告，如果从中“拎”新闻，特别强调要具体落实，因为有些内容往往靠不住。

思考与练习

1. 为什么要提倡从材料里“拎”新闻？

2. 自己在网络上找一篇工作总结或者工作简报，试着从中“拎”出有价值的新闻来。

3. 下面是学生在实训中的作品初稿，试指出它存在的问题。

全民防火总动员

本报讯（记者　王陆）某林业局作为全国重点火险区，林农交错、社情复杂，建局以来山火频发。该局今年防火的指导思想为“健全预防机制，杜绝人为火情，努力实现全年无火灾”。为了防治火灾工作更好地进行，该局出台了一系列的政策调动全民的热情，引导全民共同防火。

记者了解到，以前农民一直是防火工作对象的“老大难”，但是在努力下，农民成为防火工作的新主力。该局相关负责人表示，“我局下派53名机关干部驻点到各村屯，落实防火工作。在村屯中聘任了95名防火协管员和154名防火义务宣传员，并给他们每人每月400元的防火补贴，充分调动了农民朋友防火工作热情”。

记者到该局进行考察的时候，看见许多女子在局址附近巡查。有一位妇女同志告诉记者，“局里成立了10支150名女职工组成的女子巡查队，每天从上午7时到下午6时在局址周边形成了包围式巡护方式。”

该局局长表示，“春防中，我局通过采取切实可行的管用措施，取得防火阶段性胜利。我局下步将有针对性地对春防工作进行再安排、再部署，动员全民发扬不怕疲劳、连续作战的精神，继续加大工作力度，确保春防万无一失”。

实训五

新闻通讯

一、实训目的及要求

对新闻通讯基本写作知识作简单回顾，训练学生发现选题及实际写作的技能。

本次实训的要求：第一，提前想好选题，到课堂上与师生共同讨论，确定选题；第二，采访中注意挖掘细节；第三，最终以记者的身份，单独完成一篇2000字左右的人物通讯。

本次实训，解决两个难点：第一，驾驭材料。通讯写作的事件非常庞杂，如何红线串珠，对于学生，有一定难度；第二，通讯写作的表达方式，学生还不会自由运用，往往把通讯写成大消息。

二、实训步骤

（一）理论知识提示（45分钟）

这一部分主要是老师提纲挈领地讲述新闻通讯写作的基本要求，及其与消息体裁的区别。

1. 通讯的概念

通讯是以叙述、描写为主要表达方式，将具有新闻价值的人物或事件及时、具体、生动地予以报道的新闻体裁。西方传媒中没有我们所说的“通讯”，它们的“新闻专稿”（又称特稿），即“比消息更详尽的新闻”，近似于我国的通讯。

2. 通讯与消息的比较

通讯和消息的共同点：通讯和消息是媒体常用的两种文体，实用性很强。它们有许多相同的地方：都要求写真人真事，都要用事实说话，都要讲求时效。

通讯和消息也有区别，主要表现在以下方面：

（1）标题的撰制方法不同

消息标题陈述主要新闻事实，且是结构完整的句子；通讯标题所要表达的含义不充分，常不能构成一个完整的句子。

比如，消息标题：

男青年地铁上吃包子遭“猛大叔”打掉门牙

醉酒大学生成急诊科常客

江城五旬产妇生下6斤儿子

比如，通讯标题：

一场迟到35年的婚礼

挺起不屈的脊梁——四川抗击特大地震

由上面的标题我们可以看出，通讯的标题比较虚，有时是全虚，如单行标题，有时是半虚，如双行标题。

另外，消息常用多行标题；而通讯一般是单行标题，如果用双行标题，则采用附加破折号的形式，用以解释或说明主标题。消息标题中不采用破折号。

比如，消息标题中的三行标题：

（引题）知否，知否，应是“贱”肥“贵”瘦

（主题）爱吃瘦肉者，请你多付钱

（副题）本省十八个县市调整猪肉各品种之间差价

双行标题：

（主题）中石化就“拒为救护车加油事件”致歉

（副题）事发恩施巴东县　当事人被撤职并辞退

（引题）武汉城市绿化条例迎20年来最大修改
（主题）十种毁损绿化行为将受处罚

比如，通讯标题中的单行标题：

谁是最可爱的人

让伤害远离孩子们

矿难瞒报何时了

双行标题：

嫁给晓兵不后悔
——一位英雄妻子的苦辣酸甜

男儿当自强
——洪战辉带着妹妹求学记（上）

（2）署名方式不同
我们先看一个学生在新闻写作课程中的习作：

平凡但不平庸
——记一位普通的大学专职教师

（记者　余一娟）眼前的这位老师看起来再平凡不过，小寸头，黑镜框，黑色休闲外套、休闲裤，笑起来眼睛眯成一条线，露出腼腆的小酒窝。他聊天的时候那自然大方的神情，让人觉得非常的舒服。他就是×××学院新闻系的教研室主任兼专职教师×××老师。

消息最明显的标志是消息头，即在导语之前标出的“××社×地×月×日电”或“本报讯”，如下面的实例：

楚天都市报讯（记者 王荣海）在树上刻字“到此一游”，今后在武汉可能要受处罚了，最少处罚50元，最高可罚200元。

通讯署名一般在标题下方，通常是“本报记者×××”，或者在文末署上“本报记者×××”。下面是一个例子：

男儿当自强

——洪战辉带着妹妹求学记（上）

本报记者 贺广华 周立耘

这样看来，上面的学生习作表明该同学没有搞清通讯署名与消息的不同，误把通讯当消息了。

（3）开头不同

通讯开头不像消息那样开门见山、直说其事，而是要渲染一下气氛，造一下声势，调动一下读者的感情。

下面将通讯开头与消息开头的实例列出来作一比较。

例如，通讯《男儿当自强——洪战辉带着妹妹求学记（上）》（据2005年12月14日《人民日报》）的开头部分：

12月12日下午，长沙爱尔眼科医院院长林丁与他的同事，特意赶到湖南怀化学院，执意将洪战辉带往长沙继续免费治疗。他们觉得，不尽最大努力为这个曾因屈辱而致使左眼几乎失明的倔强小伙子做点什么，实在心有不安。

这些天，许多素不相识的人以电话、信件、网络留言甚至捐款等方式，争相表达对在校大学生洪战辉的敬意，因为他们从洪战辉平凡艰辛的人生经历中，感受到一种奋发向上的力量。

消息《4岁女娃娃上医院戒网瘾》（据2013年7月27日《楚天都市报》）的导语部分：

幼儿园放暑假了，4岁女孩晨晨成天粘在电脑屏幕前，晨晨妈无奈之下带她向医生求助，经诊断晨晨已经出现网络依赖的症状，现在不得不在医生的指导下“戒网瘾”。

（4）报道内容的详细和概括程度不同

通讯报道的事实比消息详细、完整，富有情节，可以满足读者知详情的需要。

消息是将事件的几个新闻要素报道出去（时间、地点、人物、事件、经过、结果等），使受众尽快了解到最重要的概括性信息。

而通讯则往往在消息发表之后，将事件的来龙去脉、前因后果等读者渴望知道的“背后新闻”，通过通讯特有的表达方式，生动形象地报道事件的始末。

通讯报道的事实往往比消息更详细，更注重细节，因而显得更形象、更生动。它以感性素材还原生活的原生态，往往具有强烈的感染力。消息通常只有几十字、几百字，最多千字左右。而通讯短则上千字，长则上万字。

（5）时效性不同

通讯的时效性往往不及消息。通讯发稿比消息慢一些。我们知道，通讯要求更详细、深刻、生动、典型，记者需要有一个采集素料、选择材料和材料再认识的过程，才能变题材为通讯作品。同时通讯强调报道的完整性，有时还必须等新闻事件有一个较充分的展示过程或等事物发展到有一个阶段性成果时，发表通讯的时机方才成熟。

不过，消息发出之后，如果是重大典型，通讯还是要以最快的速度跟进，以便用这样的典型人物或者事件形成社会舆论，从而引导社会。

（6）表达手法不同

消息多用叙述和少量描写，而通讯除具有消息的表达手法之外，还可以议论和抒情，其文学色彩比较浓厚。

通讯与消息的表现手法和写作要求有很大区别。出于反映事实信息的需要，消息写作常采用第三人称叙事，即以局外人的姿态出现，让“他”、“他们”以及被报道主人公的名称、身份运行在字里行间，不允许“我”出现在报道之中；通讯则不然，出于详尽深入报道的需要，第一、二、三人称各显所长，“我”、“你”、“他”在叙述、描写、议论、抒情中各取所需。消息较少有议论、描写，不允许抒情。通讯常常融描写、议论、抒情于一体。通讯通常借助文学手法表现主题，与一般意义上的文学作品的根本区别就是通讯必须具有真实性。

（7）结构方式不同

从结构上看，消息经过100多年多少代新闻人的尝试探索，已经形成比较程式化的文体。消息写作，在很大程度上是按着固定的模式进行操作，其创造性只体现在一些局部的地方。通讯则不然，它的写作跟一般的记叙文相似，没有固定的格式，每一篇都有自己独特的结构形式。

总结：通讯和消息这两种新闻报道常用体裁，功能有很大区别。感染力是通讯的一大特征。通讯的感染力远远超过消息，甚至让人感动、兴奋、欢呼，甚至让受众数度落泪；消息主要陈述新闻事实，不有意去调动受众感情。这些都得益于通讯的另一特别功能——情感传播。

3. 通讯的主题、结构及表达方式

（1）通讯的主题

通讯的主题是指作者通过报道新闻事实所表现出来的中心思想或基本观点。“政治上重要的、为大众所注意的、涉及最迫切问题的主题”，通常被认为是通讯确立主题的准则。

“政治上重要的”，即指选择和确定通讯主题时，要抓方向性、决策性的问题。也就是吃透“上头”。

“为大众所注意的”，是说确立主题时，应考虑受众普遍关心的问题和事件，急人民所急，想受众所想。一篇通讯的发表，要取得良好的社会效果，就要吃透“下头”。

“涉及最迫切问题的”，是说在确立主题时，应回答、提出、解决人民群众最关心的、最紧要的问题，要注意其及时性、指导性和有效性。

在确立和提炼通讯主题时，有一条原则是不能动摇的，即要弄清所报道的事实是否存在，这是认识的依据。具体来说，确立和提炼通讯主题的方法主要有三个方面。

首先，要“站到高处，作宏观分析。”即善于开掘新闻事实的内在本质，要站到高处，抓住其所包含的时代精神和普遍意义，将事实放在历史、现实和时代的天幕上来观察、考察，做纵向和横向的宏观分析，显示其意义和价值。大家可以看看获中国新闻奖的通讯作品，莫不如此。

其次，“走到低处，作微观比较”。通讯主题的提炼不仅要“站到高处”，发掘事实中蕴含的时代精神和内在本质，还要“走到低处”，作微观比较，将新闻事实和人物作具体细致的观察、考察和比较、分析，发现其特殊性、个性，找到其矛盾和差异。宏观分析等于飞机上看名城，真是美丽、壮观极了，但仅此还不够，要写出其美和壮观，需得下飞机去游历一番，走进大街小巷，只有深入了，才能得到具体材料。

再次，“变换角度，作多面透视”。就是说在提炼主题时，宜多角度地对事实进行观照，全面把握事实的本质特征，然后选择最佳角度来表现。

（2）通讯的结构

通讯的结构方式通常有三种：

①纵式结构。即按单纯的时间发展顺序、事物发展顺序（包括递进、因果等）、作者对所报道事物认识发展的顺序、采访过程的先后顺序等来安排结构。

②横式结构。即按空间变换或事物性质的不同来安排层次。常见的有：

空间并列式。即围绕一个新闻事件所体现的不同空间、不同领域内所发生的动态事实或人物的行为活动来安排材料。如曾获第五届中国新闻奖一等奖作品《爱心无价》(据 1994 年 3 月 30 日《羊城晚报》)，就是通过广州中医学院、病房、社会三个不同空间方位组织全篇。

性质并列式。即按新闻事实各个侧面之间的关系来安排材料。如《解放日报》2006 年的通讯《嫁给晓兵不后悔——一位英雄妻子的苦辣酸甜》就是如此。文章从辣、甜、苦、酸四个方面揭示英雄妻子的高贵品质。还有的如《基层法官的好榜样——记黑龙江省宁安市人民法院东京城法庭审判员金桂兰》(据 2005 年 11 月 2 日《人民日报》)，主体通过“公正如山”、“爱心如水”、“廉洁如玉”、“坚强如铁”四个小标题，从四个侧面讴歌了金桂兰默默奉献的崇高品质。

对比并列式。从形式上看是并列，但内容却是一正一反或一新一旧，使作品形成鲜明的对比、强烈的反差，同时主题也在对比中凸显。

③纵横结合式结构。即将纵式和横式结合起来，以时间顺序为经，以空间变化为纬，将两者结合起来用。此结构多用于事件复杂而时间跨度大、空间跨度广的通讯，如 2005 年 11 月 14 日《人民日报》发表的通讯《为了人民的健康与安全——写在防控禽流感关键时刻》，就是以时间为经、空间为纬来组织主体结构的。其中，主体的前半部分主要按时间顺序，从“11 月 2 日”写到“11 月 8 日”；主体的后一部分主要是以空间为序，从辽宁的黑山、北宁到湖北的京山等地，作者通过对空间材料的组织，使“疫情严峻，不容懈怠”的抗击禽流感形势在主体内容中得到进一步强化。此结构有纵横交叉式和蒙太奇式两种。《为了人民的健康与安全——写在防控禽流感关键时刻》就是纵横交叉式。而蒙太奇式则是讲究镜头之间的跳跃和组接，如《在大海中永生——邓小平同志骨灰撒放记》(据 2003 年 8 月 19 日新华网)，就是围绕中心事件采用闪回手法引出许多重要的历史片段。

(3) 通讯的表达方式

通讯在表达方式的运用上有自己的个性，即：

①叙述的具体性和直接性。通讯因较详细而深入地报道人物和事件，所以叙述的运用不应像消息那样概括，事实的叙述应该具体、形象、生动。但又不能过于琐碎零乱、无主题。

②描写的直观性。通讯的描写不能靠虚拟、想象，不能靠花哨的修饰和夸大的形容，而应深入现场，亲眼目睹，描写事物或人物的“微距”面貌，表现出新闻性和现场感。

③议论抒情的实在性。通讯中的抒情、议论不可乱用和滥用，要用在适当处。旨在揭示本质、升华主题，或使事实生动、形象生辉，或阐明事物之内部联系，或激发启示读者。

通讯的语言既要准确、简洁，又要生动、形象，文中人物语言应具有实录性，不可移花接木，想当然地妄加虚拟。

在实训中，学生经常将通讯写成大消息，表现为语言干巴，没有一点感染力。他们不知道文学的四种表达方式在这里可以派上用场，长期的消息训练或者在实习中只写消息，让他们对通讯这个文体陌生了。为了强调两种文体在语言上的区别，下面将同题通讯和消息实例列出来，请老师和学生认真阅读，最好是进行朗读。

☞ **通讯**

在大海中永生（主题）

——邓小平同志骨灰撒放记（副题）

新华社记者 何平 刘思扬

一位以自己的一生书写中华民族崭新历史的伟人，今天完成了他人生的最后一个篇章。

1997年3月2日上午。

银色的专机，离开西郊机场，在首都上空低低地、缓缓地绕飞一周，然后穿过云层，飞向祖国的辽阔大海……

机舱内安放着全党全军和全国各族人民衷心爱戴的邓小平同志的骨灰。

一面鲜红的中国共产党党旗覆盖在骨灰盒上。

这是党和人民给予一位93岁的老共产党员的最高荣誉。

捐献角膜、解剖遗体，不留骨灰、撒入大海——这是把毕生毫无保留地献给祖国和人民的邓小平同志的遗愿，也是他留给党和人民的一份珍贵遗产，表现了一个彻底的唯物主义者的高尚情怀。

今天，胡锦涛等中央领导同志和邓小平同志的夫人卓琳等亲属一起，以最朴素、最庄严的方式完成邓小平同志生前的这一嘱托。

穿云破雾，专机向大海上空飞去，飞向这位一生波澜壮阔的伟人最迷恋的地方。

也许是苍天为之动容，当专机飞临大海时，天空出现一道绚丽的彩虹。

11时25分，专机飞至1800米高空。强忍着悲痛，81岁的卓琳眼含热泪，用颤巍巍的双手捧起邓小平同志的骨灰久久不忍松开。她一遍又一遍地呼唤着小平同志的名字，许久才将骨灰和五彩缤纷的花瓣缓缓撒向大海。

…………

邓小平一生迷恋大海，与波峰浪谷有着不解之缘。一下海，他就舒展双臂，游向深处。无论海多深，风多急，浪多大，他都劈波斩浪，勇往直前。

大海的无垠，开阔了他博大的胸襟；

浪涛的汹涌，塑造了他顽强的性格。

潮涨潮落，大海沉浮，就像他人生的三落三起。半个多世纪的革命生涯中，虽历经风险，但他始终百折不挠，总是能一次次在历史的紧要关头挽狂澜于既倒，在沧海横流中显出伟大的无产阶级革命家大无畏的英雄本色。

（据2003年8月19日新华网）

☞ **消息**

与大海同在　与祖国同在　与人民同在

邓小平同志骨灰撒入大海

新华社北京3月2日电　遵照邓小平同志及其亲属的意愿，敬爱的邓小平同志的骨灰今天撒入祖国的辽阔大海。

受中央委托，胡锦涛等中央领导同志和邓小平同志的夫人卓琳等亲属护送骨灰撒放，以最朴素、最庄严的方式，表达对我党我军我国各族人民公认的享有崇高威望的卓越领导人，伟大的马克思主义者，伟大的无产阶级革命家、政治家、军事家、外交家，久经考验的共产主义战士，我国社会主义改革开放和现代化建设的总设计师，建设有中国特色社会主义理论的创立者邓小平同志的深切哀思和无限缅怀。

邓小平同志是彻底的唯物主义者。关于后事，近年来曾对家人多有交待。他嘱托家人：捐献角膜，解剖遗体供医学研究，不留骨灰，撒入大海。邓小平同志把一生毫无保留地奉献给了祖国和人民。

今天上午，邓小平同志生前长期工作的中南海下半旗志哀。怀仁堂礼堂庄严肃穆，哀乐低回。蓝色的幕布上，悬挂着邓小平同志的彩色遗像，两侧低垂着黑黄相间的挽幛。遗像下方，摆放着邓小平同志的骨灰盒，上面覆盖着中国共产党党旗。骨灰盒前是由卓琳率子女敬献的花圈。四周摆放着鲜花和翠柏。8名解放军礼兵持枪肃立，守护在灵前。

（据1997年3月3日《人民日报》）

4. 新闻通讯常见类型及写作要点

通讯主要分为人物通讯、事件通讯、工作通讯、概貌通讯、新闻小故事五类。此外，报纸上常见的“访问记”、“巡礼”、“见闻”、“侧记”等，也都属于通讯范围。

（1）人物通讯

即具体、形象地报道人物事迹、经历的通讯。人物通讯可写一人，也可写群相；可写人的一生，也可写一个阶段或某个侧面；可写正面人物，如先进人物、英雄人物、有突出贡献的人物等，也可写反面典型；可写大人物，也可写凡人百姓。

人物通讯写作有以下几点尤需注意：

①忌“有人无魂”。即人物的经历、事迹都写了，但不善于选择典型材料、组织安排材料，或不善于透视人物内心世界，不善于站在时代高度对人物进行观照。“人”是有了，但思想感情、性格风貌、精神境界却没表现出来。

②忌“有魂无人”。即作者能站在一定高度，把握方向性和时代性，但人物的精神面貌、思想境界表现得空洞、抽象，缺少丰满的血肉，没有具体、丰富而典型的事实，只是“幽灵”而已。

③忌“千人一面”。有的作者在写人物时，难以克服雷同的毛病，或与自己以前写过的人物雷同，或与别人笔下的形象相似，缺乏个性，没有特色。

④忌“褒一贬百”。不宜用“水落石出”的方法，压低一片，抬高一个，不能故意把群众写得特别落后、猥琐，从而突出所写人物的先进、高大。而应用“水涨船高”的方法，处理好“一”与“百”的关系。

⑤忌“高、大、全”。主要是处理好“软与硬”、“正与反”的关系。

所谓“软与硬”，指既要写关键性的“大”材料，又不能忽略日常小事、生活琐事的“小”点滴。再伟大的人物也有与普通人生活相同的地方，也要食人间烟火。只有这样，人物的形象才丰满、才真实可信。所谓“正与反”，是指对报道对象作既有“正像”又有“反像”的“全息摄影”。把新闻人物写成没有七情六欲、满口豪言壮语的“神”的做法是不实事求是的写作。例如，把常人写成超人、圣人，把新闻人物写成“高”、“大”、“全”的人。如写先进人物坚守岗位、勤奋工作，不要动辄写他父母病危也不回家，妻子难产亦不离岗。因为“无情未必真豪杰，怜子如何不丈夫。”科学家有了成绩，并非都要走路时还在思考问题，或者碰到电线杆，然后还说“对不起”；做菜时，也并非都因思考问题把手表放到锅里当鸡蛋煮。还有，不要写人好则“好绝”，写人坏则“坏透”。

此外，人物通讯还要善于通过人物的行动、语言、心理和典型细节等来表现人物。

（2）事件通讯

事件通讯是详尽、具体而形象地描写新闻事件的通讯。它具有新闻性、典型性、完整性、形象性等特点。一般有一个中心事件，其他人物或事件都围绕这一中心事件展开。

事件通讯以具有典型意义的正面事件为主，但也有揭露性的事件通讯。此种通讯虽以写事为主，但同时不能忽略写人，不要见事不见人。

事件通讯的写作应注意以下几点：

①要抓住一个或几个关键性场面或情节来写。事件通讯一般要再现事件全貌，但又不能从头至尾、事事俱现，记流水账。这就要求在写作中能抓住对事件的表现、对主题的揭示起关键作用的一个或几个关键点来写。在写作前，作者就应分析手头占有的材料，看是否能满足一篇通讯的需要。一般而言，一篇事件通讯至少应有一至三个骨干性材料。有一个骨干性材料，便可写成一篇“小通讯”；三个以上，可写中型通讯；多组材料，可写中等篇幅以上的通讯。

②写好事件的高潮。没有高潮，事件就是“死”的，就是平淡无味的。高潮是矛盾之焦点，是人的思想和行为的“闪光”之处，故应调动多种手法，不惜笔墨，写活写好。

③在写事的同时，写好关键人物。事件是事件通讯的核心，而事件又终究离不开人。写好关键人物，又有助于把事件写活。

④在记事的基础上，恰到好处地点出事件的意义。也要善于寓情于事、寓理于事。

（3）工作通讯

工作通讯是谈工作经验、教训的一种通讯体裁，具有较强的针对性、政策性和指导性。

工作通讯侧重于对工作中出现的新情况、新经验、新问题进行探讨和研究。它也要反映新闻事实，往往带有现场活动，这使它区别于一般总结性文章并和其他新闻通讯体裁具有相同的方面。它与其他新闻通讯体裁的相异处在于：要对事实作经验性的概括，对问题发表议论，对矛盾提出解决的办法，要有一定的评论色彩。

工作通讯写作的要求有三点：

①要有现实针对性，切合当前工作需要。如社会前进过程中新冒出来的问题，实际工作中长期积累起来而未引起注意的问题，长期存在但悬而未决的问题，人民日常生活中经常要注意的问题等，都是有现实性的问题。

②具体、透彻地阐述问题和经验。

③夹叙夹议，有理有据。或用议论作点睛之笔，点出问题之所在，或是运用背景材料与事实对比，进行有说服力的分析；或是由作者直接发表意见。无论采用哪种方式，其议论应力求深入浅出、有理有据。

（4）概貌通讯

又叫风貌通讯，是反映社会变化、建设成就、地方物产、风土人情的一种通讯。

风貌通讯题材广泛，有的侧重于写社会风貌，有的侧重于写自然风貌，有的二者兼而有之。其报道对象既可是一国一省之类的大题材，也可是一村一店之类的小题材。其形式也灵活多样，报纸上常见的有“见闻”、“巡礼”、“纪行”、“侧记”等。

风貌通讯写作的基本要求是：

①抓住特点、突出“新”和“变”。风貌通讯重点写作者见闻，而这“见闻”又须是新的见闻，能提供新的信息、反映新的变化。因此，着眼于“新”和“变”，写出事物的新情况，揭示事物的新变化，是此类通讯的重要特征。

②善用对比衬托。要写新，要突出“变”，通常运用背景材料，选择事实和数字，作今昔对比，这是较常用的一种手法。有时还可用民谚、故事来衬托事物的变化。

③丰富知识，增添趣味。

④叙论结合，情景交融。风貌通讯可灵活调动多种表达方式。可以边叙边议、叙论结合，也可写景抒情、情景交融。

（5）新闻小故事

或称小通讯。这种通讯是用故事情节写真实新闻，着重反映现实生活中的一个片断（片段），通常表现为一人一事，线索单一而又有故事情节。写作要求一是“小”，二是有“故事”，三是以小寓大。同时还要注意不能写得人物繁多、场面太大、枝节横生，否则就失去“小”的特点。如《张晓：含泪奔跑的阳光少年》、《商业部长买鞋上当记》、《老城捉贼记》等都是优秀的小通讯之作。

（二）选题汇报（45分钟）

这个环节要求每位学生自带一个关于人物通讯的选题，并在课堂上阐述自己的选题，老师现场进行点评。

通讯写作中，首先碰到的一个问题，就是采写什么。选题好不好，是一篇通讯作品能不能立得起的关键所在，也是衡量通讯作品高下的重要标准。在实际教学中，我们发现，学生们往往茫然无措，找不到选题，这是因为他们的生活圈子太小，平常又没有注意观察身边人、身边事，一旦让他们报选题，便抓耳挠腮。即便硬写，其作品也是人不奇、事不新、文不精。下面介绍通讯写作的一些选题方法，供学生们在选题时参考。

1. 正面选择重大题材

一般来说，地方媒体将全党全国全省的重大事件作为选题，多是在新闻的接近性上多做文章、深做文章。而选择与重大题材相关的本地大事件、大典型、先进人物作为选题，这其实就是强调通讯选题要注重本地特色，要在独特性上做文章。

在实训中，学生不可能像记者一样，选取当地重大事件作选题。但是，要培养记者素质，学生对于选题不应该两手空空。任何一所大学，总有值得一写的“新闻人”——老师、学生都可能成为我们笔下的新闻人，只是看学生们平时是否关注了他们。

2. 从小处入手选题材

生活中有大量具有新闻价值的事实，但许多无缘成为新闻。要想从平凡小事中选择题材，采写者需要有一双“慧眼”，能够发现题材，而要发现题材主要是要发现主题、发现事实、发现角度、发现报道思路。

所谓发现主题，就是捕捉事实的思想内容和核心，把握它对全局所产生的作用和影响。发现事实，不仅仅要认准事物昨天和今天的状况，还应预知事物明天的发展变化，要对事实个性乃至细节，有自己独到的辨识。发现角度，是指分析问题、把握主题、选择素材的侧重点，是选择从哪里下手、站在哪个方面看的技巧。发现报道思路，是指对一则新闻的主题和题材、内容和形式的总体构思和把握。只要做到了发现主题、发现事实、发现角度、发现报道思路，就不难从生活的万花筒中选择到题材，选择的题材虽小，也一样可以写出通讯佳作。

具体地说，对于通讯题材角度的选择，除了主题、基本事实都明了的题材采用正面选择方法之外，还可以尝试以下几种方法：

（1）局部放大

如辽宁日报2005年12月8日的通讯《在心里写了10年的家信》。这篇通讯聚焦于棚户区一个家庭的主妇谢素芹。她自从嫁到抚顺市莫地沟棚户区的胡本印家，10年来以各种理由阻挡老家的亲人来访，因为居住环境实在太差了，难以见人。她一直想写一封邀请娘家人来走走的信，却始终无法动笔。通讯就是抓住涉及群众基本生活质量的棚户区改造的话题，从一个普通搬迁户的10年经历入手，展示党中央亲民政策的直接成果。

（2）侧面深入

如1993年江西新闻奖一等奖作品，杨四璘采写的通讯《市委常委的笔记本》突破通常的报道方式，巧妙地选择调查班子成员的笔记本这一题材，从侧面反映了该市委领导成员求实、创新和密切联系群众的好作风，同时也报道了该市经济建设的显著成就。

（3）逆向选题

如某市某年遭受百年未遇的特大洪涝灾害，在写作抗灾纪实的通讯时，作者对选题进行了逆向思维，没有选择那些“大而全”、“皆大欢喜”的题材，而是选择了一处倒塌的圩堤，翔实地描写了决堤前后在场党员干部、村民百姓抢保圩堤、与洪水展开搏斗的场面。圩堤虽然倒塌了，可人民群众战胜洪水的信心没有垮，从干部群众的一举一动中可见伟大的抗洪精神，可见基层领导干部与群众的血肉之情。

在实训中，学生们在报选题时的主要问题是要么事件太小，不具代表性和典型性，意义不大，要么人物无个性、无特色。如果让学生的选题就这样通过，或者就这样让学生去做一次通讯写作实训，那么，对学生的训练，便落不到实处。

（三）学生根据敲定的选题自行采访（90分钟）

人物通讯的选题敲定后，学生开始深入实地进行采访，采访中要拍些照片，以备组版之需。学生不得在网上下载现成稿件，但可利用网络搜集与选题有关的资料以备采访。采访时间在90分钟内，如时间还不够，学生应该牺牲休息时间进行补充采访。老师应提醒学生注意采访中应注意的问题，并进行电话指导。

（四）写稿与改稿（180 分钟）

采访完成后，学生到实验室写稿。注意提炼主题，要围绕主题组织材料，多用细节说话，要求综合使用叙述、描写、抒情、议论等多种表达方式。中午完成稿件的同学，可将通讯带到实验室，提交给老师，进入改稿环节。

这一环节，老师将在实验室现场对每位学生采写的新闻稿件进行逐一或集中指导。

（五）组版（150 分钟）

这一环节安排在晚上。从下午 6 点起到晚上 8 点半。组版时，要求将学生自己采写的人物通讯作头条，并配一幅图片。通讯的标题要求采用双行题，双行题在版面上要求得以具体体现，以引导读者，方便阅读。除自己稿件之外，还可用同学的稿件，组成一版。

三、作品赏析

好医生王争艳，从医 25 年，平均单张处方不超过 80 元——

上医之境

文/记者　谢东星　田巧萍　鲁珊　彭学明　通讯员　袁英红　李京

图/记者　蔡晓智

昨日，武汉市汉口医院医生王争艳在社区医生岗位上正式退休。

9 月 25 日，经过 36000 多市民无记名投票，她从 20000 多名医生中当选“武汉市人民满意的好医生”。

最后一天

2009 年 12 月 22 日清晨。王争艳起床，简单的早餐后，骑着自行车出门。

天蒙蒙亮，已有病人在汉口金桥社区卫生中心外等候，王争艳裹着一身寒气到达。55 岁的王争艳，头发花白，脚上是一双已不多见的翻毛皮鞋。她在那件旧旧的黑色棉衣上罩上白大褂，习惯性摸了一下装备：左上口袋里的小电筒，左下口袋里的棉签，右下口袋里的听诊器。一天开始。

王争艳说话语速快，音量大，常伴手势，这是长期在嘈杂诊室里工作养成的。不过，她有个习惯——从不打断病人讲述，始终微笑着注视对方。接下来，她用双手为病人做检查。这是一双关节粗大、皮肤粗糙的手，多年来，这双手已像一台精密仪器，可以在病人就诊的几分钟里，基本锁定病源。

不敢喝水，以免如厕。一直到中午12点半，病人稀少，她才敢在微波炉里热一下中饭——那是家里头天晚上吃剩的饭菜。没有午休，王争艳始终呆在诊室，重复着上午的繁杂。没有下班时间，最后一个病人离开，王争艳才能善后：收好一天的病历资料，脱下白大褂，检查一下小灵通是否通畅——她的小灵通号码就贴在诊室里。

冬日的太阳已落下，很冷，王争艳走出大门，深呼吸。这是医生王争艳重复了25年的普通一天。这是医生王争艳的最后一天。从这一天起，她正式退休，25年的医生生涯，在岁月的流逝中画上句号。

9月25日，她成为30名“江城好医生”中的一名。这是她医生生涯中最后一个荣誉，也是她最看重的一个荣誉——她视之为老百姓为她送别的歌声。

上医之境

1984年，30岁的王争艳从同济医科大学本科毕业。前30年，她随南下军医的父亲和在医院做护士的母亲在洪湖市长大。少年时最清晰的记忆来自母亲。这位在手术室工作的护士是O型血，常常一边工作，一边挽袖子为手术台上的病人献血。23岁考上大学，途中因严重的肺结核休学。这段病人生涯，为王争艳的人生规划完成最后一笔：不为良相，即为良医。

30岁的王争艳在武汉市汉口医院（原汉口铁路医院）开始了医生生涯。做了11年的内科住院医师后，在医院下设的四个门诊站点担任全科医生，最后成为一名社区医生。

一代名医裘法祖，曾给王争艳上过大课。裘老仙逝时，王争艳自觉没资格以弟子名义送行。但是，25年后，王争艳依然能背出裘老师在大课上说的一段话：“先看病人，再看片子，最后看检查报告，是为上医；同时看片子和报告，是为中医，只看报告，提笔开药，是为下医。”

王争艳自认是个合格的学生。她对每个病人都严格地执行教科书所教“视、触、叩、听”原则。因此，她自信地说，病人走进诊室10分钟，她心里就有谱了。黄陂农民刘耀东深有体会。他因持续消瘦四处求医，做过上千元的检查仍无果。王争艳用双手为他“摸”了10分钟，问“您是不是得过血吸虫病?”刘耀东惊讶：“几十年前的事，您怎么晓得?”——谜底揭晓。

患者王荣华患有世界罕见的“亚急性脊髓联合变性”，理论上应长期住院。但王荣华穷得连医保中自己支付的部分都拿不出来，王妻说，丈夫将不死于病，就死于钱。王争艳的方案是，抢救一缓过劲就回家，她来根据病情调整药物，王妻拿处方去药店买药。这一方案，已维持一个罕见疾病患者的生命10余年。王妻说，没有王大夫，就没有我丈夫的命，我这个家就完了。

王争艳曾不好意思地说，做医生，对治病是有瘾的。不久前，有个甲流病人就诊，久治不愈。王争艳观察后说，可能合并支原体感染，要抽血。久病之人怒气一触即发：久治不愈，又不能出门，不来医院。王争艳说，你不来，我亲自到家里替你抽，你不愿付费，我出钱替你付，血一定要抽。检查结果出来——支原体阳性，需要疗程治疗。

大爱无疆

能治好病，是合格的医生，能花最少的钱治好病，才是好医生。25年来，王争艳只有这么一个心得。

50岁的王爹爹是高血压病人，在顶级大医院领到了每月800元的处方单——超过他每月退休金的一半。王争艳为他调整处方，每月只需80元药费。王争艳说，没有诀窍，任何一种病，都有可开可不开的药，都有高中低价位的药物，就看医生一支笔。

王争艳从医25年，平均单张处方不超过80元，至今还常开两毛钱的处方。她解释，阿托品，调节心率，就只两毛钱。

有病友如此推荐王争艳参评“好医生”：她时刻为病人着想，是个干干净净的医生。

王争艳笑道，我不是为病人着想，我本来就是他们中的一分子。王争艳所在的医院，服务辖区内多是经济能力不高的居民。王争艳本人，现在每月收入两千元左右，丈夫是车工，每月扣除三金的净收入约六百元。一家三口18年来住的房子不足50平方米，读大学的儿子，至今还睡在阁楼上。洪湖市老家的老人到汉，一家三口要挤儿子的阁楼，把床让给老人。

王争艳说，我是怎么过日子，我的病人就是怎么过日子；高一点贵一点的药，我下不了手。25 年来，最初的不忍逐渐成为习惯，她的处方，就像海绵里的水，越挤越干。她的生活，也形成了习惯，一分钱一角钱都会攒起来放在小盒子里留着买菜用。一家人很少上餐馆，家里的电视还是 17 吋的老古董。

然而，今年 3 月，几个同事突然上门，逼着借钱给她，要她到隔壁新区买房，房子都替她看好了——此时金融危机，房价便宜。王争艳最后招架不住，借款 36 万元，买下一套 46 万的一楼住房。“逼着借钱”的同事只有一句解释，这么好的医生，不该住这样的房子。

王争艳不觉得苦。她先后呆过 4 个门诊站点，每到一处，既有老病人辗转追随，又有新病人聚少成多。她说，医生怎么样，其实同行和老百姓心里明镜似的，只看人家说不说，怎么说。

因为病人经济条件普遍较差，王争艳有替人垫钱的习惯。几块钱的挂号费，十几块钱的药费，她常垫，但是多年来，却保持着一个纪录：垫出去的钱，从来没有不回来的。一个农民工在工地摔伤，连缝合带药费 30 元，病人只有 20 元，王争艳垫了 10 元钱，木讷的民工连个谢字也没有。第二天，一瘸一拐的病人却捏着 10 元钱回来了。

王争艳常说，她只是尽医生的职责，病人回报的却是更加的良善和信任，他们的爱更大。此次评选“江城好医生”，可以上网和电话投票，但很多人，搭着公汽，辗转半个江城，来投她一票。

一件制服

王争艳的母校同济医科大学，是全国有名的医科学府。她的 79 级同学们，大多比她小十岁，如今正是各大医院顶梁柱。与她一同分到汉口医院的 3 名同学，一名高飞，一名南下，一名已是科主任；只有她，越做越“沉”，起初是本院住院医师，后来到门诊站点，最后做了一名社区医生。

汉口医院的负责人说，没有办法，王争艳就是一剂药，放她到哪里，哪里的门诊就能“活”。她到金桥社区 3 个月，这个门诊就扭亏为盈。“处方廉价，何能盈利？”局外人不解。内行解释，说俗一点，就是薄利多销。

2009 年，王争艳第一次参加了同学聚会，这是 79 级同学入学 30 年纪念。10 年、20 年纪念时，她没去。她的同学大多住着高档小区，开着名牌小车，而她，连件像样的衣服都没有，她不好意思。30 年聚会时，有同学出妙招，每人发一件制服，大家穿着同样的衣服去参加，她答应了。

回来时，她带回一本30年纪念相册和一件制服。相册上，当初的青涩少年，而今神态各异，但制服却是一统的。儿子笑，不如都穿白大褂去好了。她正色道，白大褂是对病人穿的，制服是对同学穿的，要是年年碰头，都穿同一件制服，她还是愿意经常去与同学、同行、同道们相会。

（据2009年12月23日《武汉晚报》）

这是一篇人物通讯，讲述的是汉口医院金桥社区卫生服务中心王争艳医生扎根基层、甘于清贫、一心为病人服务的先进事迹。在2010年中国新闻奖的评选中，这篇通讯获得了第20届中国新闻奖报纸通讯类的三等奖。这篇作品获奖有以下几方面的原因：

（1）主题重大

在当前的中国，不管是政府部门，还是普通的民众，民生问题都是一直备受关注的。而近年来，“看病难、看病贵”的问题已经成为老百姓反映最为强烈的民生问题之一。我们的政府一直在努力地进行着医疗体制的改革，总是希望尽最大的努力让人民群众看得起病。但是，作为我们的白衣天使们，又有多少是站在老百姓立场的？我们看到的是太多的漫天收费。在医药卫生体制的背景下，虽有政策的倾斜和市场经济的杠杆调控，但大中小医院，更多地以经济利益为轴心，一切为利润最大化开道。因此，“宰你没商量”的医院比比皆是。王争艳被社会关注、推崇，无疑是对她的坚守的肯定，但也直观地显示出这样的精神和坚持到了何等稀缺、珍贵的程度，说明我们迫切需要一大批像王争艳这样的优秀医疗卫生工作者，来共同构建和谐医患关系，真正实现“病有所医”。

（2）反响巨大

通讯见报后，中央领导做出批示。王争艳受到国务院副总理李克强的亲切接见，卫生部授予她“全国医药卫生系统先进个人”称号。见报当天，新华网、人民网、搜狐网等600多家网站转载，2万多名网友跟帖，近百家媒体就此发表“时评”。新华社向全国播发长篇通讯，《新闻联播》、《人民日报》、中央人民广播电台等12家中央媒体在《时代先锋》栏目中报道王争艳先进事迹。湖北省、武汉市决定将王争艳作为重大宣传典型，全社会迅速掀起学习王争艳的热潮。

作为一篇新闻人物通讯，所报道的人物能够得到全社会的广泛认可，这就是一种成功。这篇通讯所具备的新闻价值就在于表现出了王争艳坚持“花最少的钱治好病”，用处处为病人着想的真心和一个个小处方化解了无数个市民看病难、看病贵的大难题，诠释了医者的价值和人性的光辉。她为整个医疗系统树立了一个典型，给全社会带回了对医疗改革的信心。

（3）细节真实

“她在那件旧旧的黑色棉衣上罩上白大褂，习惯性摸了一下装备：左上口袋里的小电筒，左下口袋里的棉签，右下口袋里的听诊器。一天开始。”“没有下班时间，最后一个病人离开，王争艳才能善后：收好一天的病历资料，脱下白大褂，检查一下小灵通是否通畅——她的小灵通号码就贴在诊室里。”像这样的细节在作品中随处可见。记者还原了王争艳行医“视、触、扣、听”的生动画面，一个个细节，诠释了医者的价值和人性的光辉。

人物通讯不是人物鉴定，也不是实际工作部门上报的先进材料。人物通讯必须展开生活的画面，用情节和细节来感染人、教育人。《上医之境》用真实的细节描述了一个葆有上医之境的、具有人道情怀、干干净净的“上医”。

（4）采访深入

为了获取这一篇优质的通讯，《武汉晚报》也是花费了大力气的。没有采访，就没有发言权。没有深入细致的采访，就没有情真意切的作品。四名记者采用蹲守式采访，用了三个月之久的时间去挖掘，六易其稿。我们的新闻作品要想有深度、有价值，就应该是通过深入采访得出来的。

为什么《武汉晚报》采访了三个月？这其实是对新闻的态度问题，当他们发现了一个很有报道价值的线索时，为了真实地展现出一位医德高尚的平民医生，耗费三个月的时间是值得的。因为他们有义务，也有责任将这位好医生推向社会。他们必须深挖素材，才可以让人物丰满起来，才能更好地表现人物。深入采访不仅是对新闻的态度，更多的是对社会的一种责任。

四、实训作品问题诊断

通讯是一种比较难掌握的新闻体裁，特别是对于在校大学生来说。实训中发现，学生的通讯写作主要存在以下问题：

第一，主题不深刻，且题文不符。由于选材范围的限制，大部分学生都是写自己身边的人或事，但缺乏将此人此事放在一个大的环境下来审视的能力，所以写出来的主题缺乏深度，或者说，没有主题，只有人与事。除此之外，有些同学在通讯写作中还有题文不符的情况。

第二，叙述性语言太多，基本没有其他几种表达方式。文章读起来干巴，没有感染力，更谈不上影响力。

第三，细节表现不充分。细节描写是通讯报道中的重要元素，也是通讯报道中描写人物性格、事件发展、社会环境和自然景物的最小组成单元。在通讯中，恰如其分的细节描写，可以深化主题，增强作品的感染力、可读性和真实性，它是通讯中最丰富的表情符号。但很多学生在采访中对细节挖掘不深，以致写的时候无话可说，只能使用概括性的语言，读起来很像大消息。

第四，通讯署名方式不正确。很多学生将消息的署名方式运用于通讯，对此，老师在理论提示的过程中，应注意强调。

下面是学生写的一篇通讯作品，我们来具体分析它所存在的一些问题。

<table>
<tr>
<td>
平凡但不平庸
——记一位普通的大学专职教师

（记者　余一娟）眼前的这位老师看起来再平凡不过，小寸头，黑镜框，黑色休闲外套休闲裤，笑起来眼睛眯成一条线，露出腼腆的小酒窝。跟他聊天的时候自然大方的神情，让人觉得非常的舒服。他就是中南民族大学工商学院新闻系的教研室主任兼专职教师，郝金老师。

郝金老师1979年生于湖南衡阳的一个普通的家庭，从小家里人就很重视对他的文学方面的素质培养。他所看的第一本书就是他爸爸送给他的6岁生日礼物《中国成语故事全集》，小学三年级的时候，他奶奶又送他一套《红楼梦》，这两本是对他影响最大的两套书了。从那个时候开始，他就对文学这方面产生了浓厚的兴趣，“从小就喜欢，家人给我的帮助是最大的”，当被问到在文学方面受谁影响最大时，郝金老师这样说道。郝金老师酷爱读书，家里藏书一共达862本，他读书的时候不喜欢给自己下期限，认为读书的过程应该是一种持续并且到未来无止境的过程，并且喜欢有一些自己的思考，他读的书为他深厚的文学功底打下了坚实的基础，并且一直在不断地添砖加瓦。

高中毕业后郝金老师就读于中南大学外语专业，在从事了3年的英语教育事业之后又考上了湖南师范大学大众传播专业的研究生。08年毕业后，他选择了武汉，
</td>
<td>
标题没下功夫，相当于借来的“成套设备”，像这样的标题还有“不信东风唤不回”、“直挂云帆济沧海”等。文章标题与内容不相符，文章缺乏对“不平庸”的解说，倒像数记年谱。

署名方式不正确。通讯的署名应放在主标题下，非重大人物或事件的署名也可放在文末。而这里，学生将其与消息的署名混为一谈了。
</td>
</tr>
</table>

在中南民族大学工商学院新闻系从事专职教师工作一直到现在。“是个很不错的年轻老师，能挑起新闻系教研室主任的担子，在学识和为人处事上表现都非常突出。”新闻系教研室的木未子老师这样评价他。他十分热爱教书这个职业，他认为，当老师是一种磨练自己，教育别人的行为，也是一种人生的升华的过程，“尤其是当听到自己的学生获得了一些成就的时候，自己就相当的有成就感”。	消息的叙述语言多，少见描写、议论、抒情的表现方法的运用。而这篇通讯基本上都是叙述性的语言。与消息区别不大。
他是一名特别受学生欢迎的教师，他认为，教师和学生之间应该是“亦师亦友”的关系，在讲台上是老师，走下讲台是朋友，老师对学生应该是有很深厚的感情的。“郝老师是一位很好的老师，上课的讲课气氛很轻松，让我们能很快地融入进去。私底下我们都亲切地叫他熟哥，是一位不可多得的良师益友”，他的一名学生这样评价他。 2010—2011 年下半学年，学校开设了公选课，郝金老师在教学过程中发现，学生在古典文学这个领域涉及太少，于是他选报了一门《孙子兵法研究与应用》，现在一共有 160 余名同学选报了这门课，郝金老师认为，《孙子兵法》这本书也许在生活上没有什么可以应用的，但是它能给人比较新的思维方式，比如说如何随机应变地处理事件，并让学生们以诸子百家中的一个人为基点，从而让学生们培养对中国古典文学的兴趣。他自己在研究《孙子兵法》这本书的时候，看了四五遍，并且作了两遍笔记，甚至把整本书抄下来逐行逐句地解释，并写出自己的感想。这种严谨的态度和不断求知的精神是在现在这个浮躁的社会中非常难寻的，他告诉记者，他的偶像有两个，一个是刘德华，因为他的坚持；一个是诸葛亮，因为他的严谨。 “既然走上了这条路，就一定要达到某个目标，付出最大的努力，执着。”在采访的最后，郝金老师这样说道，语气中透着坚定，他貌不压众、语不惊人，但是他在一个如此平凡的岗位上能够做到如此，这平凡之处不就是伟大之处么？	缺少细节描写。通讯要多用细节描写，但文中很多是概括性的语言，没有用细节说话。如他读书时到底怎么不喜欢给自己下限？他是怎么受学生欢迎的？

下面这篇是修改后的通讯，虽也有些问题，但比原稿要好一些，此处拿出来仅和原稿作一个比较。

<table>
<tr>
<td>

与书一起的日子

——记××学院教师郝金

本报记者　聂草米

他，爱好读书，喜欢中国古典文化。他，平易近人，是老师亦是朋友。他就是中南民族大学工商学院新闻系教研室主任郝金。

读书：喜欢读书，尤爱古代文学，藏书862本

郝金大学所修专业不是文学而是英语，却因一次偶然的课堂作业而对中国古代文学产生兴趣。在英语翻译课上要翻译中国古代文学，郝金发现自己对中国古代文学不太了解，更别说将其翻译成英文。于是他开始有意识地增加这方面的知识，在了解过程中他慢慢喜欢上了中国古代文学，研读诸子百家的名书。他读过《老子》、《孟子》、《孙子兵法》、《易经》……

喜欢读书的他发现一个现象，现代的学生不太喜欢读书，对于中国的传统文化知之甚少，文化的沉淀太浅。他曾看到一个关于中西方文化传播逆差的报道，其中提到西方文化传播是中国的5倍，各国人们读书数量的调查数据显示，犹太人平均每年读书67本，欧美人平均每年11本，而我们国家每个人平均每年读书0.2本。为了让同学们多读些书，丰富阅历，在日常的教学中他经常将自己看过、觉得好的书推荐给学生。

今年学校鼓励老师开设公选课，郝金立即报名，申请开设《孙子兵法研究与运用》。据了解，《孙子兵法》他已经读过5遍。为什么想到开设这门课？他说：“《孙子兵法》可以培养人的思维方式，随机应变地处理生活中遇到的各种问题。”“读书是一种过程，开设这门课程与同学们一起来探讨研究，也是种学习和进步。”

</td>
<td>

标题比修改前具体一些了，读者通过标题知道，通讯中的主人公与书有故事。

层次分明，分别用了两个小标题来写人物的教书与读书生活。

</td>
</tr>
</table>

郝金喜欢读书，也有收藏书的习惯，据初步统计，在他工作所在的学校宿舍书柜里就藏有862本书。他不仅自己喜欢读书，他还乐意与人分享好书，经常向学生推荐好书。“真的很佩服郝老师，他对中国传统文化知道的好多，上课的时候总时不时提到一些儒家思想，还喜欢用古典文化给我们讲解，我们很喜欢上他的课。”郝金所带班级08603班的小吴介绍说。“郝老师给我们推荐了好多书，比如《万历十五年》、《中国历代政治之得失》、《华尔街日报是如何讲故事的》……”另一位同学补充道。

教书：教书育人，亦师亦友

郝金作为老师，并不刻板严肃，在同学眼里，他更像是一位年长的大哥哥，平日里同学们亲切地称呼他为“郝哥”、“熟哥”。平易近人的他总是挂着羞涩的笑脸，给人以亲切感和熟悉感。在同学们看来他不仅是老师，更是朋友。

2002年大学毕业后，年轻的郝金当过公司职员，也做过高中老师。为了提升自己，他边工作边准备考研，最终于2005年考上了湖南师范大学传播学的研究生，而2008年研究生毕业后，他又回到梦想中的校园，来到中南民族大学工商学院新闻系任教。

郝金作为老师，授课是其主要工作。他的授课比较灵活，且在教授某一知识点时，不仅仅局限于那一个学科领域，往往是穿插其他科目的知识，从内涵和外延上全方面地讲解。如在教新闻学的时候经常会讲到社会学、历史学、经济学等学科的知识，还向学生推荐不同专业的书籍。除此之外，他不仅自己注重学以致用，利用暑期时间前往媒体单位实习，以提高自己的“实战”力，而且还善于因材施教，根据学生的特点不断改变教学方式，还经常通过给学生布置实践操作方面的作业来提高学生的实际动手能力。

"我作为你们的老师，在讲台上是你们的老师，下了讲台我们就是朋友。"台上老师，台下朋友。郝金用这一句话形容他与学生的关系。这一点可以从平时看出来，郝金绝不赞同学生逃课、上课睡觉、吃东西、玩手机。一次，一学期的最后一节课，许多同学未到，他很生气地让班长记下未到的学生并罚他们写检讨书。但走下讲台的他却一点也不严厉，和蔼地与同学们聊天说笑，仿佛与一群同龄聚在一起。 如今他在大学任教已三年，他的授课深受学生喜爱，工作也得到领导认可，被提升为新闻系教研室主任。不管是读书，还是教书，书已俨然成为了郝金生活中不可缺少的一部分，而他也会一如既往地过着与书打交道的日子。	在表现人物时注意用细节说话，也综合使用了多种表现手法。

思考与练习

1. 通讯与消息有何区别？

2. 仔细阅读下面这篇通讯，分析它的写作特点，并将其改写成一篇500字左右的消息。

张晓：含泪奔跑的阳光少年

本报记者　狄多华　实习生　张鹏

6月7日，高考第一天。等儿子张晓为自己穿好衣服，洗完脸，把自个儿挪到床边坐好，曹雪红目送儿子离开，开始"胡思乱想"。

儿子的考试结果怎么样，尚不知晓。可一旦儿子考上了，"那可怎么办？我不能再让儿子背着我去上学，我不能再成为儿子的累赘。"

曹雪红越想越自责：我没有尽到一点儿母亲的责任，相反拖累了孩子14年。儿子的童年被我剥夺了，少年时代也被我剥夺了，我不能再剥夺儿子的青年时代！

泪如雨下，曹雪红用完全变形的手艰难地拽过一张卷纸，低头擦拭泪水。

抬起头，曹雪红说出自己的心愿："阴历八月十五，是我儿18岁生日，我想为他做最后一件事，在很大的范围内告诉我儿：妈对不起你！"

"我再大，我还是你儿"

考场内的张晓无从知晓母亲的心思，但他对母亲的惦记一时一刻也没有放下。考试当天中午，他还是没有听从母亲的嘱咐，满头大汗地跑了回来，为母亲接尿、递水。

张晓不言，但有书信为证："因家中发生不幸，我亲爱的爸爸离开了我们。那是1993年的事了，那时我才4岁。不到一个月时间，我妈妈由于悲痛病倒了。住院命保住了，可留下了严重的'类风湿性关节炎'。这可恶的病魔夺走了妈妈的自由权……"

10岁的张晓第一次写信向别人求救，也是最后一次。

爸爸因车祸去世后，不出一月，母亲高烧不退，七八天说不出话来，千方百计保住性命，从此生活却无法自理。

住院两个多月，家中的积蓄全部花完，还欠下了外债。不得已，外公外婆将张晓母子从内蒙古额济纳旗接回了甘肃平凉老家，借住在亲戚家。可时间不长，他们就成了亲戚眼中的包袱。一辆破旧的手推车将母子俩拉出了亲戚家。眼看要流落街头，好心的大妈腾出自家看守菜地、不足3平方米的小草房，供二人栖身。

两年光景，他们又被清出摇摇欲坠的草房，租住在另一家四处透风、不足5平方米的伙房内。6年后再次搬家，挤进稍为宽敞的砖房。房东看他们可怜，将房租由50元降到20元。这样，他们一样也承受不起，在社区的帮助下，又是两次搬家。

笔记本上，张晓写下激励自己的话语："真正的强者，不是流泪的人，而是含泪奔跑的人。"

14年，张晓含泪奔跑的背后是常人难以想象的艰辛付出。

常年卧床的母亲，刚开始尚能挪动，搀扶着可以自己上厕所。随后病情越来越重，她一度大小便失禁。张晓每天都要帮母亲穿衣、洗脸、刷牙、梳头，时间稍长，要洗脚、洗澡、剪指甲。生火，做饭，洗衣服，也都是他的事。

曹雪红记得，儿子四五岁时，开始学着煮饭。面条做不了，就煮粥吃。锅台高，够不着，踩着小凳，趴在锅台上。时不时被沸出的米汤烫伤小胳膊。

上了小学，张晓就开始连揉带搓地洗衣服。张晓总是让妈妈穿得干干净净。

儿子一天天长成了大小伙儿，曹雪红感到多有不便，不再让儿子给自己擦洗全身，这让张晓着了急，常年卧床容易生褥疮，不洗不行。长大的儿子反过来劝说妈妈："我再大，就算把媳妇娶了，娃生了，我还是你儿。"

身处青春期的张晓不是没有一点心理障碍，可他不止一次地在内心告诉自己："那是我的母亲，我为她做什么都是应该的。"

"我是娘的全部，娘痛苦我就不幸福。"熟悉曹雪红母子的宝塔社区主任李萍说，张晓活生生地演绎了《宝莲灯》里母子俩的患难真情。

"我有一口饭吃，就不会让娘饿着"

"母亲是我活下去的精神支柱。如果没有母亲，我奋斗下去还有什么意义?"每当别人夸奖自己孝顺，张晓总这样说。

"久病床前无孝子。"常有人惊叹张晓的14年是如何坚守下来的?

张晓却说："这都是生活中的常事、琐事。我没有什么惊天地泣鬼神的壮举，只是做了自己应该做的事情。"

虽然生活艰辛，但张晓很少哭。"眼泪能侵蚀人的脊梁，让你直不起腰。"张晓总把腰板挺得直直的。

不愿过多地提起过去，但对于最为艰难的日子，张晓刻骨铭心。那是2000年前，母子俩靠拾别人的菜叶子糊口。没有面吃，就吃拾来的菜，没盐、没醋，白水煮菜，时间稍长，肚子胀得受不了，娘俩儿口吐绿水。

"我只要有一口饭吃，就不会让我娘饿着。"张晓自小倔强。邻居送他一个馒头，他要留给母亲。别人给的好吃的，他总能找出自己不喜欢吃的理由，让给母亲吃。

5岁直到高中，张晓常做的一件事就是捡柴火。一个风雪交加的冬日，张晓外出捡柴。天黑下来，仍不见儿子的踪影，曹雪红拄着拐棍踉踉跄跄挪到路口等待，只见儿子吃力地将一大捆柴火往回拖。将儿子搂入怀中，曹雪红失声痛哭。

苦难没有压倒张晓。小学阶段的张晓，年年是学校的"三好学生"。进入初中、高中，学习也不曾落下。临近高考，还是班上的十一二名。

张晓打小懂事，知道保护母亲，不给母亲添麻烦。

最初住在菜园子的草房，狭小的空间容不下两个人同时站立。冬日的风时常把木条拼起的“门板”掀翻。年仅四五岁的张晓用小铲子在地上挖个坑，再找来木棍将门板死死顶住。

从菜园子搬出后，家中一度分文没有，房东又催要房租。没法子，曹雪红忍痛卖掉丈夫生前留下的一条毛毯和自己结婚时一幅床罩、一对枕巾。

生活依旧难以维计。因为欠交几十元房租、电费，房东掐了他们的电。悲愤交加，曹雪红决定外出乞讨。

拄着拐杖，在儿子的搀扶下，曹雪红爬上长途汽车去了西安。可真坐在了西安的街头，她怎么也张不开嘴，伸不出手。一连3天，没要到一分钱，也没吃上一口饭。狠狠心，母子俩花3.5元买了一碗面。可娘俩你让我，我让你，谁也不先动筷子。

回到平凉，在好心人的指点下，张晓给时任甘肃平凉武警8670部队政委的刘春灏写了一封求救信。

很快，刘政委来到张晓家，送来米、面和慰问金，帮他们渡过了难关。此后多年，刘政委和部队官兵将张晓一家列入重点帮扶对象，一直关心着张晓的成长，有物质上的，更有精神上的。在张晓幼小的心灵里，军人的坚强和勇往直前，深深地感染了他。

每位好心人的帮助，都被曹雪红记入自家《恩人簿》。曹雪红时常拿这些教育张晓，教育他要懂得感恩，懂得回报。

“我也有想放弃生命的时候”

“总有同龄人问我：这么苦，这么累，你就没有郁闷、痛苦、扛不住的时候吗?”张晓坦言：“我也有郁闷、痛苦，甚至想放弃生命的时候……”

记得一天晚自习后，推着自行车赶往家中，脚步越来越沉重，10多年的艰辛一幕幕涌上心头，越想越烦躁，张晓索性把自行车撇在了路边。

天开始打雷，雨倾盆而下。张晓跪在马路上放声大哭：“苍天啊，你咋就这么残酷。”

此时，一道刺眼的闪电击到一棵大树上，树着火。那一刻，张晓的脑子里突然闪过“凤凰涅槃，浴火重生”的念头，精神为之一振。

平时，脾气不好的母亲少不了唠叨，打骂也是有的。理解母亲的病痛，张晓总是默默地忍着，要么转身忙自己的事情，从不当母亲的面发脾气，也不诉苦。

可2007年春节的前一天，张晓感到自己再也挺不住了，甚至想到了放弃生命。

年关将至，屋外的鞭炮声不断，张晓心乱如麻。房东一遍遍催要房租，学校的110元补课费迟迟没有着落，高考又要临近，真不知会怎样。他鼓足勇气向母亲要钱时，又招来心烦的母亲一顿责骂……

左思右想，“扑通”一声，张晓面向病床上的母亲跪倒在地，他觉得再也挺不住了，“妈，你不孝的儿子，先走一步……”

张晓没命地磕头，边磕边诉说：“妈呀，做儿的没能力，我本想挣钱给您看病，给您买好衣服，可如今一座座大山压得我喘不过气来，我再也背不动了。饶恕你不孝的儿吧，我不想再做任何没有意义的努力了……”

这是张晓第一次有了轻生的念头，也是第一次向母亲诉苦。病床上的曹雪红心如刀绞，哽咽难语：“儿呀，妈多少次都有这样的想法了，只是撂不下你啊……”

“妈呀，我也是放不下您啊……”

哭诉让张晓渐渐地冷静了下来。悄声直起腰，擦干眼泪，他走进厨房，他为母亲做了一顿特别的年夜饭。

回首往事，张晓泪流满面。可他不后悔，苦难的生活、好心人的帮助，以及母亲朴素的教诲，让自己学会了坚强。

班主任老师刘建军称赞张晓是“顶天立地的男子汉”。“他对母亲的孝行、对母爱的感悟，能净化人的灵魂。以我的阅历，没有人能比。”

70多岁的邻居大妈，感慨自己活了那么大的岁数，没见过张晓这样的孩子。

自从一次志愿服务活动中认识了张晓，团平凉市委就默默地呵护着张晓。高考前，为让张晓有一个平静的学习环境，团市委设立专门的救助基金，把许多好心人的慰问挡了下来，个别媒体的采访也推到高考之后。前不久，张晓获得了甘肃省五四青年奖章，团市委把喜讯也留在了他高考之后。

团平凉市委决定在全市66万名青少年中发起向张晓学习的行动。

这两天，高考后的许多同学在忙着填报志愿。而成绩不错的张晓，想的不是上哪所大学，而是如何不去上大学：“上大学，母亲怎么办？我又需要好心人的资助。他们给予我的太多了，我不能再接受他们的帮助。我这么大了，应该自己照顾母亲，支撑起这个家。”

张晓一心想的是参军，之后在部队考军校，“这样我可以把别人的帮助降到最低，在部队上军校，尽早为社会作贡献。”

（据 2007 年 6 月 14 日《中国青年报》）

3. 试写一篇 2000 字以内的事件通讯。

实训六

记者调查

一、实训目的及要求

本次实训的目的是培养学生依据新闻线索进行深入调查的能力，要求学生根据新闻线索，合理、合法地收集新闻素材，客观、理性地整理资料，最终撰写一篇符合新闻传播规律的记者调查报道。

二、实训步骤

（一）理论知识提示（45分钟）

当前中国正处在转型的关键时期，各种矛盾突出，记者调查对拓展新闻报道范围、进行舆论监督有着重要作用。在新闻竞争日益加剧的当下，记者调查报道在独家、深度、专业等方面独具优势，成为打造媒体影响力的前沿阵地。

对于记者调查的理论知识提示主要从两个方面入手，即“是什么”、“怎么办”。

“是什么”——记者调查报道的定义及特征；

“怎么办”——记者调查报道的新闻意识培养、选题决策、采访方式及技巧、注意事项等内容构成。

关于第一部分的知识，一般教科书已有较为详细的介绍，故简略讲授即可，而“怎么办”部分，涉及记者调查报道的方式、步骤及技巧等内容，具有较强的指导性，应系统讲授，并结合具体案例加深学生的理解。

1. “是什么”

记者调查是一种以揭示真相为宗旨、以捍卫公众利益或公民权利为己任，是新闻工作者针对被掩盖或者被忽视的损害公众利益的行为以及社会问题，由媒体记者通过独立、客观、系统、有针对性的调查完成的报道方式，这种报道通常有较强的针对性，分量重，受到社会公众的广泛认可与肯定。

记者调查是一种较为特殊的新闻报道方式，优秀的调查报道已成为媒体赢得市场竞争、扩大社会影响力的最重要的砝码之一。对于新闻记者来说，调查性报道是一块检验记者职业素质的试金石，它全面考验记者的职业能力、社会公知、知识结构，同时它也是一块力量巨大的磁石，吸引着记者踏破铁鞋、百转千回，甚至不惜生命危险，以求实现个人价值。为什么调查性报道有如此巨大的作用和吸引力？关键在于它有着和一般新闻报道方式不同的特性。

（1）揭示性

新闻是新近或者正在发生变动的事实的报道，它的报道对象是较为明显的，记者只需要做一般性的调查，然后进行记录即可。而记者调查报道则不同，它的报道对象是“新闻背后的新闻”，这种报道对象并不是清晰可见的，往往受外部力量的影响或控制，或因客观条件的限制，而不为人知。需要记者进行艰苦、系统的调查采访，使事实本质在记者的调查中逐渐“浮出水面”，从而把真相揭示给社会公众。

2010 年，中国经济时报记者王克勤潜伏山西采访半年，所采写的《山西疫苗乱象调查》如同一枚重磅炸弹，一时间，“疫苗乱象与近百孩子不明病因致死致残”，疯传网络，引爆网友怒火，也使得山西省卫生厅和疾控中心陷于舆论的风口浪尖。

2005 年至 2008 年间，近百名山西儿童因注射“高温疫苗”而致死致残事件，经中国经济时报记者王克勤以“揭黑”的方式披露出来。但是很显然，我们看见的是两股背向的力量，一股试图拼尽气力将真相的石头抬出水面，另一股却在试图让这样一块石头重新沉没于死寂的水底。记者的艰苦调查采访使得山西“高温疫苗”进入社会公众的视野之中，这个例子就充分说明了调查性报道的揭示性。它要把新闻事件不为人所知尤其是被个人或者集团有意掩盖的部分暴露出来，让受众不仅感受到新闻事件的浅层真实，还要了解新闻的深层真实。

（2）独立性

调查性报道的独立性是指在新闻素材的收集整理过程中，记者独立自主地进行报道，以便在采写中可以更好地体现自己的主体意识。

在新闻报道过程中，许多新闻并不是由记者通过独立的采访获得的。例如，美国是最重视广报（政府和企业通过自己的宣传机构发布材料以影响舆论）的国家。白宫和国务院每天发报一次，在规定的时间会见记者团，其他部门、议会，都有定例会见。这样，报纸上的新闻很多是来自官方主动发表的材料。

正如新闻学者麦康伯所说：“传统新闻界对社会现象的报道方式可以称为冰山理论，新闻媒介每天观察地方社区及图像，搜寻危险的信号，就像雷达在海面照射的冰山的顶端示警一样，记者只能描述冰山的顶端，面对沉在海底的冰山的主要部分，未能注意，因此无法描述。”因此，传统的新闻报道方式越来越受到受众的批评，受众不但想了解新闻表面的情况，还迫切地想要了解新闻发生的原因、新闻背后的内幕，尤其针对一些被利益集团掩盖的事件，他们有更大的兴趣，这就要求新闻媒体必须独立、自主地去挖掘和揭露新闻背后的故事。

调查性报道是一种不同的报道方式，它的一个显著标志就是记者采访的独立性。著名学者罗伯特·格瑞斯强调，在调查性报道中，调查和收集材料必须是记者的原创行为，而不是另一个人或另一组织的调查行为。选题和采访必须由新闻媒体独自进行。比如美国《世界报》的女记者伊丽莎白·柯克伦为了调查疯人院虐待患者的事实，自己假扮成疯子，潜入美国布莱克威尔岛的疯人院，最后以《疯人院十天》为题揭露了医院医生虐待患者的事实。被誉为“中国首位连挑黑帮的记者”曾华锋在 1999 年只身深入虎穴，暗访号称南海第一杀手的曾卓海及其黑帮团伙的恶行，之后把暗访到的内幕曝光并且和当地警力联手出击，把一个横行霸道七八年之久的黑帮团伙一举打掉。

调查性报道独立性的特征，也对记者的采写工作提出了与其他新闻报道略为不同的要求。首先，记者独立地获得新闻线索，其线索可能是来源于受众的爆料或记者的主动关注，而不是政法机构向记者提供的新闻线索或者上级部门安排的采访报道。其次，记者的整个采访过程是相对独立的，根据报道对象的特点，记者往往需要通过隐性采访或体验式采访，获取证据。最后，记者的新闻写作应是独立的，不受任何利益团队或组织的左右。记者应秉承新闻专业主义，客观合理地展现事实背后的真相。

（3）科学性

调查性报道不同于一般的报道，除了题材的特殊性和影响的广泛外，还在于报道过程、调查方式、素材选择的科学性。所以记者不仅仅在采访和报道过程中必须慎之又慎，通过一套科学系统的新闻采访方法来完成调查性报道；还应该通过客观的、详细而公正的调查来体现其影响力，而不是靠虚张声势的文字和主观偏见的态度来吓人的。它有一套科学的方法。

布兰特·休斯顿、莱恩·布鲁兹斯和史蒂夫·温伯格写过一本《调查记者手册——文件、数据及技巧指南》，这本书中就给调查记者提供了一整套关于调查采访的科学方法。比如在谈到计算机辅助报道时，作者谈到了计算机辅助报道的基本工具、计算机辅助报道培训，如何寻找并且确定适用的数据库、如何确定信源的位置和约见消息人士、找到消息人士的方式，以及如何建立自己的数据库和应用自己手头上的数据库。

调查记者通过科学的采访方法所采制的新闻报道更加可信。美国有一个记者为了反映纽约市男女之间的心态，曾经一连几个星期混在纽约“百老汇”的人流里，偷听别人的谈话。他记下了174次谈话的片断，其中妇女之间交谈涉及异性的占44%，而男人之间的谈话涉及异性的只占8%，根据这组数据，他就写了一篇调查性报道。由于这篇报道是通过数据分析得出来的，因此十分可信。

2.“怎么办”

调查性报道因其题材重大、与受众生活联系紧密，一直是新闻记者们最渴望的新闻体裁，也是最容易出彩的文体，但是要完成一篇优秀的调查性报道，却并不容易。要想完成一篇质量较高的调查性报道，需要记者从选题确定、采访方式与素材的处理与分析、写作语言的规范等几个方面进行学习。

（1）记者调查的分类

记者调查的对象涉及广泛，既有民生性的“小”调查，也有经济性、趋势性、政治性的“大”调查。一般而言，可以根据记者调查的对象及方式要求，划分为三种类型：

①民生类记者调查。民生类记者调查是以市民生活中的民生现象或事件为主，从受众普遍关心或与生活密切相关的问题入手，通过记者的亲身调查与体验采访，运用相关背景及新闻材料，展现问题或事件发生的全过程，帮助受众了解整个事件的来龙去脉，探明事实真相，进而促使问题的合理解决。民生类记者调查的报道选题虽不重大，但很重要，与老百姓的衣食住行息息相关，因此，关注度很高。

例如：

网爆餐馆毛巾添加荧光增白剂　记者调查证实

记者　彭磊　余瑾毅

网帖：消毒毛巾“检”出荧光增白剂

舒服地坐在餐厅大椅上，用着服务员递上来的一条叠得整整齐齐且冒着热气的白毛巾，擦掉嘴边的菜汁、残酒……这一幕，对你来说可能并不陌生。

如今，向消费者提供消毒毛巾已然被不少中、高端酒店视作一项基本服务。然而，有网友在网上发帖，使得“白白”毛巾开始引起人们关注。8月12日，武汉一网友在网上发帖《武汉中高档餐饮酒店提供的湿毛巾含有大量荧光增白剂》，称由于工作关系，几乎每天都有饭局，因此手头有不少酒店的湿毛巾。其家人不经意间发现，在紫外线验钞机下，呈现出明显的亮白色，原因就是毛巾中含有荧光增白剂。

所谓荧光增白剂是一种荧光染料，或称为白色染料，也是一种复杂的有机化合物。它的特性是能激发入射光线产生荧光，使所染物质获得类似荧石的闪闪发光的效应，使肉眼看到的物质现白，达到增白的效果。

那么，酒店消毒毛巾究竟是否添加过荧光增白剂？记者就此进行调查。

调查：小毛巾为何这么“白”？

带着疑问，记者先后走访了武汉8家著名餐饮企业门店，拿到收费1元到2元的消毒毛巾。

记者先后向武汉质监局、武汉市疾控中心、武汉市食药监局等相关部门申请检测这些毛巾是否含有荧光增白剂。但得到的答复均称，没有这一检测项目，因为作为政府部门，其检测只针对具有国家标准的项目，而荧光增白剂不在其列。

几经联系，8月22日，记者将取得的8个毛巾样本，按已包装和未包装分成两类，随机选出5个样本送往SGS通标标准技术服务（上海）有限公司。该公司是SGS集团和隶属于原国家质量技术监督局的中国标准技术开发公司于1991年建成的合资公司，面向全球范围提供包括农产、化工等领域的权威检验、鉴定、测试和认证服务。9月2日，送检的5个毛巾有了结果：5个样本均含荧光增白剂。

据介绍，这一检测结果解释了酒店消毒毛巾为何这么“白”：借助荧光增白剂，原本可能已是泛黄、老旧的毛巾可以顺利变成很白的“新”毛巾。

而据武汉某大型餐饮企业一员工透露，目前酒店餐桌上用的消毒毛巾，一般有两种消毒途径。一是由专门的洗洁公司提供，毛巾经回收消毒包装后再送回餐桌使用，另一种是餐饮企业自己进行消毒，其消毒的方法就是“煮”。

该人士称，为了让毛巾颜色洁白，荧光增白剂只是“秘方”之一。为了增白效果更明显，商家往往还会再添加片碱和光亮剂，而为了减少毛巾异味，还会添加香精。“什么脏东西都可以用这实现变白，这已经是行规了。”他说。

这一说法是否属实？记者欲采访武汉洁皇清洁用品有限公司、武汉美添洗涤配送中心。前者向宾馆、酒店等提供毛巾脱灰剂、毛巾专用洗净粉等清洁剂及配套产品，后者为美容美发店提供无菌、密封的消毒毛巾。但这些公司均婉拒记者采访。

在武汉洁皇的网站上，其展示的一款“毛巾专用洗净粉”说明中称，其原料中就有“特效荧光漂白剂”。

追问：“白毛巾”安全吗？

使用消毒毛巾可能伴随而来的是直接接触到荧光增白剂，这是否会影响人们健康？

对此，SGS武汉分公司长期从事化学品检测的刘朋飞表示，和普通衣物不同，餐饮毛巾在使用中往往频繁与人的口部接触，应采用“食品级”的安全标准，增白剂这类化工染料应严格控制用量，最好不使用。

科普资料显示，荧光增白剂进入人体主要有三种途径：与人体接触后通过毛细孔进入人体；皮肤破裂可经伤口通过血液进入；吃被荧光剂污染的东西，通过食道进入人体（这种情况可能对人体肝肾等器官带来损伤）。

令人尴尬的是，皮肤接触荧光增白剂到底对人体有多大影响？消毒毛巾能否用荧光增白剂？多少用量用多少才算安全？眼下，国家有关部门对这一问题没有明确的规定，这也正是质监、疾控、药监等部门不能检测毛巾是否含有荧光增白剂的原因。

这也意味着，餐桌上的消毒毛巾是否能用、用多少荧光增白剂，完全由清洁企业或酒店方面自已决定，成为监管空白区。

中南医院皮肤科教授盛晚香说，除了消毒毛巾，一些洗衣液、食品包装盒等产品中也可能含荧光增白剂。她提醒市民，对于过于亮白的产品，最好不要直接接触，用含有洗衣液洗过的衣服，最好漂洗干净后再穿。

（据2011年9月8日《湖北日报》）

这是一篇典型的民生类记者调查。该文针对日常生活中一个并未引起人们广泛注意、却与很多人生活都有关的问题进行调查。从整篇文章的写作结构中，我们能非常清晰地认识到民生类记者调查的特点：其一，体现记者调查的过程。该文分为网帖爆料——记者调查——记者追问等三个过程，环环相扣，使读者看到了调查的整个流程。其二，有明确的新闻来源。其三，民生类记者调查的重点并不在批评层面，而在于通过调查促使问题解决，即体现建设性特点。

这种写法是“原始”记者调查文本的改进版。我们不妨借此来回顾一下记者调查文本的几个阶段。

在只有书信与编辑记者交流的年代，受众都是通过写信来反映问题。编辑记者接到群众的反映，在“信海”里择其有典型意义的事件，到实地进行调查。回来后记者写的调查文章一是读者来信（摘抄），其开头的称呼总是“编辑同志”；二是记者调查。会写出比较详细的调查过程。且在必要时会向投诉者直接反馈。

随着沟通手段不断地现代化，电话、电子邮件、QQ 等都用于民间的投诉，所以当初的“读者来信”便不能涵盖所有的投诉形式，报纸多从直接叙述的方式选登他们的投诉信息，连编者、记者之类的称呼也省了。

今天，对于重大事件的调查，不再单独摘录受众投诉，而是在叙述中边写边介绍。民生问题的记者调查，往往改为微型化。如某报有一个栏目叫做《闻诉而动》，其实就是小型的记者调查。前一部分摘录受众来信来电等内容，后一部分简单写出记者调查的过程与结果。

②重大事件的调查性报道。重大事件的调查性报道是针对社会生活中影响范围广、涉及面大、受众普遍关心的社会热点焦点事件为报道主题，通过记者长期而完整的亲自积累、观察与调查研究，对某一或某类社会事实，或重大事件背后的社会现象所进行的深入、系统或深入详细的报道，属于深度报道体裁。例如，《酷 6 大裁员真相调查》、《民工荒真相调查》等文，均属此类。

③社会发展趋势的调查性报道。社会发展趋势类调查性报道，重在对社会发展形势、发展趋势所体现的问题或经济事件背后的现象以及发展趋势为报道对象，通过记者的观察、采访、调查，对背后的问题进行揭示，深入、系统地进行报道，帮助人们认识社会发展中的问题或现象。例如，《中国字体行业调查：本来我们该有更多种》。

（2）记者调查报道的方式

无论是民生类的“小”调查，还是社会趋势及热点问题的“大”调查，在选题确定、采访技巧、资料收集、写作风格等方面，其基本原则、报道路径均大同小异，因此，本次实训重点训练民生类记者调查的采写。

下面，我们将从选题、采访、写作三个方面，来学习记者调查的具体报道要求及技巧。

①选题确定。对于调查性报道而言，同样具有新闻报道的一般性特征。但有别于一般的新闻报道，调查性报道专业性、科学性、独立性更强，重要线索往往隐藏在大量表面事实或现象中，因此对记者挖掘选题能力的要求更高。当然，找选题不是大海捞针，同样有章可循。

第一步：新闻线索的搜索。

调查性报道的新闻线索一般来源于两个方面：受众提供与记者获取。前者是指受众通过来电、来信等向媒体反映问题而提供的新闻线索，记者根据受众提供的线索，依据新闻价值与社会价值等标准，选取线索并进行调查，最终成文。而后者是指记者通过受众以外的信息途径，如其他媒体、会议报告、学术研究报告、BBS论坛、微博等渠道，在新闻敏感的驱动下，发现线索、进行调查的情况。

总的来说，调查性报道新闻线索的获取渠道可以细分为以下几类：

Ⅰ. 新闻信箱。今天，不少媒体已经逐渐认识到受众的主动性，相继设立了如新闻热线、网络论坛、互动微博等平台，一方面增强受众的主动参与性，拉近传者与受者的心理距离，另一方面也为媒体获取了第一手线索，加强了媒体的市场竞争能力。当然，在堆积如山的信件和多如牛毛的电话中，只有很少一部分具有新闻价值，更多的是些鸡毛蒜皮的小事，这对记者的新闻敏感与职业能力提出了很高的要求。

Ⅱ. 记者直觉。记者直觉是新闻敏感能力的外在表现。新闻敏感有助于迅速及时地发现新闻，有助于从众多的新闻事实中发掘出对于本媒体来说最有价值的新闻，且能够帮助预见新闻。记者应做一个“有心人”，善于在日常新闻活动中发现不符合规律的现象，从而找出线索。比如，某位官员在回答提问时含糊其辞、有意掩饰；一家总是花费大量金钱做广告的企业突然变得悄无声息；某个工厂里生病的工人突然增多了，等等。事件的发展与常情不符，值得提出疑问。

Ⅲ. 公开报道。善于从公开报道中寻找新闻线索是调查记者的一项基本功。某个高校大门外发生了一起交通事故，一辆公交车将三名学生撞伤，如按常规处理，此报道只能做成一篇字数不多的消息。但是，如果你是细心人，你就会发现，高校外的马路往往是交通事故的高发地。你可以去媒体查阅近几年发生的类似交通事故，在获取了相关的数据后，进一步去交警部门核实相关记录，获取更为详实的资料，并尝试问几个问题：为什么会有这么多的交通事故？为什么有的高校外的交通设施较为完备，而有的却不行？其中是否有别的因素影响？依循这一线索，你一定能挖掘出一条精彩的新闻线索。

Ⅳ. 统计数据。作为记者，与各类数据打交道是家常便饭。GDP 指数、经济增长、投资等宏观数据几乎每个月都在更新；消费品的用量和价格等产经数据随时变动。这些数据和信息并不是孤立的，而是互相关联。搞清楚这些数据背后的含义，记者就有可能在纷繁复杂的数据中发现不同，进而深入调研。

2012 年，《武汉晚报》的一位记者，从国家旅游局公布的国内 136 家 5A 级景区的相关门票价格数据指导中，另辟蹊径，撰写了《玩遍国内 5A 景区门票要 19085 元 武汉市民呼太贵》的新闻报道，文中统计了玩遍中国的 5A 级景区需要多少钱，按旺季（或黄金周）票价计算，一个人要花 19085 元，并以此为基础对景区门票定价机制、景区发展现状等层面进行了调查，并以美国黄石国家公园的门票价格与国内黄山景区、张家界天门山景区门票价格为对比，揭示出中国旅游景区门票价格不合理的背后真相。此文一出，立即如投入水塘的一块巨石，激起滚滚波浪。

Ⅴ. 内部资料。内部资料也是调查性报道的极佳线索来源。媒体在从事日常新闻报道过程中，囿于部分新闻素材的限制性，考虑到社会影响或政府管理情况，往往将“不宜公开”的信息写成内参，供政府参考，为领导机关提供研究问题、制定政策的依据。或者，政府部门根据现实管理需要，由政府工作人员编写内部资料，供相关管理人员参考。这些资料，往往具有较强的新闻价值性，除牵涉国家机密、确实不宜公开者之外，可视为极佳的报道线索来源。

不过，由于宣传纪律的限制，媒体记者在决定对内部资料上的线索进行追踪调查之前，最好征得相关部门的同意。同时，还必须核实该内部资料是否属于国家机密，如果牵涉到国家机密，那就不能公开报道了。

Ⅵ. 微博。微博等新媒体的发展，消解了传统媒体垄断的传播主导地位，主流媒介不再是新闻事件报道的唯一主角。以微博作为代表的新媒体，凭借其独特的技术优势与共享空间，在事件的报道中扮演着不可替代的角色。比如，“7·23 甬温线特大铁路交通事故”的第一条信息就出现在微博上。2011年7月23日20时47分，网友“羊圈圈羊”发出求助微博：“求救！动车D301现在脱轨在距离温州南站不远处！现在车厢里孩子的哭声一片！没有一个工作人员出来！快点救我们!”正是这一条求助信息，拉开了对“7·23甬温事故”大规模报道的序幕。

微博对于记者而言，不仅仅是获取新闻线索的平台，也是了解网民态度的一个渠道。许多社会公共事件，一旦进入微博这个虚拟空间，信息量便会随着微博讨论的深入而发生扭曲或膨胀，各种相关信息、态度、意见甚至愤怒等负面情绪杂糅在一起，事件真相湮灭其中。因此，记者此时需要秉持新闻人的职业伦理，切忌情绪化。

第二步：提出“假设的报道主题”。

记者通过各类渠道获取新闻线索之后，如何理解并把握新闻线索的能力变得十分关键。在日常的媒体报道活动中，我们经常会发现一些有趣的现象，在对同一主题的新闻报道中，有些媒体限于事件表面泛泛而谈，而有些媒体却能深入挖掘独特的报道角度，展现出事件不为人知的一面。

用缺乏“新闻敏感”来解释这一现象只是一方面，而记者对于新闻线索的草率处理，只关注新闻线索表面呈现出的信息，而未深入思考线索背后的东西，才是最主要的原因。

一旦记者手中有了一条或明或暗的线索，接下来要做的就是根据之前的报道经验对新闻线索进行预判，并查阅相关文献资料或新闻报道，并提出一个“假设的报道主题”，为后续的采访及写作预先划定边界，以求有的放矢地调查。

一个简单明了的“假设”的提出，至关重要。“假设”不仅能为记者调查指出方向，还可以帮助记者形成一个较为明晰的报道中心，而不至于漫无边际。更核心的意义在于，记者能随时根据情况的变化而对“假设”加以调整，一步步接近事实背后的真相。

提出“假设”应遵循一定的科学性，否则就会偏离方向，因此，“提出合理的、有一定依据的假设”是关系到调查报道成败的关键之一。

提出假设的程序一般是：新闻线索分析——发掘有意义的问题——把问题明确叙述出来——查找与问题有关的资料或事实——提出初步的解释、推测或假设——选择可能性最大的假设——确定“假设报道主题”。

在实际的操作过程中，并非所有假设都能得到证实。由于主观认识条件所限，记者极有可能只能证实“假设的报道主题”的一部分内容，甚至获取的所有证据都与假设不符。其实，从逻辑学角度而言，证伪与证实的意义同样重大，因为他们同样都消除了认识的不确定性。

②采访计划制定与实施。就像一场战斗首先要制订战斗计划一般，在调查性报道的采访实施前，也应该根据“假设的报道主题”而制定一份较为详细的采访计划方案。凡事预则立，这份计划将使记者在混乱的迷雾中有条不紊、切中肯綮，并使其不会忽略任何重要的材料和新出现的线索。这份采访计划应包括以下几方面内容：

Ⅰ. 确定利害关系人。新闻线索可能涉及了各方的利害关系人，记者首先应确定利害关系人的范围，比如事件当事人、爆料人、管理部门、专家学者、目击者等。并根据事件性质预先判断哪些人最有希望提供情况，哪些人可能会阻碍调查，相关信息需要从哪些人那里获取，针对不同关系人的采访方式是什么，以及采访应该注意什么可能的问题。

Ⅱ. 安排采访的先后次序。详尽考虑被访者之间错综复杂的关系以及他们对彼此的影响。如果一个人提供的材料可能引出其他人抛出更多的情况，就应先对他进行采访；反之，就应把他放在后面。还有，如果对一个人的采访可能走漏消息，而导致其他重要的被采访对象“失踪”或者销毁证据，那毫无疑问，对他的采访应该被安排在整个采访即将结束的时候。

Ⅲ. 资料搜集。调查和写作需要哪些资料？这些资料能在哪儿找到？哪些材料是公开的？哪些是秘密的？怎样才能把那些不易搞到的材料搞到手？

Ⅳ. 调查的范围。根据“假设的报道主题”，大体确定采访调查的时间及空间范围。

俗话说“好记性不如烂笔头”，记者在草拟采访计划时，最好能列出一张较为详细的表格，记录下你的主要疑问，比如，需要哪些证据，可能获取的地点，可能接受采访的人，需要获取什么样的信息，记者的行动时间表，以及在困难的情况下应向谁求助，等等。这张表可以帮助记者厘清思路。

例如，调查性报道中记者经常采用隐性采访的方式去进行调查。隐性采访是隐藏记者的身份与采访目的的采访方式。只适用于某种特殊场合、特殊题材或特殊采访对象。运用这种方式，目的在于减少采访障碍和干扰，获取有价值的新闻事实，因此务必十分慎重，一般应控制在法律和新闻道德允许的范围之内，或得到有关部门的授权，切勿滥用。

学会提问是调查记者顺利获取有价值的信息的一个重要能力。一个好的提问，能马上打破采访僵局，使被采访对象开口，保障采访活动的顺利进行。

③写作成文。主要包括以下几个方面：

Ⅰ. 整理资料。记者很可能发现，手头的资料、数据一大堆，光采访笔记就有好几本，怎么从冗杂的资料中形成思路呢？英国《金融时报》高级记者马丁·穆里根说过，在《金融时报》，有些调查记者整理资料的办法是画一张“鱼骨图”：将报道的主题作为鱼骨的主干部分，在主干的两旁画出多个“鱼刺”，每个“鱼刺”的上方，粗略写下资料中的每一个内容。这样一来，调查素材就都凝结在这张图里。

Ⅱ. 厘清逻辑。在整理完所有素材之后，记者要做的是厘清素材之间的逻辑关系。再以“鱼骨图”的方法为例。再画一张鱼骨图，调整鱼刺上的素材顺序，最重要的素材放在“鱼头”的位置，次重要的放在“鱼肚”位置，以此为序，最次要的放在“鱼尾”。素材关联度高的内容放在一起。这样，故事的全貌就基本通过图形呈现在记者的脑海中了。

Ⅲ. 重视叙事。调查性报道的写作过程是一种典型的叙事行为，对于调查性报道来说，事实和数据固然重要，但最根本的是一流的叙述手段。“华尔街故事体”已影响到中国的财经报道。通常以一个人物的故事起笔，带出报道话题，通过引语、例证等多角度分析主题，最后落笔在文章开头的主人翁故事上。这种写作手法起收自如，也能吸引读者阅读。当然，“华体”手法并不是唯一，但是讲好故事，一定是调查性报道的精髓。

Ⅳ. 注意平衡。调查性报道也是新闻，“5W”要素缺一不可。此外，在叙事时应注意平衡，不带观点写稿；也不能绝对化，即只注重一方观点，而对全局失之偏颇。调查性报道更应照顾“正反”两方面。在援引数据、观点或其他媒体报道时，一定要注明出处。这样做，一方面体现对被访者和其他媒体版权的尊重；另一方面，一旦援引内容有误或被质疑，注明出处就可起到适度免责的作用。

（二）选题汇报（45分钟）

记者调查项目，采取教师提供新闻线索与学生主动收集新闻线索相结合的方式，要求学生根据新闻线索的性质进行报道主题的预判，并通过模拟编辑部形式汇报新闻线索及如何进行调查，以及对素材的处理。通过选题汇报要求学生思考记者调查文体写作的特点，具体如下：

1. 拟定“假定的报道主题”

“假定的报道主题”要求学生根据新闻素材反映出的现象进行深入发掘与理解，根据社会常识与逻辑推理、前期对素材的新闻报道范围、报道角度进行预判。

例如，针对这样一个线索：每逢初夏时节，校园内的树上经常会掉下一些白色的油脂状的黏液，偶尔掉到学生身上，引起皮肤的大范围红疹。有同学认为对该素材的处理，应放在学生如何防治的层面上。这样的处理，由于立足于事件本身，带有一种就事论事的报道倾向，没有将素材进行深入挖掘，不能凸显记者调查文体的建设性的特点。因此，对于该素材，可以试图换一个角度来确定报道主题。如，校园管理是不是有疏漏，发生此类事件的原因是什么，如何确保今后不会出现同样问题等。角度的转换，使得素材背后的新闻被挖掘出来了，也凸显了记者调查的必要性，展现了事件不为人知的一面。

2. 划定调查范围

根据“假设的报道主题”，大体确定了采访调查的时间及空间范围。针对上文的素材，需要学生记录下你需要哪些证据、可能获取的地点、可能接受采访的人、需要获取什么样的信息、记者的行动时间表，以及在困难的情况下应向谁求助，等等。

3. 确定采访对象

采访对象的选择，往往可能影响记者调查工作的顺利进行，也是关系报道质量高低的一个重要因素。记者不仅要确定事件中的利害关系人的范围，也要对采访者的配合程度及目的进行预判。如若不然，很可能使记者调查报道出现严重错误。例如，有位同学试图针对一个线索进行调查：某课堂上，学生在下面玩手机、刷微博，教师几番批评仍无好转，最终致使教师愤然拂袖而去。该生对当时课堂中的学生进行了采访，而后调查了学校主管部门对此事的态度与看法，最终的报道主题定位于“7 成学生课堂刷微博　因教师教学水平不高”的论调。首先，这样的报道主题，先不论是否真实、客观，至少就不全面，教师作为与学生直接对话的当事人，被剔除出了采访对象的范围，故而，报道主题出现了严重偏差。再者，教师当堂拂袖而去，学生的评价不一定非常中肯，必然负面的居多，而学校主管部门也很有可能推卸责任，因此，这样报道并不客观。最后，报道中的“教师教学水平不高”的断言也过于主观化。

4. 调查方式的选择

记者调查报道，往往是针对出现的问题进行报道，以求最终解决的新闻报道方式。记者多以问题为出发点进行调查，可能会使得部分当事人有抵触情绪，或不配合采访调查，更有甚者，会使记者的人身安全受到威胁。因此，记者应根据事件性质预先判断，哪些人最有可能提供情况？哪些人可能会阻碍调查？相关信息需要从哪些人那里获取？针对不同关系人的采访及提问方式是什么？以及采访应该注意什么可能的问题？

（三）学生根据敲定的选题自行采访（90 分钟）

记者调查实训项目，重点在于锻炼学生的新闻敏感与新闻调查的能力。因此，这个环节要求学生根据身边的事件，进行选题思考，并拟订采访大纲，进行采访，不得在网上下载现成稿件，但可利用网络搜集与选题有关资料以备采访。教师在此环节，应协助学生进行选题的确定，同时帮助学生拟定采访的重点，并提醒学生采访中应注意的问题，同时要求学生根据选题拍摄不少于 5 张的新闻图片。

（四）写稿与改稿（180 分钟）

采访完成后，学生在实验室将自己的采访材料写成新闻稿件，注意主题提炼，重点在于通过文章展现记者调查的过程。在这一环节，老师将在实验室现场对每位学生采写的新闻稿件进行逐一指导，帮助修改。

（五）组版（150 分钟）

在上一环节中，老师会告知学生下一环节稿件组版的要求，如图片有几幅、稿件有几条、自己的稿件放头条、其他稿件怎么安排等，同时要求学生自行收集一些图片和稿件以备组版之用。

三、作品赏析

银行收费项目开始明码标价 记者调查发现“晒”得不够彻底	标题一语中的，直指核心，简洁明了。
楚天都市报讯（记者王海玉　实习生谭琛）从 4 月 1 日起，银监会要求银行对收费项目明码标价。记者这两天走访发现，江城银行纷纷通过电子显示屏、印制收费手册、张贴公告、网站公示等形式公布收费明细。 江城市民表示，与银行晒收费相比，更重要的是银行合理降低收费标准，针对不同人群制定合理的收费项目。	导语精练。与标题中的“晒”字互为印证。却并未点明标题中“不够彻底”，给受众设置了一个悬念空间。

调查：各家银行执行不一 记者昨在光谷、水果湖一些银行网点看到，门口的电子显示屏已醒目地打出了“我行严格执行银监会明码标价公告要求”等字样的标语。一些大型国有银行还印制了收费名录。	数据及引语的使用，增强了文章的可信度。
不过，记者在走访中发现，各家银行规定执行情况不一。少数银行公布收费项目仅十几项；有的银行虽印了一大本收费名录，可翻阅起来令人眼花缭乱。记者以客户身份咨询网点工作人员，表示想了解一下账单打印收费情况，对方则表示“自己去翻”。	通过调查，进一步解释“晒得不够彻底”。
中国银行业协会去年曾公布，银行提供的服务产品和项目总计1076项，其中226项免费，占比为21%；收费项目850项，占比为79%。但记者调查中发现，没有一家银行公布完整的项目明细，主要公布了常用的账户管理费、ATM跨行取款、跨行汇款等项目，多数不超过100项。	最后，用专家学者的话做总结，由现象及本质，深化了主题。
专家：关键在于合理收费 武汉大学教授孟勤国发布的《银行卡收费不当问题调查研究》报告，披露银行收费项目高达3000多种。去年，银监会等宣布取消银行34项收费。可记者调查，大多数被取消的收费项目早就没收了，有避重就轻之嫌。 对此，孟勤国表示，银行收费明码标价，并不能从根本上解决乱收费。而是银行如何真正站在合理收费的立场上，该收费的还是要收，如何针对老人、弱势人群等提供更合理的减免标准。 武汉科技大学金融研究所所长董登新也表示，银行收费明码标价走出了可喜的第一步，但更重要的还是如何有效对银行进行有效的监管和约束。 （据2012年4月4日《楚天都市报》）	文章以银监会的通知为切入口，记者通过现场观察及亲身体验等方式，了解了武汉各家银行的执行情况，并通过背景资料的对比点明了报道主题，最终通过对专家的解读，深化了报道主题。

注水猪是怎样炼成的　详解生猪灌水全过程

7月16日，昌平燕丹养殖小区，灌水猪贩子正在自家院子里给收购来的生猪灌水，据记者观察，每头猪被灌水近10斤。这些猪随后将被送往怀柔一加工厂屠宰。

在昌平北七家镇燕丹养殖小区内，有一个从事灌水猪生意的地方。

在这里，每天都会有近百头灌水猪被送入怀柔肉联加工厂销售。接下来，在肉联厂，那些被动监人员称作有害的灌水猪经分割流向了公众的餐桌。

半个月来，记者对该加工厂收猪、灌水、销售的全过程进行了追踪暗访。力图从灌水猪的产生、销售、危害和监管四个环节向公众呈现灌水猪的利益之旅及对人体健康的影响。

凌晨4点15分，一阵"吱嘎"声音过后，昌平区燕丹养殖小区东侧一座院子的铁门打开，三名男子从里面走了出来。

院子百十平米大，空地上尽是车辙。三个男人麻利地钻进了院外的两辆装有双层铁笼的卡车上。点火，开灯，小雨中，卡车低速驶向远处的公路。

他们是从事灌水猪生意的商贩，依靠向正规肉联厂贩卖灌水猪为生。尽管相关部门声称，北京市场上的灌水猪肉越来越少，但在同村村民眼中，猪贩的生意越来越大。

收猪：多车运营每日收猪近百头

一家养殖场老板说，这些人常年开着车到处收生猪，四五十斤的猪崽长到180斤左右的成猪一般只要四五个月时间，谁家的猪快出栏了，猪贩子们心里都有数，到时只要打个电话确认下，第二天就能把猪拉走。

这是一篇重大事件的调查性报道，图文配合，真实可信。

新闻线索从何而来，记者没有介绍，因为这点不是读者需要了解的重点，故可以省略。这么大的一个事件，保护报料人，也是媒体应该做的。

叙述很有现场感，体现了调查的真实性。

公路上卡车开得飞快。几乎每天凌晨4点半，这三个男人，都会开车去怀柔、顺义、密云等地收购生猪，灌水后贩卖。 猪贩的卡车都是北京牌照，但因车牌被泥污遮挡，只能隐约看到车牌开头字母：一辆AM开头，一辆AL开头。 收购生猪的车通常两台，有时会变成三台。临时客串的是一辆中型货车。 收猪的路上，猪贩们一会儿关闭车灯行驶，一会儿又冲过红灯。若发现有车辆跟随，还会急刹停车，观察上一阵再继续上路。 7月16日，其中一辆卡车，从京承高速怀柔出口驶出，沿101国道向北，开到了疃里村村委会西侧的张金香养殖场。 在养殖场，司机一共收走了40多头生猪。据养殖场老板说，收猪的价格是每斤7.55元，现金结账。他们每次来收的量，至少得有四五十头。“都是猪贩来收，我们没有大车，也没时间，所以从来不自己送猪到屠宰场。” 据新京报记者跟车观察，自7月8日到16日，这两辆卡车每天都会到怀柔、密云、顺义等地，收购回近百头生猪。 常年贩猪的一名猪贩称，收购到贩卖之间，一般每斤只有1毛到2毛钱的利润空间。如果跟养殖户是常年合作，收购价格会稍微便宜些。也正是因此，很多商贩想着办法多赚钱，常用的就是“灌水增重”。 灌水：半米软管塞进肚灌水10斤 这户租户在村里已有四五年之久，大家都认为他们是个宰猪的商户，但又纳闷为何每天还拉整车的活猪离开。 16日上午9时许，“京AM”率先返回村子，铁笼内关着约50头生猪。	以下分小标题来写，材料翔实，采访到位，采访的危险性隐藏于字里行间，让读者像看惊险故事一般。

离院门还有几百米时，正在院内清理积水的一名女子，就已把铁门打开。迎进卡车后，铁门随即关闭。

进入院子后司机和一名男子，走到院内的油桶前，拿起了准备好的灌水工具。一个两头都是弯钩的铁钩和一个用色拉油桶改造后瓶口套着橘色软管的漏斗。

灌水在车上。男人们脱光了上衣，对两层铁笼内的猪，进行分层“灌水”。

最先动手的是握双头铁钩的卡车司机，他将铁钩的一头塞进猪嘴钩住上颚，然后将另一头弯钩挂在铁笼上方的栏杆上。

被钩住的猪，仰着头、张着嘴。在一阵阵嚎叫声中，司机转过身，拿起自制漏斗，将半米长的塑料软管，从张开的猪嘴里插了进去。随后，一脸盆发黄的水，被倒进色拉油桶，水顺着管子，流进了猪的体内。

四五秒后，整桶水几乎见底。紧接着，司机将空脸盆递给等候在车旁的女子，换回的是另一个装满水的脸盆，然后继续倒入色拉油桶里。

顿时，更加刺耳的嚎叫声从院子里传出，百米外村民都可以听见动静。

当再次倒进色拉油桶的水见了底，被灌的猪才被取出嘴里的铁钩。不过，肚皮已像是吹气球一般发鼓发胀，刚才还蹿来蹿去的猪，只能趴在笼子里哼哼。

第一只猪被灌水后，司机便开始寻找下一个目标，如法炮制。灌一头猪，用时20来秒。

据目测，他们所使用的是市场常见的、容量为5升的色拉油桶，倒满约10斤。

上午11点，“京AL”也带着四五十头生猪返回。整个院子里，一直持续着刺耳的嚎叫声。

“不管刮风下雨，天天都这样，早就习惯了。”胡同口的一户村民称，除了货车进出，这户铁门总是关闭着，院里的租户也不与外人沟通。“只知道挣了不少钱，原来就一辆小货车，现在已经最少三辆卡车了。”村民说。

而在记者蹲守的5天里，这两辆卡车每天收猪回来后，都会在院子里给猪灌水，累计约400头。

平谷区动物卫生监督所一名工作人员称，有的不法猪贩不光灌水，有的还在水中加入蛋白、洗衣粉和盐，甚至胶类物质，以便水渗透到猪的脂肪和细胞里，不易被排泄或在宰杀时流出来，以保证出肉率。

“想多赚点钱，或多或少都得灌点水。”一名猪贩说，但灌水猪在送到屠宰厂时，容易被检查出来。

送宰：是否灌水靠经验目测无标准

北京另一肉联厂负责人说，活检即以目测的方式，观察猪的当时的状态，有经验的检验员，一眼就能看出猪是否被灌过水。

下午1点，“京AL”整车的猪都被灌完了水，司机将车疾驶出院。

车上的生猪，很少有站立的，大部分都相互叠着趴在车厢内。其中几头，随着卡车的晃动，开始呕吐或排泄起来，污水从车厢缝隙流出。

卡车所经之处，一股恶臭。

20多分钟后，卡车经京承高速，来到了怀柔肉类联合加工厂后院门前。

在得到门卫放行后，“京AL”在院子里掉头倒车，将车尾停在了验猪区域。

该区域有三四名着加工厂蓝色制服的工作人员，包括业务员、兽医和卫生检疫员等。

司机放下车厢的木板后，猪们鼓胀着肚子，不愿意站起走动。司机从驾驶室找来一条系着布条的木棍，伸进笼子里，使劲将生猪向外驱赶。

整个过程，不到十分钟。

门卫说，这两辆卡车几乎天天都能见到，都是中午时分过来送猪，“他们生意应该做得不错。”

“以前偶尔也有没来的时候，估计是没收到猪。”门卫称，来这送猪的很多都是猪贩子，即向养殖户买猪，再送来加工厂卖，赚个差价。

据北京另一肉联厂的负责人介绍，一般在收购商户的生猪时，加工厂的兽医、卫检员必须在场，称重前就要查看生猪是否感染疫病，并进行活检。 “活检人员都是经验丰富的，（生猪）灌水5%以上，我们就能当场看出来。”该负责人说，随后，生猪还要按5%—10%的比例，抽样进行尿检，确认无瘦肉精后，才能被接收。 据主管生猪销售到宰杀环节的北京市商务委执法监察大队李先生称，他们虽有相应的监管措施，也要求加工厂的工作人员加强收猪环节的检查，但也不一定能看出哪批猪是注水的，注了多少。“这是个经验问题，目测的时候就说不好了。” 就猪肉去向问题，怀柔肉类联合加工厂办公室表示，该厂加工的猪肉既销往本地市场，也卖到外省，“哪里价格好，就卖到哪。” 探因：暴利致猪贩铤而走险 “如果老实经营，每斤猪肉就几毛的利润，一车50头最多也就能赚两千多元，如果有猪死掉，就得赔钱。” 每天，停在该加工厂后院停车场的卡车，达二三十辆，既有本地的，也有河北、河南、山东等地的车。 当日下午2时许，两拨刚刚卸完猪的外地司机相继走出后院，来到门口一侧的食品摊买饮料。 当问及“灌水猪能往这里送”的问题后，他们都齐声否认，称该厂多年前就不接收注水猪，一旦查出就被拒收，拿不到钱，而且以后也没法再往这里送。每次送货后，加工厂先付一部分钱，第二天再按照猪的出肉率，结掉余款。 但随后，经过约十分钟攀谈，其中几名外地来的司机道出了实话。 该司机说，要干这行，有30万资金就可起步。其中，一半用来买卡车以及装猪的铁笼子，另一半钱用来向农户收两三车猪的储备资金。	写完现场的情景，再写原因，报道的深度，就在这里体现。

“遇到猪死了，就赔了。”该司机说，当日，他送来的一车猪，由于拉得太多，到达加工厂时已经闷死了4头。死猪只能半价处理，这便损失三四千元。

这名司机还说，给猪灌水时要控制好量，不能太贪。发现猪叫声惨烈，必须停手。否则，猪会撑死。而灌水的地点，也要离加工厂近点，因为超过4小时后，注的水要么被猪吐掉，要么被猪排泄掉，等于白忙活。

曾卖猪给“京AL”猪贩的张金香养殖场老板称，7月16日，“京AL”的司机在她家收走了40多头生猪，每头猪都是170至200多斤重，最重的一头达到220斤。而他们的售价，是每斤7.55元。

“赚的就是水钱。”一名猪贩说，如果每天贩80头猪，每头灌水10斤，就算路上排泄或吐掉20%，再加上每日车辆油费、过路费及房租等，单日利润仍可达4000元以上。

三问灌水猪

1. 有何危害　灌水致猪吸收肠道毒素

根据《生猪屠宰管理条例》第十七条规定，任何单位和个人不得为未经定点违法从事生猪屠宰活动的单位或者个人提供生猪屠宰场所或者生猪产品储存设施，不得为对生猪或者生猪产品注水或者注入其他物质的单位或者个人提供场所。

平谷区动物卫生监督所工作人员介绍，吃了“注水肉”，会对人体造成伤害。

该工作人员介绍，因为猪胃肠注入大量水分后，使胃肠严重松弛，造成肠道蠕动缓慢，胃肠道内的食物会腐败，然后分解产生氨、胺、甲酚等有毒物质。这些有毒物质通过重复吸收后，遍布猪的全身肌肉。

此外，大量灌水，猪的胸腔受到压迫，呼吸困难，造成其组织缺氧，肌体处于半窒息和自身中毒状态，胃肠道细菌通过血液循环进入肌肉。再者，有时因为注的水太脏，水中细菌残留在猪肉内。

2. 如何监管　怀疑猪灌水可延长待宰期

灌水猪的监管，由北京商务委执法监察大队负责。

"以前注水的事挺多的，现在管得紧，正规企业肯定不敢灌了。"该大队一位李姓工作人员说，执法大队的一台电脑，连接了各屠宰加工厂的监控，可进行实时检查。而一些商贩如果有灌水行为，他们将会没收所有生猪，并做无害化处理，工具也都会销毁。

"这样的话商贩损失太大，目前很少干了，但我不能说一定没有。"李先生介绍说，注水的猪，肉类加工厂发现了肯定不会接收的。

李先生补充说，即使加工厂收了注水猪，按照正规程序，生猪会经过12—24小时的待宰期，所注的水随后也就没有了，不会存在到宰杀环节。

"我们在执法过程中，也是有困难的。"李先生坦言，他们要取缔违法的商户，必须抓现行，如果猪注完了水，执法人员就没办法了。"猪正常也要喝水，我们没法判断它们是不是被注水。"唯一可做的是，如果怀疑哪批被接收的猪被注水，执法人员可以要求这批猪的待宰期延长。

李先生说，如果发现灌水猪，执法人员将到场蹲守调查，进行取缔。

3. 怎样识别　看、挤、碰、贴

市民在市面上购买猪肉时，除查看检验检疫章等合格证明以外，也可参考以下几种简易方法，来识别是否遇到注水猪肉：

方法一：眼看。未灌水猪肉呈红色，灌水的猪肉，一般颜色较淡。

方法二：手挤。未灌水猪肉有弹性，灌水猪肉经不起手挤，顾客只要用手一挤，就会渗出水珠。

方法三：手碰。未灌水的猪肉，手一碰，就会被粘住，灌水猪肉，表面没有黏度。

方法四：纸贴。用纸贴在灌水猪猪肉上，很快湿透，取下看时，纸上不沾油脂。

（据2013年7月22日《新京报》）

此篇调查与民生有关，所以，报道的服务性也得到了相当体现。

四、实训作品问题诊断

（一）实训中的问题

1. 认识不到“新闻背后的新闻”

学生在学校大多接触的是消息的写作，总认为只要抓住了事实就达到了写作的目的，而没有从事件背后去挖掘真相的意识。比如，有位同学想就“黄家湖大学城路段发生了多起交通事故”这个选题进行调查，但是最终的稿件基本没有涉及事件背后的东西，仅仅对事实进行罗列。记者调查重视的是“背后的新闻”，如果这位同学能综合思考一下，多问几个问题：为什么马路这么宽，还发生了多起交通事故？为什么事故中的受害者多为大学生？为什么交通设施较为完善，还是发生了交通事故？问题在哪？原因是什么？这样一来，对于事件就有了更深的认识，也能从深入中抓住“背后的新闻”了。

2. 先入为主

调查性报道与其他报道体裁最大的区别在于“调查”二字。尽管记者需要就新闻线索进行预先判断，以便确定一个“假设的报道主题”。但是，许多同学想当然地认为“假设的报道主题”就是报道核心，而忘记了报道主题是根据采访及事态发展而随之变化的。比如，一位同学想写“大学食堂一次性餐具泛滥”这个选题，他先入为主地认为一次性餐具的消费群体是大学生，所以他将原因假设为学生自身懒惰而导致的。在后期的采访过程中，基本上依循这一假设展开，对于信息的收集进行有针对性的选择，造成了偏差。其实，一次性餐具泛滥大学校园，不仅仅是学生的问题，还是商家、学校主管等因素综合影响而形成的现象。所以，学生在进行记者调查实训时，教师应重点介绍“假设”与“先入为主”之间的区别。

（二）学生稿件修改

1. 改前稿

车辆无序闯红灯　行人惊魂过马路 **高校门口红绿灯成摆设** 17日中午放学，青菱寺路段某学院学生丁某像往	标题“无序”、“惊魂”、“摆设”等词主观性太强。

常一样，去对面吃最喜欢的盖饭，见是绿灯，便走过去，走到一半时，一辆鄂A货车冲了过来，毫无减速之意，从丁某身边“刷”一下过去。丁某告诉记者，像这样的经历在该路段已是见怪不怪了。	导语太过平淡，也没有交代新闻素材的来源。
记者在这里观察半个小时后发现，正如刘先生所讲的那样，大多数车辆行人无视红灯，乱走乱闯。在近10分钟里，有3辆货车、2辆大巴车、4辆小汽车闯红灯，而违章过马路的行人更多。	
为什么该路段会有如此多的车辆、行人乱穿马路？记者随后暗访了附近的市民。	
刚从马路穿过来的大三学生陈某告诉记者：“每次过往车辆无视路灯，瞎走，搞得路人也没有秩序了。而且每次绿灯只亮20秒钟，过到中途就变成红灯了，有时只好抢道。”	采访对象多集中于行人一方，基本没有涉及司机，不够全面。
而另一个学生张某说：“之前每次过马路都注意红绿灯。但有一次在等绿灯亮时，被旁边一个学生笑话胆小。大家都乱闯灯，在这种氛围下，不乱穿马路，显得格格不入。”	
居民刘某告诉记者，这里的信号灯有时候有问题，红灯和绿灯同时亮，形同虚设。	
路段旁兰州拉面的老板告诉记者，每个月都会因为车人乱行发生交通事故。他指着斑马线旁扭曲得有些畸形的护栏说：“这护栏是昨天一辆小汽车为了避开穿斑马线的行人时撞的，这个月已经是第三次了。真希望有人来管管这里的交通。”	交管局负责人的谈话有推卸责任之嫌。
记者打电话交管局负责人询问情况，相关负责人说：“武咸高速青菱寺路段是2007年修好，属于新路，而这里3个路口的红绿灯也只是在2008年安装起来的，设备还在进一步的完善当中，准备年底配置摄像头。”	文章对于到底是车辆行人不遵守交规，还是红绿灯未配置摄像头而导致此种情况，并未说明。

2. 改后稿

红绿灯缺少电子眼　人车抢行险象环生 **高校门口行人上演“步步惊心”**	标题直接点明报道主题，电子眼缺失是问题所在。
“路口没有电子眼，车辆大多不管红绿灯，学生过马路，我看的是心惊肉跳。”昨天，家住洪山区青菱乡的李先生向本报反映，白沙洲大道龚家嘴路段没有电子眼，附近高校学生过马路非常危险。	导语通过直接引语引出，并明示新闻素材的来源。
绿灯仅亮10秒　人车抢行 昨天下午，记者来到白沙洲大道龚家嘴路段，正值晚饭时间，不少武汉长江工商学院的学生通过人行道去对面饮食摊点吃饭，而该路段临近白沙洲农贸大市场，来往的车辆川流不息。路口虽装有红绿灯，但没有电子眼，不少车辆、行人视红绿灯为无物，人车抢行。	
记者用秒表计算时发现，绿灯仅亮10秒，不少学生夹在路中，两边车辆呼啸而过，着实看得记者有些心慌。 记者在这里观察半个小时后发现，大多数车辆无视红灯，在近10分钟里，有8辆货车、2辆大巴车、4辆小汽车闯红灯。	记者通过体验式采访方式，增强了记者调查过程的直观性。
学生居民希望设置电子眼 “这里没有电子眼，而且绿灯只亮一会儿，过到中途就变成红灯了，有时只好抢道。”从对面一路小跑过来的张同学告诉记者。 记者来到该路段旁的某学院，该校办公室李老师说，该校师生出行多依靠白沙洲大道，而白沙洲大道紧邻白沙洲农贸市场和青郑高速，车多且快，学校的1万5千余名学生及周边居民大部分都要从该路口经过。	
“我每天过马路都是走得‘步步惊心’。”附近渔业村居民调侃道。 “希望绿灯时间能加长一点，没有条件设置警察的话，可以增设一个电子眼，这样孩子过马路也会安全一点。”他说。	采访对象不局限于学生一个层面，而延伸至与之相关的利害关系人层面。

设施不完善　暂时无法安电子眼 记者就此采访了洪山区交管局，相关负责人解释道，武咸高速青菱寺路段是2007年修好的，属于新路，而这里3个路口的红绿灯也只是在2008年安装起来的，设备还在进一步的完善当中，计划年底配置摄像头。 至于过渡阶段的通行问题，该负责人表示，正在制定解决对策，将派交警加强该路段的执勤频次，特别是加强午间与傍晚时分的执勤力度。同时该负责人表示，由于该路段地下供电、光缆管线不完善，暂时无法架设电子眼。“我们正在与建设部门沟通，一旦沿线拆迁资金到位，我们会立即架设电子眼，开通人行天桥。”他说。	通过调查，记者厘清了人车抢行现象的一个关键问题：电子眼缺失。并通过有代表性的人表达诉求。

思考与练习

1. 简要谈谈调查性报道与其他新闻体裁的区别。

2. 关注你同学的微博，看看他们都在聊些什么？并就某一主题在微博中与同学进行讨论，看看他们有什么不同寻常的东西，从中找出一条新闻线索。

3. 尼尔·科普尔在《深入的报道》一书中曾这样强调提问的重要性：“如果记者知道什么是正确的提问，他在竞争中就能百战不殆。”现假设你正就“大学生自习占座”现象采访学院领导，请你思考不同提问方式可能产生的不同效果，并设计至少5个提问。

实训七

以通讯员身份为媒体写稿

一、实训目的及要求

通过本次实训，要达到如下目的：第一，学会关注本单位新闻，或者会把本单位工作变为新闻；第二，以成稿的方式给新闻单位投稿，学会一些投稿技巧；第三，要求学生学会关注每一个版面的记者编辑的联系方式。

本次实训重点在于本单位的新闻。其他社会新闻不在这次训练之中。还有一个重点，就是使学生学会如何与媒体记者取得初步联系。

本次实训中的难点在于从本单位的工作里发现新闻，并及时写成新闻稿件，联系媒体发表。

二、实训步骤

（一）理论知识提示（45 分钟）

这一部分主要是由老师简单讲述通讯员写稿与投稿的基本要求。

1. 通讯员的角色、优势与作用

通讯员是通讯社、报社、电台、电视台、网络媒体等新闻出版单位经常固定联系或分散于社会各界、随时提供新闻线索的非专职新闻工作人员。其任务是经常为媒体反映情况、提供线索、撰写通讯报道等。

我们对通讯员不作详细分类，但通讯员这个称谓具有非常宽泛的意义，它涵盖所有为媒体提供新闻线索或稿件的人员，作为新闻专业学生，必须知道这一点。比如分散于社会中的广大通讯员，其中有一部分靠一部手机吃饭——哪儿有新闻了，打电话向媒体报料，而且所报料的媒体，远远不止一个，凭借线索奖励以养家糊口；靠一部相机吃饭的通讯员，专门为媒体提供新闻图片；靠一部摄像机吃饭的通讯员，专门向电视台或者网站提供视频录像；靠写新闻评论和专刊副刊文章吃饭的通讯员，他们整天写的是新闻评论或各种文章。

在报纸、电台、电视等新闻媒体中，通讯员队伍最为庞大的是报纸。其通讯员通常来自各类政府机构、企事业单位、党团负责宣传的部门、商业机构，分布范围广，几乎涵盖了各种阶层、各类人群，具有很强的代表性。我国报纸最早的通讯员系统是由上海的《申报》建立的，此报于1872年创立后不久，在杭州设立了第一个外埠通讯员联系站，1875年已扩展到北京、南京、杭州、苏州、宁波等26处。

通讯员是以宣传为中心的媒体时代的产物，随着时代的变化而在职能上发生一些变化。在前苏联时代，他们的通讯员已经形成规模和网络，叫工农通讯员。中国媒体，特别是党的报纸、电台出现时，正是战争时期，战时状态有特殊性：一是媒体的专业人员太少，人手不够用，于是就需要建立通讯员网络，帮助记者做一些事情；二是获得信息的渠道有限，而通讯员是一种有效的补充；三是我们党主要把新闻理解为宣传，特别需要基层和群众的配合与声音，群众办报成为党的一个长期的主导性思想，而通讯员正是这一思想的重要体现。在计划经济时期，群众办报达到了前所未有的热闹程度，通讯员的作用也发挥得淋漓尽致。随着媒体改革进一步深入，通讯员的职能也在发生一些变化，接下来我们会讲到。

国外媒体也有“通讯员”，不过他们不叫通讯员，而叫线人。这些线人为媒体提供新闻线索，“水门事件”中有一个提供重要信息的“深喉”，让尼克松成为美国第一位怕被弹劾而主动辞职的总统，可见线人对于新闻的贡献。特约撰稿人也是西方国家的特殊线人。

就占有社会新闻资源来说，基层通讯员与记者相比，有许多优势：

（1）时效上的优势。通讯员生活、工作在最基层，最了解和熟悉基层的情况，一些重大事件或突发性事件，他们可以以最快的速度深入现场采访，能全面客观地把新闻报道出来。

（2）区域上的优势。通讯员长期生活在一个地区，对这一地区的历史沿革、人文地理、发展变化、风俗人情、名胜古迹等，有全面详尽的了解。这为多写稿、写好稿，提供了十分优越的条件。

（3）行业上的优势。通讯员都有自己的专业工作和专业知识，在采写新闻中对专业知识、行业发展现状，以及存在的问题和解决的方法等，都十分了解和熟悉，更容易把问题看得准、分析得透，更有说服力和感染力。

（4）线索上的优势。通讯员特别是专职新闻干事是一个地区和行业的新闻主管、线索主管，各种事件发生，他们都是在第一时间获取消息，并且能迅速甄别出线索的真假、价值的大小、适合报道的范围等。因此，他们与媒体相比，对新闻线索的利用程度是相当高的，发挥的空间也是相当广阔的。

（5）采访上的优势。通讯员和新闻干事在基层采访，具有人熟、路熟、部门熟、情况熟等优势，更容易深入生活、深入实际、深入群众，采访到更多的、更生动的素材。而且会写、会摄、会上网，一人就可完成采访任务。

正因为通讯员有这么多的优势，因此，他们对新闻媒体的贡献也是显而易见的。概括起来，通讯员有以下几个方面的作用：

（1）拓展报道信息。通讯员工作、生活在基层，他们能及时了解情况，观察舆情，反映群众的呼声和要求，能够写出“三贴近”的稿件，增加新闻报道的信息，丰富报道的内容，为新闻媒体增色添彩。2007 年，某报首开《镇街新闻版》，每周三期，大多数的稿件都是由通讯员撰写的，特别是一些反映农村经济、农民生活等的重点稿，都是由通讯员提供的，而且很多稿件都是图文相配，内容丰富。

（2）增强报道时效。现在通讯手段先进，通讯员手头大多有照相机、摄像机和电脑，早已融入全媒体时代。一旦发现新闻，马上可以记录下来，在第一时间发送给新闻媒体。如某通讯员在得知“河上惊现豹影”消息后，及时去拍摄留在田地中的豹子脚印，报道时图文配合，获得了较好的新闻效果。如果记者等到“报料人”报料，再打车赶赴现场，恐怕已是时过境迁，报道效果就会受到影响。因此，在全媒体时代，通讯员的作用更加明显。

（3）节约报道成本。通讯员积极为新闻媒体写稿、投稿，拍摄新闻片子，对新闻媒体来说，这样可以节省人力、物力。媒体只需将报道意图交代清楚，让基层通讯员去完成，如此一来费用就会大大减少。

（4）集中报道力量。新闻媒体发挥了通讯员的积极性，通讯员就会源源不断地给新闻媒体写稿、投稿，记者们就能腾出时间和精力，集中力量做一些主题报道、深度报道，还可以有足够的精力去打造精品，提升新闻媒体的报道质量。①

近十几年来，在媒体格局发生重大改变和媒体竞争日趋激烈的条件下，

---

① 姚建玲：《全媒体时代通讯员地位与作用——从萧山日报社强化通讯员队伍建设说起》，载《中国地市报人》2011 年第 7 期。

通讯员的角色、观念、知识结构和新闻采写方式，都在经历一个重大转变。其转变的方向是：市场经济意识强了，其中最主要的是有了强烈的供需关系意识，就是说，他们认真地对待和研究媒体的需求，给媒体提供合适的产品；他们的专业意识、专业化、专家化程度高了，时间长了，他们对新闻的操作至少有半个记者的水平；在政策水平的基础上，个人的思想水平和独立见解突出了；和媒体的交往在经常化、朋友化的基础上，形成了共同研究问题、共同探讨题目的新型伙伴关系。

2. 通讯员要经历三个“超越”

（1）超越“单位人”，成为一个准媒体人。在我国，一般来说，人都是属于某个单位的，而不是孤立的社会人。所以，写稿子的出发点，一定要从本单位出发，我们称之为单位利益，这是正常的，也是通讯员必须遵循的原则。所以，通讯员的单位人角色，决定了通讯员的单位意识非常强。单位的需求、领导的喜好，往往就成了通讯员写稿的着眼点。

但是现在的情况是，单位的需求、领导的意志，和媒体自身的需要有时往往是矛盾的，甚至是冲突的。媒体要新闻，单位要宣传，二者结合得好，就是好新闻，结合得不好，就成了在两股道上开车。随着媒体市场化、专业化程度的提高，这一矛盾越来越突出。但这个矛盾是有办法解决的，方法就是在单位人的基础上，再加一个媒体意识。

通讯员要明白自己是一个“两栖人”，集单位人和媒体人于一身，因此必须在自己的意识中，确立双重标准，必须“一人两制”。通讯员的媒体意识，指的是要像编辑记者那样考虑问题，以一个编辑记者的高度来采写稿件，努力寻找到单位需求和媒体需求的结合点、平衡点和切入点。对通讯员来说，单位的事情，只能当成素材看待，而思想和主题，必须是媒体的，是立足于媒体来设定的。在此意义上，才是将单位人和媒体人统一起来了，这时通讯员就是一个记者，就是一个媒体人，区别不过在于通讯员是编外的，记者是编内的而已。

（2）超越“系统人”、“行业人”，成为一个专家型人才。每个人都逃脱不了社会分工，所以，只要参与到社会中来，每个人就一定要有个身份，个人属于单位，在单位之上，就是所属的系统。比如，记者编辑和通讯员就是一个系统，属于新闻界人士，或者再宽泛一点，属于吃文字饭的人。每一个系统都有其专业性，这也是这个系统的人的优势所在。作为通讯员，不能满足于当个普通的报道干事，不能再简单地将自己视为一个普通的、和其他科室等同的机关干部，而是一个对所在系统钻研很深的专家，要成为所在领域、所在行业的业务专家。

媒体对专家型人才的需求是无法逆转的。通讯员要注意到这种历史性的变化趋势，努力将自己打造成专家型的通讯员和作者。比如财经类媒体现在大量地采用特约撰稿人的文章，《经济观察报》、《21 世纪经济报道》、《中国经营报》等，都不是只靠自己的记者，而是通过与经济咨询公司、自由撰稿人、经济学家等的合作，来完成报道。

(3) 超越“业余写作人”，成为一个具有相当水准的写家、写手。所谓“业余”，有两个含义。一个是指在时间上不是全天候的意思。实际上，这未必是劣势，全天候记者有任务压力，通讯员则没有时间和任务上的限制，相反，倒有时间来打磨自己。“业余”的第二个含义是指水准。随着时代的发展和人的全面进步，只要是想在新闻这个行当上有所作为的通讯员，一定有机会逐步摆脱业余的水平。①

写作对于通讯员来说几乎是第一重要的事情。如果没有对新闻事业和文学的一份热爱，想做好通讯员工作，是比较困难的。所以，作为一个通讯员也好，作为一个记者也好，在感情上、意识上都不能满足于业余，一定要尽可能地用心和投入，通过对新闻和文学的热爱，而提升自己的心灵品质，为自己的新闻通讯生涯、文字生涯打下一个深厚的基础。

3. 稿件如何“投”其所好

作为一名基层通讯员，稿件如何能够打动编辑芳心，得到他的青睐，使自己的新闻或者文章变成社会作品，是每一个通讯员孜孜以求的目标。一般来说，编辑拿起一篇稿件，大概浏览一遍，也许只要 2 ~ 3 分钟，就可以对你的稿件作出判断，判断你的稿件是可用，修改后可用还是不能用。那么通讯员写的稿件如何在这短短的两三分钟内得到编辑的垂青呢？除了要掌握不同新闻文体的写作技巧外，还要注意以下几点：

(1) 研究报纸风格，对“味”投稿。基层通讯员的稿子要在报刊上露脸，提高命中率的最好办法是多研究目标报纸。每个媒体都有自己的读者群体，同时也会形成自己的媒体特色。如在语言文字、定位、受众结构、采稿倾向上都会形成自己的独有风格，这种风格是其他媒体无法比拟的。比如党报党刊以严谨严肃见长，晚报、都市报以群众喜闻乐见、活泼生动见长。通讯员要多研究报纸的版面、风格和读者定位，还要研究好稿子一般是从什么角度切入的，刊登的稿件侧重了哪些环节等。但即使是党报，稿件也要少写

① 包临轩：《媒体新趋势与通讯员角色的转变（上）》，http://blog.sina.com.cn/s/blog_4b20b98001000bc7.html，2011-04-15。

那种公文式、流水账式的东西，得抓新闻、细节、带有真情。

例如，在保持共产党员先进性教育活动中，某医院组织16名党员志愿者到刚刚经历水灾的某地区送医送药。通讯员给报社传来了一篇稿子，短短500字只说捐了多少药品，去了多少医生，看了多少病，唯一能提起兴趣的故事也只用干巴巴的两句话描述："我们的党员全然不顾，一心只为前来就医的群众细心检查和耐心解答"，"这位妇女十分感激，连声道谢"。因为这一活动是在灾区人民重建家园的过程中送去的"及时雨"，记者敏感地意识到里面肯定还有东西可挖，便在第一时间驱车赶到该医院补充采访。在采访一线医生时，记者发现很多感人的细节被遗漏了。比如：骨科博士通宵连做两台手术，顾不了归家就奔赴灾区；妇科医生中暑晕倒，被同行救醒后继续治疗病人；医疗队还没出现，群众就早早等在古榕树下，有的还是赶了两小时山路来看病……这些能让人心中一颤的细节、医患对话补充进去后，文章立时血肉丰盈，从一个"被毙稿"变成了能发半个版的好稿。

（2）看准媒体栏目投稿。每个报刊媒体都会有自己的栏目，看栏目投稿对通讯员来说尤其重要。通讯员在写新闻稿件时一定要树立"栏目意识"，也就是要对每个栏目读熟、读透，把栏目的用稿要求熟记于心，要在心中始终以栏目作为写稿的指向灯。

栏目意识要达到何种程度？一般而言，就是所写的稿件在投出去时你就要清楚这篇稿件会在哪个栏目发表，然后你只要留心这个栏目就行。如果连你自己都不清楚稿件会在哪个栏目发表，这样的稿件命中率是很低的。

（3）稿件立意要深刻，紧贴时政。基层与机关相比，其稿件的政策性、全局性、重大性肯定缺乏优势。但这不等于说，基层发生的新闻写不出有指导性、借鉴意义的稿件。有人说，老百姓的命运是社会进步的风向标。包括《人民日报》在内的各级媒体目前的办报思路都强调找到重大事件的微观切口，找到社会变迁和普通人的关联度。通过一个普通老百姓的丰富质感的生活，对重大的社会现象进行理性的阐释，反映新闻事实的潜层信息、因果关系和发展趋势。

当然，通讯员身处基层，当地发生的一些新闻事件是否具有向全市、全省宣传的意义，这是他们最不好把握的。通讯员和记者在这类稿件的采写中通常会形成某种分工合作。即由通讯员收集新闻素材，记者紧贴时事、政策深化立意。比如，某医院通讯员来稿，反映医院发生了病员家属欠费弃尸的事件。后来记者就此事件写出《医院救病人　谁来救医院》的稿件，以这一荒唐事件为蓝本，引申到医疗欠费给各级医院带来的沉重压力，呼吁真正理解救死扶伤。对此《人民日报》用整版的篇幅进行了刊发。其实只要我们细心观察，就会发现“中国新闻奖”也特别青睐这些以小见大的题材。如：《昆山31万农民刷卡看病》（第15届中国新闻奖消息一等奖，2004年3月4日发表于《苏州日报》）、《兖州：两亿吨大煤田不挖了》（第17届中国新闻奖消息一等奖，2006年11月24日发表于《大众日报》）、《中国早期共产主义运动又一重要档案解密：91年前的今天，中国最早的共产主义组织在重庆诞生，本报获准公开发表〈四川省重庆共产主义组织的报告〉》（第22届中国新闻奖消息二等奖，2011年3月12日发表于《重庆日报》）。

（4）写好消息的标题和导语。消息是通讯员经常使用的一种体裁。标题是新闻稿件的眼睛，也是编辑最先接触到的新闻内容。制作一个好的标题，稿件就成功了一半，这也就是新闻稿件的“题好一半文”的意思。所以一个优秀的通讯员总会在制题上下功夫。

关于标题的制作，是记者、编辑、通讯员一生不可停歇的追求。一要多读书，包括大量诗词歌赋；二要多留心报刊标题，不断积累制作标题的方法；三要接地气，在你工作的单位或者领域，认真研究工艺流程、产品特色、工作特点，甚至花鸟虫鱼，上知天文地理，下知鸡毛蒜皮，这样才能在标题制作上逐渐达到游刃有余、炉火纯青的地步。只要制作了一个好的标题，你的稿件也就向成功迈进了一步。

如某通讯员的标题《小贷款催红草莓大产业》，标题中采用了“小”与“大”的对比，并采用了“催红”的拟人修辞手法，“红”字一语双关，“催”又使整个标题有了动感。小贷款则揭示了银行放贷与农民种植的相互关系，暗含农村由小农经济向集约生产发展的大背景。10个字的标题采用了4种文字和修辞元素。这篇稿件虽然在内容写作上还有不足，但因为一个好标题而获得成功，稿件投出后被多家媒体采用。所以，通讯员一定要注意制作好标题，这是稿件成功的第一步，切不可草草而就。当然标题制作并不一定要很有文采，有时只需要平铺直叙，这主要是依情况而定。

导语是新闻的开场白，也是吸引编辑继续看完稿件的重要一步。所以通讯员在导语上也要费点工夫，让编辑看完导语就能对文章内容有基本了解。同时导语一定要传递好文章最有价值的信息，这一点一定要注意。当然导语形式有多种，具体采用哪一种要视情况而定，切不可生搬硬套。关于导语，在消息写作实训部分已经讲过，请同学们参见这部分内容。

（5）善于“结合”以引起与编辑的共鸣。这主要指的是通讯员要善于将社会热点与单位工作结合起来做文章。结合点的灵感产生主要是多观察、多读报、多思考，处处留心皆学问，这样写出来的文章总会与编辑所需要的稿件不谋而合，稿件被采用也就是自然而然的事情了。如某信用社的通讯员发现现在农民通过传统农业增收已经很有限，而中央提出了“以工促农、以城带乡”的思路，刚好信用社在这方面做得不错，他就从这个角度写信用社的支农工作，切合了当前形势，角度独特，也有新意，随后所写的稿件《信用社助无望“两栖农民”家门口就业》被多家媒体采用。①

（6）瞅准时机投稿。现在的报刊实效性很强，时令性也很强。如何增强稿件的命中率，就要在瞅准时机上做文章。比如在三八节来临之前，写一篇妇女工作的新闻报道；提倡和谐社会时期，写一篇如何支持建设和谐社会的文章；先进性教育活动期间，写一篇先进性教育的新闻稿件。这样命中率会有所提高。当然，这需要通讯员具有发现新闻的能力，而不是为了配合而配合。

另外，在写稿时还有一些细节要注意：

第一，消息头有讲究。先留出记者署名位置，再写“通讯员”三个字及姓名。形式即：本报讯（记者×××　通讯员　张工）。如果觉得自己在这一采访写作中做的事比较多，或与记者之间是朋友，也可以把通讯员的名字写在记者前面。另外，通讯员不一定只与记者打交道，还与编辑部里的编辑打交道，与编辑打交道，稿件可单独署名。在新闻性专版或者服务性专版上都可以直接署名，即不加“通讯员”三个字。

第二，行文语气处理。通讯员稿件行文有两种语气，一种是记者语气，另一种是纯通讯员稿件，行文语气自称“笔者”。与记者一起署名，可用记者语气，如，“记者了解到”。如果通讯员单独署名，新闻内容要尽量客观地叙述，尽量不出现“笔者”字样。若实在需要以通讯员身份行文，用“笔者”二字为好。

例如：

“小算盘”打出“大效益”

本报讯（通讯员　王汉清）3日，法泗财政所工作人员来到鲁湖南岸的花莲湖公司，走访公司的种养殖农户。农户刘汉波说，自养鱼改种水稻，纯收入加上国家粮补，比养鱼时翻了一倍，达到年收入10万元。

---

① 陈连华:《稿件如何打动编辑“芳心”》,http://www.qstheory.cn/lg/bdwl/201109/t20110902_107499.htm,2011-09-02。

全文没有出现“笔者”字样，新闻也很具可读性。

(3) 真实、客观、公平、全面。即便是表扬稿，也要注意不因表扬某一人而伤害其他人。一篇新闻得以发表，在社会上的反响是抽象的，即，人们只看事实，不会对号入座。而在新闻当事人的单位，一篇新闻往往会引起极大反响，或者是“我们单位又上报了，又上电视台了”，或者是“那个新闻完全是胡说八道”。因为可以找到通讯员本人，而且稿件的负面影响，可能扯皮扯上好长时间。所以通讯员即便是为了自己的清静，也应该把新闻做得真实客观一些。

(4) 在新闻最后留下详细的通联地址、作者本名，有的媒体还需提供身份证号码，以便媒体汇寄稿费。

4. 如何与媒体记者和编辑取得初步联系

对于一份报纸，至少得关注三个地方：

(1) 报眼位置。很多报纸在报眼登出新闻热线。通过新闻热线与记者编辑取得联系；

(2) 各版报眉，均有编辑或者记者联系方式；

(3) 报纸头版的报脚，有各编辑部电话及信息。

对于电视，应注意新闻画面底下的飞字，通过这些信息联系记者编辑。

对于广播，应注意编辑部联系方式。

通过这些，再与记者和编辑个人取得联系，最后成为朋友。

(二) 选题汇报 (45 分钟)

在以前的课程中，训练过把别人单位的工作变为新闻，那是以记者、编辑的身份。本次实训目的是发现本单位的新闻，或者把本单位的工作变为新闻，再用通讯员的身份写稿投出去。因此，在角色上不一样了。这个环节要求学生以本校通讯员的身份去发现新闻，提前做好选题，带到课堂来讨论，老师进行现场点评。

在选题的时候要注意以下两点：

1. 宣传（形象、产品）与新闻的关系（如何将工作变成新闻）

有些通讯员有时将新闻与宣传混为一谈，当成一回事，其实，新闻与宣传有共同之处，也有不少区别，搞清两者的不同含义，有利于提高通讯员新闻写作水平。

新闻报道是对新近发生事件的客观报道，它强调的是客观性，一起事件的发生可能会有重大的新闻价值，但它不一定有宣传价值。例如，某企业发生了重大事故，某人牵涉腐败而“落马”等。

宣传报道带有较强的主观性，有些甚至完全是主观意向，如广告宣传、散发利于个人的某种信息等。在现实社会和企业中，许多事件的发生有其宣传价值，但不一定有很大的新闻价值，如企业召开职代会、制定的规章制度等，企业要向职工传达职代会精神，落实规章制度，就需要宣传为企业服务。所以，这类事件对本单位来讲，有较高的宣传价值，但对社会而言，其新闻价值就不是很大了。

还有一些事件，既有较高的新闻价值，也有较大的宣传价值，例如，某井队刷新了工区钻井周期纪录，某公司开拓了国际市场，某企业举办重大的公益事业活动等。对这些事件的报道，完全可以利用其新闻的价值，达到宣传报道的目的，这也就是新闻与宣传的相同之处。

新闻报道侧重于客观事实的报道，是说真话、讲实事的，大家都爱看《参考消息》报，因为它能较客观地评价新闻事件，从新闻的视角采写新闻，用新闻的语言诠释新闻，多角度、多侧面，力求公正报道，满足了人们对新闻事件真实性的需求，所以受到大家的欢迎，拥有众多读者。

新闻价值的高低，可以用人们获得的欲望程度和渴望得到新闻的人数多少来衡量，也就是说，人们获得新闻的欲望程度越高，人数越多，其新闻价值就越高，反之，则越低。新闻价值还与环境有关，在企业内部发生的事件有其新闻价值，在企业系统大环境中可能就没有价值。如某企业举办一次普通的培训活动，写成稿件发表在单位内部刊物上是可以的，但要发表在公开刊物上就很困难了。

要做好单位的宣传报道工作，在对新闻事件的报道过程中，应多用事实说话，借用新闻达到宣传报道的目的，去除主观意向，不要有太浓的宣传味，要将宣传报道写成新闻报道，不要把新闻报道写成宣传报道，文章中少些官话、套话、空话，只有这样，你的作品才会有人看，你的稿件才会有较高的上稿率。

2. “单位利益”与“媒体利益”的关系

通讯员内联单位领导，外联媒体，在单位与新闻媒体之间穿针引线，宣传和“灭火”都是他们的分内事，这些事都关系企业的整体形象、产品销售，因此任务重大。

通讯员吃的是单位的饭，对单位负责是情理之中的。对于单位利益，我们强调“在不违法违纪的前提下”，维护自己单位的利益。但如果单位的做法确实违法违纪了，通讯员应该如何做呢？比如矿难发生了，领导要瞒报死亡数据；往奶粉里加三聚氰胺，单位的人都心知肚明；单位领导要用 PS 技术合成一张自己与国家领导人的合影，这些通讯员都知道，可知道了又该怎么办呢？一味维护自己单位的利益，也许保住了眼前，但这些事件最后的发展都不以单位自己的意志为转移，最后会变得不可收拾，单位领导人被绳之以法，企业因此倒闭，职工大量下岗。通讯员自己只怕也“毛将焉附”吧。

通讯员是单位与媒体间的桥，是处理危机事件的专家，他们最清楚媒体的运作，他们也最清楚危机事件处理不当会给企业带来什么样的伤害。当眼前利益与单位的长远利益发生冲突时，与其让问题发展到不可收拾，不如在苗头初露时直言劝谏，拼死反对那种违法违纪的行为，拼死反对坑害消费者的行为。当时看起来可能是与单位离心离德，但是，如果通讯员正确的建议取得成效，就不会出现闹到不可收拾的局面。从这个意义上说，阻止甚至揭露单位违法违纪的行为，是为单位的长远利益着想，是放弃自己功利的无私作为，是明智的做法。

当然，我们不是提倡通讯员把单位的任何负面新闻都捅向媒体。我们提倡的是在关键时刻救企业，除了动用危机公关技术，更多情况下要做好单位领导的参谋，给领导讲清一个小的负面事件如果变成新闻事件可能造成的后果，权衡轻重得失，不为眼前利益所误，把单位的长远利益放在第一位，这样的通讯员千金不换。

（三）学生根据敲定的选题自行采访（90 分钟）

选题敲定后，学生开始深入实地进行采访，采访中要拍些照片，以备组版所需。不得在网络上下载现成稿件，但可利用网络搜集与选题有关资料以备采访。采访时间在 45 分钟内，不够的由学生利用午休时间采写。老师提醒学生注意采访中应注意的问题，并进行电话指导。

（四）写稿与改稿（180 分钟）

采访完成后，学生到实验室将自己的采访材料写成新闻稿件，以通讯员身份署名。随后，老师对学生的稿件进行逐一指导，帮助修改。

（五）组版（150 分钟）

组版时，要求将自己采写的稿件作头条，配一幅图片。版面所需其他稿件及图片由自己提前准备好。

三、作品赏析

忽悠引发群访　法院应急救场

本报讯（见习记者袁黎　通讯员江霞　实习生李琰培）14名群众被忽悠买房，交付近百万元首付款一年多后却发现房子寸土未动，愤而将房产开发方告上法庭，并欲群体上访。

记者昨日获悉，江夏区法院对此案迅速启动“重大案件社会稳定风险评估”机制，经公检法联合办案化解这一群体性事件。

2008年11月，江夏区陈先生等14名群众到区法院，起诉武汉市城北房地产公司及一名姓王的开发商。此前一年多，王某对外称他将要开发城北公司“昌南新居”房产项目，并开始预售，陈先生14人先后交付了91万元首付款，“但时至今日，交房期限早过，而那块地上的房产寸土未动”。

陈先生等人找王某要求退款未果，向法院起诉。江夏区法院受理该案后，意识到该案有群体上访风险，迅速启动该院“重案风险评估制”，快速审结。

去年初，案件审理完毕又陷入执行困境：王某银行账户无可执行财产。打赢官司的陈先生等人再次不满，法院按照风险评估机制，联手区公安局、检察院和信访局，最终将部分款项予以先期执行。同时，公检法联合办案认定王某已涉嫌犯罪，将其刑拘。

江夏区法院昨向记者介绍，“重大案件社会稳定风险评估”机制，是指涉案一方当事人在5人以上，或案情复杂、矛盾突出，可能引起群体性事件和上访的各类案件，都必须在立案后15日内建立风险评估档案。

（据2010年3月28日《楚天都市报》）

这篇报道中的通讯员江霞，是笔名，谐音江夏。“她”是谁呢，我们推测，很可能是江夏区委宣传部的工作人员，或者就是江夏区人民法院的新闻通讯员。这是他们的工作报道。为什么用笔名呢？这里涉及开发商的问题，在一个区里，怕报道之后不方便，于是用了笔名。

两女子"闪婚"一个嫁给精神病　一个丈夫很暴力

本报讯（见习记者袁黎　通讯员安阳　实习生李琰培）"因婚前缺乏了解……"上周五，家在江岸区的两名女子相继向法院起诉离婚，诉状中均是如此开场。受案法官就此提醒，快节奏生活、自由度开放的现代生活下，婚姻大事仍需慎重取舍。

生于1987年的秦云（化名）是外地女孩，去年底经人介绍认识武汉男子封生（化名），去年12月相识仅一月后两人就走进婚姻殿堂。婚后不久，秦云才发现丈夫举止诡异，日常生活中提出古怪要求：妻子必须以笑容相对并得笑出声，以证明她过得开心。"他还经常无故谩骂、砸东西"。后经调查才发现，封生曾患有精神疾病，并有过长时间治疗。

秦云提出分居，没料想封生用刀、砖头自残，吓得秦云只好躲回娘家。

另一名提出离婚的女子李婉则称，2008年年底在网上认识丈夫吕均（化名），相恋半年结婚，小夫妻还曾签下婚前协议："不管谁对谁错，只要一吵架，男方必须先轻声哄女方一次。"但实际生活中，李婉才发现丈夫有家庭暴力倾向，自己也因此多次写下遗书轻生，被救。

法官称，离婚案有待开庭进一步审理，但从受理大量年轻人离婚案来看，所流行的"闪婚"现象值得深思，神圣的婚姻还是得慎重抉择，毕竟是一辈子的感情相依。

（据2010年4月18日《楚天都市报》）

这则消息中的通讯员安阳，可能是江岸区法院的通讯员，由他提供新闻线索，供见习记者采访。

四、实训作品问题诊断

我们在多年的实训中发现，学生实训作品存在大量问题。

一是题材小，稿件反映的大多是学校内发生的一些缺乏宏观价值和普遍意义的事件。

二是"大路货"，稿件缺乏"个性"，重复报纸上已经报道过的一些东西，缺乏新观点、新角度、新侧面，给人千篇一律、千人一腔的感觉。不是所有社会事实都是新闻，离开了"价值"，也就没有新闻意义了。有的学生不爱动脑子，对于文章构思、谋篇布局、思想和问题的提出，总是走老路、炒剩饭，自己重复自己，自己抄袭别人。在某个媒体上看到别人写了某件事，自己也“依样画葫芦”。

三是求全，稿件面面俱到，成绩、经验、做法、问题、打算一应俱全，洋洋洒洒，事事涉及，唯独没有新鲜的东西，或是把新鲜的东西淹没在冗长的文字之中，别人要花很大的劲才能寻觅到。

四是空洞无物，稿件堆砌了许多概念，缺少扎实的事实与材料，不是用事实说话，而是用空泛的概念说话，像“做报告”。新闻与材料、报告的最大不同是新闻鲜活，有现场性、生命力。新闻靠事实说话，不宜过多地评说与议论。有的稿子有多重主题、有多个例子，让人看了不知道究竟要告诉读者什么。有的语言不简洁，套用总结汇报材料，如“一是……，二是……，三是……”，“强调一个×字，突出一个×字……”，实际上，这是弥漫着腐气的“八股”味道。基层通讯员在写稿时，切忌全篇讲大道理、作报告，没有丝毫可读性。新闻专业的学生，将来有不少人会成为通讯员，更要注意这方面的缺陷。

五是无的放矢。写文章是给别人看的，要引起读者的共鸣或者是心灵的震动。因此，在构思的时候还要考虑目标读者的定位：我这篇文章是写给谁看的？看这篇文章的读者特点和需求是什么？如果在写稿时没有真正地把握好读者对象，没有把握读者的心理需求，那么就会使自己的文章“无的放矢”，就不可能受到读者的欢迎。学生在写稿前往往不注意这些问题。作为一名合格的通讯员，在写稿前，不妨想想，这篇稿子要寄到什么地方，想发表在什么栏目中，然后再根据报刊及栏目要求选择成文方式，这样才会有的放矢，用稿率才会高，要做到这一点，必须对想要投稿的报刊的类别、性质、特点、重要栏目等，有个大致的了解。

我们重点阐述了报纸通讯员如何写稿，其他媒体的通讯员联系媒体编辑记者、拍录新闻作品的操作方法与思路和报纸通讯员大体相当，此处不再细说。

思考与练习

1. 以通讯员身份写一篇新闻稿，然后模拟给媒体记者投稿，并在文前写几句沟通的话。

2. 发现本单位新闻，采写之后，投给相关媒体。如能发表，请收集刊物，仔细对照原稿，琢磨编辑改动的地方，想想为什么要这样改?

3. 认真阅读《人民政协报》通讯员写稿注意事项，从中得到一些启发。

4. 请仔细阅读《人民政协报》通讯员写稿注意事项，举一反三，思考通讯员写的哪些稿件不受媒体欢迎？并用新闻理论解释为什么这些不是新闻?

《人民政协报》通讯员写稿注意事项①

1. 稿件务必发公共邮箱：zxb-tlb@ vip. 163. com，发个人邮箱的稿件一律不处理。

2. 意见建议发在论坛上：地址是 http：//club. xilu. com/zxbtlb2009

特别提醒一：来稿方式

1. 邮件格式：在邮件主题处要写清省、市、县、区名称；写明政协、统战、党派名称；写明稿件简要内容，以便我们及时处理。

2. 稿件格式：请在稿件第一自然段前写“本报讯”，将写稿人姓名署在文章最后括弧内。后附邮政编码和详细地址。联系方式留固定电话和其它联系方式。

范文：

成都新都区政协为农业又好又快发展支招

本报讯 3月19日，四川成都市新都区政协组织部分委员对全区设施农业发展情况进行了调研，并听取了区分管领导对全区设施农业发展情况的通报。(写稿人姓名)

地址：请详细写明省（自治区)、区、市、县名。

邮编：

电话：固话和手机号。因有些稿件内容需要补充或核实，所以要留下能随时找到稿件执笔人电话。

写稿人职务：

3. 请注意来稿字数限制。

简讯稿300字；

消息稿400至600字；

通讯稿1200字内。

特殊稿件请来电询问。

---

① http://club. xilu. com/2xbt1b2009/msgview-998326-177. html,2013-07-15。

特别提醒二：写稿注意事项

1. 一定要突出政协统战特色。

2. 写稿时，请多参考本报一版、二版、三版政协统战见报稿件写作方法，改进写稿方式。

3. 写稿时要抓住重点，说清问题，不要把观点建议面面俱到全部写到，应提炼主要内容。

4. 不要将政协统战系统的发言稿或总结稿直接发过来，适合作为新闻发。

5. 稿件中不要出现，一如何、二如何、三如何等，要将各种内容综合，整理一下，用新闻语言写作，突出新闻价值。

6. 稿件标题及内容中不要用“五新”、“三促进”等词语，用其它文字代替或者找其中的重点内容代替，直接写措施即可。

特别提醒三：稿件内容要求

1. 会议消息，不要写出席领导，本报不发地方政协统战领导的程序稿件，所以突出内容即可。

2. 单纯研究政协机关工作的会议消息不发，需要有主题的会议消息。如主席会议研究建议案，常委会议研究党委会议建议案等。但会议是研究政协创新履行职能方式的可发。

3. 视察、调研的座谈、讨论等消息，要突出讨论内容。要抓一个方面内容展开，说透。不要面面俱到。要选择全国普遍关注的经济社会问题或者对地方经济社会发展有推动意义的内容。

4. 本报较少发人物稿件。所以建议多写些当地政协统战事件性新闻。要与政协统战相关的。通讯要突出政协统战特色。政协或者党派建议或者提案发言均可。

5. 所有稿件一定要有事实依据，稿件所用素材要有事实根据。

特别提醒四：稿件质量要求

1. 稿件一定要在“新”、“亮”、“活”、“丰”上下功夫。

(1)“新”意：因为政协统战工作有重复性，各地每届政协都有创新，但通过本报报道，各地方会借鉴一些好的经验，作法经验难免出现同质化，所以一定要注意新的变化。如，当地党委、政府就加强政协工作出台相关规定时，一定要选择其中与以往不同的几个新内容写，其它一笔带过。否则与其它地方的内容一样没有新意，会影响稿件采用。

(2)“亮”点：就是地方政协横向与其它政协相比，纵向与自己相比有所突破的工作情况。如地方政协改进的视察调研方式、创新的履行职能方式、拓展的参政议政方式、完善的民主监督方式等均可作为素材。但要与众不同的，不要相同的。

(3) 鲜“活”：写新闻稿时不像写公文，文中要有具体事例，要有现场的讲话，现场动态场景、对话等，使稿件看起来生动活泼。许多来稿，一眼就能看出是根据调研报告或者是视察报告等改编的，后者缺少新闻性。

(4) “丰”富：稿件要有丰富的层次，改变文章通篇是一种语调和格式的情况。不要整篇稿件下来都是某某说、某某建议、某年、然后等。文章起承转合要丰富一些。另外，选择的题材、素材都要丰富。不然不足以支撑一篇好的稿件。题材可以是政协统战的多方工作。素材可以是近期的，也可是近一段时间的，要能使文章看起来更饱满。

2. 希望对新闻写作感兴趣的各地方政协通讯员踊跃写稿，特别在写作方式方面大胆创新，根据当地政协、统战、党派工作特点，采取灵活多样的写法充分报道地方政协统战工作。

3. 可借鉴地方都市报的写作方式或者经济类媒体的开头、文中起承转合和结束方式。要把政协新闻写活。或以当地媒体报道的政协统战新闻为基础，结合本报稿件要求，了解最新情况后补充内容，重新组合稿件。

4. 因通讯员多是地方政协统战部门工作人员，所以特别注意在写作方法上避免公文式写作方式。

5. 在内容不变的情况下，往往新颖的写作方式容易被采用。但内容选择更重要。一定要选择对突出稿件主题贡献大的素材，不要什么内容都选，不然会出现主题不突出，不知所云的状况。

特别提醒五：新闻报道策划性

1. 写稿前可先来电咨询本报最近的报道内容和方向，以便有针对性地写稿。来电时，请详细介绍活动内容、活动主题及活动时间。

2. 因地方政协统战部门都会有计划地安排每周或者阶段性工作任务。如方便请通过邮件及时发来你们一周的工作时间表或者是近期的调研、视察时间和主题，以便我们根据报道需要与您联系，确定写什么类别的稿件。

3. 一些地方政协统战部门通过多年探索，积累了许多宝贵经验，如果您觉得一些经验是创新的，取得成效的，可与我们联系。

特别提醒六：新闻稿件类别

1. 除消息外，重点建议多写视察调研的特写、侧记和通讯。即多些鲜活、动态的现场新闻。本报来稿中此类稿件较少，写得好自然更容易被采用。

2. 还可围绕政协或者党派、统战部门几年的特色工作，写综合类稿件。写综合稿件时，要写政协、统战、党派推动力度大的、取得成效的、对当地经济社会发展影响重大的、当地党和政府重视的事情。此类稿件不好把握，建议来电询问。

3. 可发来政协统战视察、调研、慰问图片。

特别提醒七：稿件的时效性

1. 切记写稿时注意稿件的时效性。当天发生的政协统战会议、视察、调研类消息稿，只要突出参与者围绕主题提出的意见建议即可，此类新闻应当天写来稿件。不然，过时效后很难再发稿。

2. 视察、调研现场的特写、侧记等通讯类稿件也应在当天发来稿。写政协、统战、党派工作经验类稿件消息应及时发稿。综合类大的通讯类稿件可根据情况缓发。

特别提醒八：政协新闻选择提示

1. 可写一些政协提案、调研得到落实的稿件，或者促进当地经济社会发展的提案建议稿件。

2. 提交政协的党派提案发言等。内容是当地经济社会发展中的大事或者是在全国有普遍意义的事情。

3. 写地方政协的全会、视察、调研、常委会，主席会议议题。但要突出内容，不要写出席领导。本报不发出席领导。如果调研、视察主题、常委会议建议案适合当下的大家普遍关心的国计民生话题，可选择其内容写消息或者现场特写和通讯。如果内容一般，突出调研视察主题写消息就行。要简单明了。

4. 可选择当地政协多年来一直关注的一个主题写通讯，但要言之有物，不要写一些文件上的话，要突出主题，围绕政协几年的履职过程写深、写透。

5. 可写当地党委和政府重视支持政协工作的内容。可写提案信息如何得到政府部门重视，进而采纳的。过程精彩的把过程写精彩些，没有的话可写消息。

6. 可写当地党委和政府领导到政府视察时的对话或者对政协工作肯定的现场。可写得活一些。但要突出重点，不要写套话。

7. 政协委员的精彩建议、提案建议或者视察、调研或者参加会议时的好建议也可发。但关注的问题要与当下社会关注的问题相结合。要突出问题和建议部分，条理要清楚。

8. 政协经验类稿件。独特的工作方法，履职方式等。

特别提醒九：统战新闻选择提示

1. 您如果是统战部的工作人员，建议多采写一些与统战工作有关的具体新闻。统战工作的12个方面工作均可写。如加强党派工作、无党派人士工作、民族宗教工作等。宗教工作内容要少写。

2. 党派的同志请将各党派市委的调研报告写成建议或者其它类别新闻。每年党派都确定许多题目进行调研，可跟踪调研进程写相关稿件。

3. 各党派每年的调研很多，可选择一些调研作跟踪报道。要突出主题，不要写参加的领导。突出党派或者党派成员的建议。

4. 可选择某些党派多年关注的一个话题写成通讯，要层次分明，条理清晰。写几年间就一个问题的多个侧面展开的调研、视察，或者写取得的成效，即得到重视或者落实的情况。

5. 你们认为值得宣传的一些统战部门的会议、党派的座谈会等均可写成新闻。但主题要与当前的社会关注点相吻合，或者对地方经济社会发展有重大影响的课题均可写。

实训八

述评新闻

一、实训目的及要求

本次实训的目的，是让学生了解新闻述评体裁的概念、分类、写作方法等内容，要求学生根据选题，收集新闻素材，客观、理性地整理资料，最终撰写一篇符合规范的新闻述评。

二、实训步骤

（一）理论知识提示（45 分钟）

新闻述评是新闻媒体常用的一种新闻体裁。随着社会对新闻报道的需求愈来愈趋向深层理解、理性认识，以新闻述评这种体裁形式出现的新闻作品越来越受到受众的喜爱及媒体的重视。

理论讲解部分主要是教师带领学生共同回顾新闻述评的相关知识点，重点介绍述评写作的注意事项，并结合案例分析述评写作的特征。

1. 什么是新闻述评

新闻述评，又称记者述评或述评新闻，简称述评。是针对现实生活中的重要问题、热点事件而释疑解惑的一种文体，是介于新闻和评论之间的一种夹叙夹议、事理交融的新闻体裁。有专家说它是“以事实为基础的评论，以评论为核心的新闻”，可见它的特点既不是纯新闻，又不是纯评论。

以一般新闻报道的事实为述评对象，新闻述评兼有新闻与评论两种作用。新闻述评不只报道新闻事实，还需要对事实进行必要的分析、解释；或者对某种形势、某个带普遍性的问题发表意见和看法。新闻述评可以及时剖析新闻事件，揭示事物或形势的特点、本质和趋向，用以指导实际工作，达到启发、引导受众的目的。

新闻述评最突出的特点就是“述”与“评”的相映生辉。如果说新闻消息满足的是读者对新闻事实知晓的需求，新闻评论是借新闻生产观念满足受众的追问需求，那么新闻述评满足的就是读者对新闻事实进行态度判断的阅读愿望。受众通过新闻述评不仅仅能了解发生了什么事情，还能进一步了解信息背后的态度成分。如果说有价值的新闻消息能够让读者“眼前一亮”，那么，有见地的新闻述评，就是让读者“心头一亮”。

新闻述评一般都是抓住社会中具有普遍意义、亟须解决的问题而选题的，通过选取具有新闻价值的事实、采取评述结合的方式，综合分析问题，揭示事物本质，因此，新闻述评的现实性与指导性很强。虽然它要引述事实、报道事实，带有某种新闻的色彩，但分析事实、评价事实，却是它的最终目的，也就是说它带有更多的评论色彩，因此有部分学者主张把它归入评论的范畴。

事实上，这种文体在教科书里是明显“跨界”的：几乎所有新闻写作学的教材里，都会谈到“述评消息”；几乎所有新闻评论的教科书里，都有“述评”一章。新闻写作学把它当消息看，新闻评论把它当评论看，那么多新闻体裁，唯独这一个在两边都“抢手”。可见，它在新闻实践中，用得多，绕不过。

说上面的话，是让师生不要纠结于它到底是新闻还是评论，怎么写才是最关键的问题。新闻述评作为一个整体，包含两个部分：“述”的部分，是以一定的事实为基础，这些事实可以是已经发表过的，也可以是记者长期采访积累、第一次披露的；以及“评”的部分，针对事实而表达的态度、意见等。它使得新闻述评既不同于社论、短评、杂文等文体，也不同于一般的消息、通讯。述评的述，在于以事实为基础，使评有充分的依据；述评的评，在于把事实上升至路线、方针、政策、趋势的高度进行分析综合，使事实的本质被揭示得更充分、更深刻。

当然，述评并不意味着述和评在篇幅上各占一半，而是各有侧重。从文章篇幅层面来看，述评新闻的述应该占绝大多数，一般而言，述的部分占整个文本的90%左右的篇幅，而评的部分只占10%左右甚至更少。然而述评无论使用了多少材料，述的部分有多大，归根结底，重点在评。这一点，新闻评论学教材里说得相当清楚。也就是说，述的90%，就是为评的10%服务的。事实述清楚了，评，也就是那么几句话，一语点破，即现本质。

除“述”与“评”相结合的特征外，新闻述评还具有如下特征：

（1）选题的现实针对性

新闻述评的对象，或为社会形势发展，或为思想倾向误区，或为生活中有普遍意义的问题，或为社会普遍关心的热点或焦点问题。这类题材因其实际作用于现实生活，并通过揭示事物本质而指明规律及方向，给工作以正确的引导，这就要求首先从选题上必须注意述评的现实指导性。尽管新闻述评多关注宏观发展，但是写作中应善于从微观入手，达到以小见大、一叶知秋的效果。述评的现实指导性需要记者抓住关系大多数人利益的事情、问题、思想倾向，释疑解惑，分析原因，找出解决问题的方法，利用相关材料加以佐证，将事件放到大环境中进行透视，对于受众而言，此种切口，更易产生强烈心理震动。比如，中央下决心调控房价，而房价总体趋势却一直在涨，这是什么原因导致的？关键问题在哪？房价能不能降下来？如何降下来？这些既是理论问题，又是实际问题，老百姓关注，中央着急，用述评方式研究这样的问题，如果材料丰富扎实，又有好的解决办法（观点），类似这样的文章，下接地气，上沐天风，往往能得到好的反响。

（2）观点的思维引导性

记者在处理其他新闻体裁时，一般会要求遵循客观报道原则，只需对事实变动进行客观采写，如实报道即可，而不能对此进行评论。在这个过程中，记者扮演的是记录员的角色，记者，就是记录新闻事实的人。新闻述评因其选题的现实针对性，意义重大，仅仅有事实的记录是不够的，记者需要在事实层面上，用精辟的语言鲜明地表明态度和观点，达到正确引导舆论的目的，给受众以直接的意见指引。由于新闻述评是一种熔叙述和议论于一炉、突出议论、合事实与理性为一体而彰显思想的新闻体裁，新闻述评也因而成为一种“深度报道”的新闻文体。

（3）语言的准确性与生动性

新闻述评融事实与观点于一体，评论部分虽不占太多篇幅，但是对于整篇文章而言，评论却是核心部分。可以这样说，述的部分都是为画龙点睛式的评论部分做铺垫的。因此，述评中的评论部分，要求文字少，追求思考深，这对于记者而言，从语言层面提出了更高的要求，既要求文字语言使用准确，又要能生动表明立场意见。新闻述评要实现语言的生动活泼，在表现手法上就应该灵活多变、不拘一格。就要注意结构的奇特别致、叙事的生动形象、情节的曲折多变、语言的诙谐深刻、修辞的自由多样等，以求得深刻影响、发人深省而为公众喜闻乐见。

2. 述评新闻种类

述评的内容涉及现实生活的各个方面，十分广泛，按述评的主要对象来区分，主要有以下几种：

(1) 形势述评

形势述评是以国内外形势的变化或转折，从受众普遍关心的或需要解决的问题入手，运用大量背景及新闻材料，分析发展趋势，指明方向，通过总结经验，揭示其运行规律。所谓形势，主要指政治形势、经济形势、文化形势和国际形势等。其范围大至世界形势，小至世界上某一局部或某一地区的特定形势。这类述评需要记者抓住现实生活和实际工作中取得显著进展的某一阶段，抓住倾向性问题。

例如：

湖北当前经济形势述评一：稳中求胜谋跨越

“十二五”开局之年，湖北奋力前行。

请看一组来自省统计局最新的统计数字：

1月至8月，全省规模以上工业增加值实现5344.3亿元，增长20.7%；

固定资产投资完成7788.36亿元，增长31.5%；

代表“真金白银”的地方一般预算收入达到970.11亿元，增长50.3%……

在复杂多变的环境下，我省经济继续保持平稳增长势头，实现良好开局。这份来之不易的成绩单，是在坚持调结构、转方式基础上取得的，体现了我省谋求科学发展、跨越式发展的新成果。

稳步小跑迎战严峻大考

步入2011年，经济形势扑朔迷离。

纵观国际，中东、北非局势动荡不定，欧美债务危机蔓延，为世界经济增长带来了新的不确定性；

放眼国内，通胀预期增强，房地产调控任务艰巨，钢铁等行业面临着巨大的结构调整压力；

还有，旱灾、洪涝、秋汛接踵而至。

全省上下自我加压，燃烧激情，跳起来摘桃子，朝着“科学发展、跨越式发展”的宏伟目标奋进。

面对严重的干旱灾情，省委、省政府科学部署，荆楚大地掀起抗大旱、抢播种、保面积、夺丰收的热潮。夏粮再获丰收，总产增加0.5亿公斤，增长1.24%。

直面声声告急的电煤存量，组煤保电的英雄之师迎难而上，紧急行动。企业和居民安然度夏，全社会用电量达到973.06亿千瓦时，同比增长11.5%。

春天里的耕种，终有秋天里的收获。我省经济在去年高位增长的基础上，继续保持健康运行，呈现出平稳增长、质量提升、后劲增强的良好态势。

对比统计数据发现，前八月，全省工业生产、消费品市场、外贸出口、财政收入等主要经济指标均居中部前列。

在全球经济增速放缓的大背景下，我省依然稳步“小跑”，实属不易。经济运行仍处于持续健康发展的通道内。

内生动力引领平稳开局

健康发展的态势，源自我省经济充沛的内生动力。

让我们一起来观察带动经济增长的“三驾马车”：

亿元以上新开工项目增长加快。前八个月，全省累计新开工项目15200个，同比增长30.4%。

消费需求持续旺盛。社会消费品零售总额实现4975.32亿元，增长17.7%。尤其是大型商业企业引领消费增长，全省限额以上批发零售业和住宿餐饮业实现零售额6631.47亿元，同比增长26.2%。

外贸出口再创佳绩。进出口总额完成217.23亿美元，增长33.7%。其中，出口贸易额再次位居中部第一。

“三驾马车”持续发力，表明经济增长的稳定性不断增强。

经济结构进一步优化。投资结构呈现“两缓两快”新特点，即高耗能行业和基础设施投资放缓，民间投资和制造业投资增长加快。同时，高耗能行业增速放缓，能源利用效率提高。

产业转型升级不断取得实质性进展，光电子、新能源等战略性新兴产业闪耀荆楚，成为经济发展新引擎。上半年，通信设备、计算机及其他电子设备制造业工业增加值达163.62亿元，增长23.8%。

市场主体蓬勃发展。新登记的个体工商户为23.29万户，同比增长25.5%。

这些都为我省经济发展注入新的动力。

经济增长的稳定性，还来自于区域经济的协调发展。在“两圈一带”总战略下，“一主两副”，大别山、武陵山“一红一绿”试验区等新战略的实施，推动湖北区域经济逐步进入均衡发展、协调发展、可持续发展的新境界。1月至8月，武汉、宜昌、襄阳三市GDP分别为3221.6亿元、932.95亿元和901.87亿元，占全省比重分别为37.6%、10.9%和10.3%。

直面复杂环境加速前行

平稳增长的运行态势给人信心，复杂多变的增长因素令人备感任务艰巨。

比如，夏粮生产实现"八年丰"，但灾害天气仍对农业生产造成不利影响。秋粮是否能有好的收成，实现全年粮食增产2亿公斤的目标，真正考验还在后头。

再如，8月份CPI与上半年相比有所回落，但通胀压力仍然很大，居民消费意愿受到影响。股市、车市、楼市降温，也让消费增长放缓脚步。

同时，全球经济复苏一波三折，未来出口增长面临较大压力。

"制约因素不少，有利条件同在。"经济专家分析，当前我省经济内生动力日益强劲，工业化、城镇化正在提速，市场需求旺盛，企业预期普遍高涨，各种生产要素总体能够支撑全省经济的快速平稳发展。只要全省上下认真贯彻落实省委、省政府部署，克难奋进，积极开拓，经济良好的运行态势就会持续，湖北将厚积薄发，加速前行。

（据2011年9月26日《湖北日报》）

从上文中，我们不难发现，形势述评重在对社会发展形势、发展趋势的揭示，帮助人们提高认识。故而，需要从局部信息中反映全局性视野，注重全面与重点的结合。同时，由于形势述评多从社会宏观层面入手，对社会影响力较重，作者的论断需要掌握分寸，应运用大量支撑材料，如典型事件、数据、背景知识、专家意见等内容丰富文章，让读者能较全面地把握形势的发展。

（2）事件述评

这类述评是根据记者直接调查和掌握的材料，对国内外重要事件或有广泛影响的新闻事实，进行分析和解释，揭示事态的性质、意义和趋向，帮助受众辨明真相，澄清是非，以获得正确的认识。它的特点主要是从具体的事件，联系其产生的原因和背景，探索其性质和意义，或通过对材料的分析，澄清事实，说明真相。

例如：

莫让学校食堂成为食物中毒的起源地

新华网石家庄11月17日电（新华社记者　李俊义）11月5日和6日，湖北省连续发生两起学校食物中毒事件。新华社记者调查发现，不少学校将食堂当成学校重要的“创收手段”，将食堂对外承包后收取“承包费”，由于食堂承包人以盈利为目的，而校方疏于管理，使得假冒伪劣、甚至变质食品进了食堂，上了餐桌，最终酿成了食物中毒事件的发生。

无独有偶，今年5月到9月，在不到4个月的时间内，石家庄市3所学校也先后发生严重水污染、食物中毒事件，300名学生及教职工被送进医院治疗。9月中旬，石家庄市卫生防疫部门对市内各类学校食堂卫生状况开展拉网式检查，在检查的63所学校食堂中，竟有16所因卫生不达标被查封。石家庄市卫生部门一位负责人在接受采访时特意强调说，这些不合格的学校食堂中，有一部分是承包给私人经营的，这些被承包出去的学校食堂，往往是下一次食物中毒发生的起源地。

早在几年前，我国许多高校便开始实行高校后勤社会化改革，并取得了可喜的成绩。专家说，高校后勤社会化是高校发展的必由之路，不能因为一时的问题而因噎废食。但是，目前一些学校在各种配套条件还不具备的前提下，仅仅为了摆脱负担、增加收入，就将学校食堂推向了社会，承包给了私人经营，这种方式是不可取的。

很多对外承包的学校食堂，校方只管收取“承包费”，在卫生问题的监督上，往往采取了放任自流的态度，而承包作为一种短期行为，承包方也不会投入太多的资金。食堂处于这种“双不管”的处境中，必然造成软硬件的严重欠账。

按照国家有关规定，学校食堂的内外环境、设施布局、餐饮具、食品采购等方方面面都必须达到严格的标准，但这些规定对一些学校来说都是形同虚设。由于没有资金注入，一些食堂连必要的消毒专间、更衣室、主副食品库房都没有。河北大学后勤集团副总经理张东升说，学校食堂卫生关系着千万学生的健康安全，必须舍得投入，本校一套用来专门检测蔬菜病菌和农药的设备就花了10多万元。而对一些学校来说，投资巨大的教学楼拔地而起，却在相对费用少得多的食堂建设上，变得异常“节俭”起来。

校园无小事，学校食堂卫生关系到每个学生的健康，相对于他们的健康乃至生命安全，其它都必须退居其次。一次学校食物中毒事件的发生，就等于敲响一次警钟：改变校园食堂“营养不良”的状态，加大对食堂卫生的监管力度，已变得异常紧迫。

（据2003年11月17日新华网要闻频道）

上文是一篇事件类述评报道，文章针对湖北省连续发生两起学校食物中毒事件进行了批评，但作者并没有让直接的态度与意见流露文中，而是运用相关背景材料、资料等作为文章主要写作内容，增强了文章的说服力，标题“莫让”以及文章结尾“校园无小事……”等少量篇幅表明了记者对事件的态度。文章以述为主，以评为核心，帮助读者认识事实，了解真相。

（3）工作述评

工作述评是针对实际工作中的经验或问题，提出人们普遍关心的紧迫问题，依托一定的典型或有说服力的事实，指出问题的症结所在，揭示事物的发展前途，对实际工作者有很强的指导意义。受众不仅需要及时得到各种必需的信息，而且在他们对各种新闻事实进行思考的同时，也需要了解新闻媒介或记者的看法和主张，以便作出自己的判断，辨明是非和方向。对于社会生活中的一些“热点”或“难点”问题，更是如此。

例如：

当前经济工作述评：努力防止固定资产投资反弹

今年以来，我国投资增速持续走高。1月至5月投资增速达到25.9%，高于去年全年的24%。投资增速高位运行的态势必须高度重视。如果不能有效防止固定资产投资反弹等突出问题进一步恶化，将有可能使经济增长由目前的偏快转向过热，从而影响国家宏观调控目标的实现，影响国民经济实现又好又快的发展目标。

分析今年前5个月固定投资的数据，可以看到，投资增长依然主要来自于高耗能的第一产业以及房地产业，而地方政府的投资热情明显高于中央直接投资。中央项目投资3122亿元，同比增长14.9%；而地方项目投资达28923亿元，增长27.3%。

这再次提醒人们，高污染高耗能行业投资继续高速增长势头，如果不加以控制，不仅加大了今后节能减排工作的阻力，而且使国家宏观调控政策的效应打折扣。

最近召开的国务院常务会议指出，当前着力抓好的八项重点工作，其中一个重要任务就是防止固定资产投资反弹。因此，今后各地各有关部门要控制新开工项目，严格执行市场准入标准，切实控制对高污染高耗能行业建设项目的供地和贷款，严肃查处各种违法违规用地行为。

要减缓目前的固定资产投资增速过快，防止固定资产投资反弹，除了发挥信贷窗口指导作用，对投资资金来源进行控制外，还应该采用行政手段严控新开工项目的审批，尤其加大对高污染高能耗项目的投资控制，严格执行市场准入。（记者　张毅）

（据2007年6月22日《人民网》）

这篇文章较短，文中评论很多。同学们会纳闷，这到底是一种什么文体？

我们先看以下几点：

一是标题注明是工作述评文章。有同学会说，标题写上述评就一定是述评吗？这个怀疑有道理。但是，新闻媒体注明的文体，一般不会出错。

二是署名。记者署名放在最后，不像消息放在消息头里。此篇没有消息头，所以不会是消息。

三是大量数据不点明出处，不像消息那样必须告诉读者材料来源，因而它不是消息。

四是有同学会问，这与纯粹的新闻评论有何区别？有。新闻评论不会使用这么多数据还不注明是哪家媒体发表的，所以它不是新闻评论。

3. 述评新闻写作要求

新闻述评由于和“纯新闻”不同，和评论也不一样，因而从选题、立意，到下笔写作，都有它自身的规律性。概括地说，主要有以下几点：

（1）把握新闻述评的结构

新闻述评无论写什么内容，首先要从结构入手，结构层面清晰了，写作自然就有了扎实的基础，而且确立好了写作结构，对于记者收集整理材料，就有了非常直接的要求，知道哪些东西需要，哪些素材最重要。

一般而言，因新闻述评的写作目的及方式所决定，可以将述评写作结构简化为“三段式”结构，即“是什么、为什么、怎么办”。在具体写作中，记者可以根据“三段式”结构合理安排新闻背景材料。

“是什么”重在求细，翔实地占有大量事实和细节；

“为什么”重在求深，深入地探求事实背后的真相；

“怎么办”重在求实，给出解决问题的思路和办法。

新闻述评的“三段式”写作结构，并非要求记者按照固定的前后次序安排写作，记者可以根据题材的特点以及写作目的等因素，合理安排结构。比如说，述评标题部分点明“为什么”，正文中进一步通过数据及事实告诉受众“是什么”和“怎么办”。总而言之，不管记者用哪种形式来安排结构，一篇完整的新闻述评都应该包括“是什么、为什么、怎么办”这三个部分。

“三段式”写作结构，使新闻述评写作显得可操作，而且很简单。比如，记者通过调查发现了一个普遍现象，越来越多的大学生在校期间，都会参加各类职业证书的考试。倘若记者认真调研采访，对于大学生职业考证的种类、数量、热度等信息详细了解一番，写清楚“是什么”。同时采访大学生、教师，并且请教专家学者、政府部门和职业培训的有关人士，摸清大学生热衷职业认证的真正原因，弄清楚“为什么”。然后再梳理职业认证热背后的一些思路，也可以参考借鉴国外的一些先进经验，然后再写怎么办。如果“是什么”写得非常详细，“为什么”写得非常深刻，“怎么办”也提得很有针对性、操作性，这样的文章一定会有受众愿意看的。

（2）写好“由头”，巧用背景

述评开头总是交代事实发展的趋势、问题、状况等内容，再用类似的典型做陪衬；或者就具体问题谈起，然后引出启示，逐步阐明观点。由于新闻述评的主要目的是揭示真相背后隐藏的更为深刻的本质，而欲揭示本质，个别的新闻事例不一定能成为充分的证据，这时背景材料的运用就显得非常重要。介绍背景，能对新闻事实起到说明、补充、衬托作用，又被称为“新闻背后的新闻”。并且有利于了解新闻发生发展的来龙去脉，加深对新闻的认识和理解，深化新闻的主题，具有丰富内容、增加知识性和趣味性的作用。

（3）事理交融，虚实结合

新闻述评的优点在于，它不仅报道新闻事实的来龙去脉，而且对事实的意义做出解释和说明。新闻述评的“述”、“评”结合的特点，要求记者在写作时一定要做到观点与材料的统一：观点立足于材料，材料支撑观点，以求文章事理一体。

新闻述评如何实现事理交融呢？

第一，逻辑结构的层层递进。新闻述评通过事实的叙述，通过文章的逻辑结构呈现分析推理，最终达到观点与事实的统一。述评中事实与观点相互依存、相互印证、相互支撑。这需要记者首先在新闻素材及背景的基础上，对新闻述评有整体上的认识与把握，并预先考虑文章的逻辑结构，合理安排各类素材与新闻背景，以求事实与观点在逻辑建构过程中达到统一。

第二，因果关系的清晰展现。事实与观点之间应有明确的因果关系表达。事实的叙述总是有明确观点指向的叙述，事实的安排也总是在一个公开的观点统率下的事实集合。一般的因果关系展现有三种方式：一是按思维的正常程序，由此及彼，由表及里，步步深入，层层递进；二是围绕中心议题，侧面展开；三是按照事物的内在联系，充分调动事实的逻辑力量。

第三，理性思维的感性表达。新闻述评通过记者理性的分析推理，找寻出事实背后的本质。由于新闻述评的报道对象题材相对重大，影响力不小，社会公众关注度较高。材料是现实的、感性的，观点是抽象的、理性的，因此，材料与观点的统一实际上是理性与感性的有机结合。述评的观点表达是述评的核心所在，受众对于观点的理解与感知在很大程度上会影响新闻的传播效果。因此，述评观点不仅要与现实生活发生联系，同时也要避免专门的、技术性的处理，只有这样，述评才能更好地抓住普通人的情感，才能变得可触可感，变得真切现实。

（二）选题汇报（45 分钟）

新闻述评选题汇报，采取教师提供新闻线索与学生主动收集新闻线索相结合的方式。首先，教师列举 3～5 个新闻线索，学生根据新闻述评特点，判断该线索是否符合新闻述评选题的要求。其次，要求学生对新闻线索进行报道主题的预判，并汇报新闻线索发掘角度及方式。最后，要求学生汇报新闻材料收集的范围及处理方式。在选题汇报过程中要求学生能独立思考新闻述评写作的角度与重点，具体如下：

1. 对新闻线索的深入挖掘

新闻述评往往针对社会上较为普遍的问题及现象进行报道，以便帮助读者正确认识事件背后的东西。可以说，新闻述评选题的重点立足于“新闻背后的原因”。因此，教师应有针对性地训练学生透过现象看本质的能力，使其能通过表面的新闻事件发现背后带有某种普遍性的社会现象或问题。

例如，有一位教师早上上课迟到了 20 分钟，原因是教学楼内的电梯只有 4 部，学生不愿意爬楼，上课前，电梯人满为患，在拥挤中，致使这名教师摔伤了胳膊而延误了上课。针对这样一个线索，如果仅仅立足于事件本身，顶多只是一篇小消息。而换个角度，比如调查下每天师生共挤电梯的现象是否一直存在；如果乘电梯的师生没有建立低碳节能观念，那么需要多少部电梯才能应付潮汐性的人流？学生坐电梯是否是因为教室安排问题等。通过对素材的深入思考，就有可能发现生活中普遍存在的问题，给予社会一个“如何乘坐电梯”的回答，这实在是一个很有意思的选题，是涉及生活现代化与人的素质现代化是否匹配的大问题。

2. 确定报道主题

一般而言，新闻述评可能会以某些具体的事件作为由头而展开，报道主题应该是高于新闻事件层面的，目的是揭示真相后隐藏着的更为深刻的本质，而欲揭示本质，个别的新闻事例不一定能成为报道的主题，要源于事件，高于事件。

3. 确定写作背景材料的收集

对于普遍存在的社会现象与问题的揭示，单单依靠某个具体事件，是没有代表性的。这个时候，大量的背景知识、数据等材料的运用就显得甚为重要。读者不仅能了解现象本身，也能了解背后的原因。

（三）学生根据敲定的选题自行采访（90 分钟）

新闻述评重在资料的收集与整理，因此这个环节要求学生在充分思考选题的基础上，能以一种较为宏观的思路进行实地采访与资料的收集，学生可利用网络搜集与选题有关资料。学生可就资料的收集与使用等问题与教师进行商谈。

（四）写稿与改稿（180 分钟）

资料整理与采访完成后，学生到实验室将自己的材料写成新闻稿件，要注意提炼主题，重点注意新闻述评文章的写作结构与整体立意。在这一环节，老师将在实验室现场对每位学生采写的新闻稿件进行逐一指导，帮助修改。

（五）组版（150 分钟）

在上一环节中，老师会告知学生下一环节稿件组版的要求，如要几幅图片、几条稿件，自己的稿件放头条，其他稿件怎么安排等，同时要求学生自行收集一些图片和稿件以供组版之用。

三、作品赏析

月薪六千元，为何招不到高技能人才？

高　路

在上海，最近频频可以看到“高水平锅炉检修工年薪超10万”、“月薪6000元难招高级技工”这样的消息。

在大学毕业生普遍处于‘低薪求职’的社会背景下，技术工人、尤其是高技能人才的“高薪难觅”，告诉我们什么？

“薪”情攀升，技术工人依然难找

锅炉检修工、电机检修工，就是这些在不少人眼里“不咋样”的“蓝领活”，其中一些高水平工人的年薪居然超过了10万元。

现在很多“蓝领”的年薪已超过10万元。

在上海市劳动保障部门近日发布的工资指导价位中，最令人“弹眼落睛”的（沪语，意为吃惊），莫过于中高级技能人才工资水平的全线攀升。

对今年一季度工资水平的统计显示，具有技师等级的锅炉检修工，收入高得超过了10万元；电机检修工、变电检修工中的高工薪突破10万元，中等水平约为八九万元。在港航领域，高技能人才也收入颇丰，技师级的桥吊司机高薪突破12万元，轮胎吊司机中级工的高薪也超过10万元。

做技术活儿的“薪”情似乎很不错。然而，就在上海发布工资指导价位的同时，一季度“冷门”岗位信息显示，数控机床工、汽车装调工等高技能人才求大于供，一些用人单位开出6000元月薪，仍然招不到足够的数控机床工。这不论是与高涨的求职热潮，还是和技术人才不断走高的“薪”情，都形成了鲜明的反差。

标题以“为何”设问，不仅仅表明作者的态度，也通过“月薪六千”与“招不到……”之间的对比，反映了社会反常的一面，设置悬念，引人深思。

“导语”精练。以上海出现的高薪招聘技工的现象为由头，以“大学毕业生普遍处于‘低薪求职’”的社会背景为对照，突出了新闻报道的反常性。短短两段，将新闻述评的“是什么”部分，展现出来。

正文第一部分，通过大量资料，说明了蓝领工资水平的“全线攀升”现象。

数控机床工，是国内紧缺的高级技术人才的代表性工种，由于需要具备机床操作、电脑编程、几何分析等多方面的专长，今年一季度，上海用人单位需要数控机床工近4000人，提供的月薪平均达6000元，但全市总共只有约1000人前去应聘。	数据的使用，使“薪”情攀升抽象概念变得具体清晰。
统计表明，高技术复合型人才由于其稀缺性而成为倍受企业追捧的人群。在今年一季度，上海以数控机床工为代表的机械加工类技术人员，用人单位的需求量达到9200人，但求职人数仅5300人，供求严重失衡；汽车装调工、汽车机电工等汽车生产类技术人员，需求量达7400人，应聘者仅4300人，平均每名求职者有1.7个工作机会。 在上海一季度的“冷门”岗位排名中，机械加工、汽车生产一跃超过了餐饮服务、美容美发和物业管理服务，占据第一、第二的位置，而后三者随着上海服务业的迅猛发展已连续多年保持巨大的岗位需求量。	正文第二部分的背景材料使“香饽饽”、“尴尬一角”与下文“大学生自降‘薪’愿、苦苦求职”形成反差，并点明主题“催人深思”。
9000港元，深圳技工试用期月薪破纪录 在“本科生月酬1500元”等新闻频频见诸媒体的时候，技校生尤其是紧缺专业的技校生，却成了市场上的“香饽饽”。今年4月份，深圳高级技工学校物流专业应届毕业生马泽堂被一家港资物流企业相中，试用期月薪达9000港元，这一数字刷新了深圳技工“试用期薪水”的纪录。	通过深圳、四川等地的类似资料的引用，说明了此种现象并不限于上海一地，而是具有全国性的现象。
九千港元，掀开的只是“尴尬一角”。在国内许多城市，都有相似的风景：职场冷热不均，一边是大学生自降“薪”愿、苦苦求职，另一边却是高技能人才无处可寻的尴尬。 深圳的劳动部门新近统计显示，深圳劳动力市场对技能人才的需求为每年10.5万人，但具备技能等级的求职者仅有5.3万人，缺口达5.2万人，其中，中级以上技术人才缺口为3.7万人。不少高科技企业反映不缺资金、项目和科研人员，唯独缺一线的高技能人才。	正文第三部分通过大量背景材料的运用，对“宁做低薪文职不做‘高薪蓝领’”的现象进行了解读。并引申出新闻述评“为什么”部分。

在四川，省总工会的一项调查显示，被调查的企业在岗技术工人中，高技能工人所占比例很低，高级技师、技师和高级工比例，分别为 0.71%、4.6% 和 21.83%。在所有技能工人队伍中，从事高新技术工作的工人比例为 16.7%。	
很多大学生宁做低薪文职不做“高薪蓝领”	
在黑龙江，齐齐哈尔第一机床厂由于缺乏熟练的铸造技能人才，出现了产品有订单、生产缺技工的尴尬局面；在安徽，有媒体报道说，合肥的两场大型民企招聘会上，几家企业把大学本科生的简历扔在一边，而为几个中专学历的技术工人却“抢破了头”；在青岛，一家塑料制品公司更抛出年薪 16 万元的“天价”，急招一名高级模具工。	
在哈尔滨、南京等一些城市，“技工身价直逼博士”也已经不是新闻。南京市每年高级技工的需求量在10 万人以上，而实际培养能力只有 1 万多人。目前在南京 50 多万职业技术工人中，高级技工仅占 7%，技师占 1%，高级技师只有 99 人，且大多已经退居二线或退休在家。	结尾以“问题出在哪里?”的问题与此文标题中“为何”两字形成呼应，并表明作者鲜明的态度。
来自劳动和社会保障部的数字表明，目前在我国 2.7 亿城镇从业人员中，获得国家职业资格证书以及具有相当水平的技能劳动者只有 8720 万人，只占从业人员的 33%。包括高级技师、技师、高级技工在内的高技能人才只有 1860 万人，只占技能劳动者的 21%。其中，高级技师和技师分别只有 60 万人和 300 万人。	
劳动和社会保障部课题组曾就技工短缺情况对广东、福建和浙江省进行了实地调研，并结合全国 40 个城市技能人才状况的问卷调查，以及 113 个城市劳动力市场供求状况进行分析，调查显示，技师和高级技师占全部技能劳动者的比例不到 4%，而企业需求的比例是 14% 以上。	通观整篇文章，作者运用大量背景材料、资料、数据等事实内容的“述”，其目的是为文章结尾处的“评”
问题出在哪里？社会价值导向错误，国家人才教育	

布局出现误导。很多大学生宁做低薪文职不做“高薪蓝领”，认为当工程技术人员吃苦丢脸，不是人生追求。当年很多有名的中专通过合并一跃成为大学，少数成为高职高专。中专生与大学生比例严重不合理，导致一线工人越来越少，从事“理论研究”的毕业生越来越多。学历高了，不愿放下身段，是造成高技能人才短缺的根本原因。 （据2006年5月29日新华网上海频道）	做铺垫。“述”作为文章主要内容，突出“评”的核心地位。“述”“评”结合，有据有理。

四、实训作品问题诊断

（一）实训中的问题

1. 没有占有大量材料，述少评多，甚至写成纯粹的新闻评论

通过实训，我们发现，有一部分学生对于新闻述评与新闻评论之间的区别，不甚了解。他们都认为新闻述评是评论文体的一种表现形式，因而在写作中，大多将其写成了评论文章。

一部分学生虽然也知道述评怎么写，但平时不注意观察，不注意收集材料，到了写述评时，就只有空发议论来应付。

尽管新闻述评有评的部分，也有以评为核心的，但是在文体层面进行划分，一般归入新闻消息之类，所以，部分专家学者为避免歧义，也把新闻述评说成“述评消息”。鉴于此，教师在进行新闻述评实训项目理论介绍时，应采取案例形式对照分析述评与评论的区别，以及各自的文体要求。

在修改阶段，如果发现学生只有评论没有叙述的，应责令重写。发现叙述不够的，应责令补充。总之，述评文章要有大量事实作为铺垫。

2. 不能很好处理事实与观点的关系

新闻述评要求述评一体，事理交融。事实与观点对于述评文章来说，同样重要，但是在实际操作期间，部分同学并不能正确处理二者的关系，事实不能支持观点，观点也不能反证事实。

（二）学生稿件修改

1. 改前稿

校园“宅男宅女”的网络生活 记者　陈也 在大学校园里，有这么一些族群，他们几乎很少在公共场合露面，即使是课堂上，也经常见不到他们的身影。他们深居简出，与外面的世界接触的唯一途径就是电脑。这些长期蜗居在宿舍里的大学生们被戏称为“宅男宅女”。	这个标题的主干就只有一个词——网络生活。没有观点，没有扣住大众关心的“为什么会出现这样的族群”来撰制标题。
玩网络游戏不分昼夜 武汉某高校的大二学生小徐告诉记者，从上学期开始，双休放假两天，有位室友就在宿舍里呆了整整两天，每天在电脑前玩网络游戏《魔兽世界》。早上起床打开电脑开始玩，一天只吃两餐饭，有时甚至是一餐，一直玩到凌晨一两点。“出门前看他坐在那里，回到宿舍他还原样坐在那里，进去跟他打招呼，他也不大理。”	文章一直停留于“是什么”，而对于“为什么”、“怎么办”部分没有涉及。
这种类似现象在大学里实在是太多，家长叫停网游仅限于未成年玩家，而大学生已经超过18岁了，不受任何约束。是不是成年人就可以沉迷游戏？从针对未成年人的防沉迷系统建立以后，这个问题就被提出。然而记者采访发现，每年，大学里都有学生因为沉溺网游而被留级、重修直至退学。但是，大学生沉溺网游却成为家长、学校、社会监控的空白点。 网上购物兼职有得忙 某高校广告专业的大三女生小朱在淘宝开了一家网店，主要是销售女生们关心的化妆品、服装等内容，销售对象也主要是在校女大学生。为了及时了解购买信息，与买家谈价，更新店内货品，或在校园论坛上为自己的网店发帖子做宣传，她在网上常常一泡就是几个小时甚至一天，赚来的钱有时候还会补贴给父母。	文章采访了几位学生，代表性不够。 文章停留于事件现象层面，而对于背后的原因没有深挖，文章太显单薄。

不可否认，在校期间做兼职赚外快是一件好事，为家里减轻点负担也不失为孝敬父母的一种方式。但是如果父母知道是靠牺牲上课时间换来的补贴，恐怕就大失所望了。哲学的“适度原则”是适用于每件事情的，有得有失，长期的缺课必然导致成绩的下滑，触犯了校规的临界点，那换来的只会是留级的后果，这是谁也不愿意见到的。	整篇文章没有基于以记者的所见所闻为主要论据的叙述，缺少背景知识与相关资料。

2. 改后稿

莫让“网宅”毁了你的大学生活 记者　陈也 在刚刚过去的周末里，学生王燕（化名）已经有六天没有下宿舍楼，上网、自习、吃饭统统在宿舍里解决。记者了解到，随着电脑的普及，大学校园中出现了“网宅一族”、“校园隐士”这一调侃之语，成了大学生“宅”生活的真实写照。对此，专家建议，“网宅一族”应该主动走出去锻炼自己，莫让“网宅”毁了你的大学生活。	文章不局限于具体状况的交代，直接进入现象层面，加快了文章的节奏。
“网宅生活”渐渐成了习惯 “网络并非不好，你可以购物、查资料、看电影、玩游戏，我觉得很好哟，而且我习惯了这样无拘无束的网络漫游。”湖北中医药大学护理学专业的大二学生小王这样告诉记者。	援引较为权威的数据，点明了现象存在的普遍性与紧迫性。
“不上网，上哪?”面对记者的采访，不少学生反问到。根据2010年《中国青年报》关于大学生网络使用情况的调查显示，64%的大学生认为网络是必不可缺的学习工具；45%的人认为自己已不能没有网络，而仅占35%的调查者认为“这是一种不健康的生活方式”。	文章简略地描述了“是什么”，直奔“怎么办”层面，凸显了文章的建设性特点。

“网宅一族”应走出个人世界 被认为思维开阔、青春活泼的大学生为什么如此依赖网络，而成为“网宅一族”？武汉大学心理专家孙教授分析说，长时间沉迷网络，导致与人具体、直接交往能力下降，使得他们对人际交往恐惧、刻意回避人群，以及部分学生自身性格内向，加重了社交障碍，这是“宅一族”出现的两种可能原因。 华中科技大学辅导员孙老师说，现在企业看重的主要是学生的综合素质，这包括了沟通能力、表达能力、团队协作能力等，大学生必须有意锻炼自己与不同的人接触，适应不同的环境。面对不久后的就业竞争，学生应主动走出宿舍，走出狭小的个人世界，走进社会实践锻炼。 解决“网宅”需多方合力 湖北省教育厅高教处李教授认为，社会要给大学生“宅一族”以客观的评价和定位，切勿把它当做一种流行趋势加以渲染，造成“宅一族”是时尚典范的假象，使得大学生跟风效仿，毕竟大学生与其他“宅一族”们所处的环境和人生阶段不一样；但也不能对大学生“宅一族”一味地进行批判。 “合理应对校园‘网宅’现象，仅仅依靠学校管理和学生自律，这是不现实的，应由政府部门、教学单位、社会、个人几方力量合力应对，方能引导学生走出网络，回到校园。”	专家分别从两个方面论及解决对策：个人层面与综合层面，为现象解决提供了较全面的参考。 整篇文章，作者除在标题中表达了意见外，文中内容以叙述为主，未过多进行评论，但叙述部分很好地支撑了标题的态度，发人深省。 文章达到了基本要求。但也有共性的错误，如某某说道，学生往往错写为“说到”。教育厅人员发表意见，写职务较好，如果必要，职务、职称可一起写。

思考与练习

1. 新闻述评与评论有何异同？

2. 我国的电视新闻界有《焦点访谈》、《观察与思考》、《新闻调查》等著名新闻述评栏目，并深受欢迎。面对电视新闻的强烈冲击，文字新闻写作中的新闻述评写作应当如何应对新的挑战？

3. 留心观察你身边的事情，看看学校中有没有普遍存在的问题、困惑、现象，找出一个选题做做，并将稿件投给报刊。

实训九

专刊专版的策划与组版

一、实训目的及要求

（一）目的

本次实训，要求学生知晓什么是报刊专版、报刊专版的策划方向和特点。要求学生自己策划一个报刊专版并组出这个专版。

（二）要求

策划专版，要顾及内容的服务性和新闻性的统一，要求组出的版面版式新颖，图文并茂。至少要有一篇自己亲自采写的文章。

二、实训步骤

（一）理论提示

1. 什么是专版？

顾名思义，专版就是专门版面。它区别于新闻专版，区别于副刊，也区别于广告版，是介于新闻与副刊之间、就专门问题或者内容做的专门的版面①。内容包括衣食住行、休闲等各个方面。专版文章更多是介绍说明性文字，可以运用新闻的一些表现手法，如报道、评论、图片等。专版要求服务性强，与新闻配合，具有适当的经营性，可读性强，图文并茂。

---

① 专刊如何定义，与副刊是什么关系，许多专家都有论述。本书不使用“大副刊”概念，即不把专刊看作大副刊旗下的一种。——编者注

为了使学生更好地理解，我们不妨把几个不同类型的专版介绍如下：

(1) 新闻专版

说新闻专版之前，先说新闻版。新闻版就是刊登新闻的版面。党报，一般分为要闻版、国内新闻版、国际新闻版、经济新闻版、民生新闻版、体育新闻版等。都市类报纸各版版名都起得很别致，比如“武汉街坊”、“楚天写真”等，前者是民生新闻版，后者是湖北新闻。

这些版面的新闻，是按新闻价值大小来安排。主要任务是提供新闻。

那么什么是新闻专版呢？就是对某一领域的重要新闻事件或热点问题提供背景解释、深入剖析的版面。它侧重于从事实方面对现实生活所发生的变动提供解释和剖析，不同于新闻版为新闻所作的简洁、迅速的报告。也称新闻专刊。新闻专版往往指一个版面，刊则指由多个版面组成的一叠或一期。

我们在电影电视里，总是看到当年的报童高喊“号外号外”来吸引读者，为什么称为“号外”呢？在前一期报刊已出版，后一期尚未出版的这段时间内，对发生的重大新闻和特殊事件，临时编印的报刊，因不列入原有的编号，就称为“号外”。多以“重大消息”、“喜讯”、“特大新闻”、“特别报道”、“特刊”等字样显示新闻的重要性，虽未标明“号外”二字，都应视为“号外”报。

看来，号外就是现在的新闻专版或者专刊。今天的报纸多为日报、晚报，如果当天的报纸发行之后，又发生重大新闻事件，一般不以号外形式特别出刊，用报纸自有网络及时传播信息来弥补报纸信息传播的迟滞，是各报惯用的方法。10 多年前，有日报感觉当天新闻第二天才见报是报纸的弱项，于是想办法推出下午版来发当天新闻，后来因为发行成本太高才渐渐取消下午版，看来，报人在及时报道新闻方面，也做过艰难的努力。

新闻专版或者专刊，基本都在当日报纸里面，用一版或者一叠来“特别报道”，如“神十”发射，纪念抗日战争胜利 60 周年，纪念长征胜利 70 周年，纪念中国共产党建党 90 周年等，都会用专刊的形式刊登新闻，或追索历史。在 H7N9 禽流感爆发过程中，《楚天都市报》曾用 A04 和 A05 两个相邻版面做了一个大通版专题报道，报眉用照片裁剪铺底，“防控 H7N9 禽流感”文字翻白，跨两版通栏标题，配以相关图片，内容丰富，图文并茂，引导性强。这就是新闻专版。

请看下面一则新闻：

党报专版周周“唱廉歌”

本报讯 今年来，市纪委高度重视廉政文化建设工作，在本报开设了《党风廉政》专版，为我市反腐倡廉和反腐败工作给力鼓与呼。本专版每周一期，栏目包括各地反腐倡廉工作动态和经验交流、廉政论坛和舆情追踪、本地先进人物事迹等内容。到目前为止，本专版已刊登了40多篇稿件，宣传推广了2个勤廉先进典型。

（据《茂名日报》2013年6月27日）

注意上则新闻为我们提供的信息。第一，每周一期，所以称为专版而不叫专刊；第二，从栏目内容可以看出有动态消息，有小通讯，有评论，还有深度报道。看来，这是一个以提供新闻正面宣传为主的专版。

请看以下两张版面，都是新闻专版。“今日人物”是2013年4月29日《楚天都市报》的人物通讯专版；“非常新闻”是2013年7月1日《晶报》的焦点新闻集纳性专版。

今日人物 A05

徒手挖坏40把铁锹，牵来耕牛啃平草皮

蔡甸“愚公”9年修成江滩足球场

非常新闻

新疆鄯善县严重暴力恐袭案告破

主犯2月起收听煽动暴恐音频并纠集17人团伙，最后一名逃犯昨被抓获

新疆武警部队举行反恐维稳誓师大会

孟建柱：依法严厉打击暴力恐怖犯罪

坚决打掉暴力恐怖分子的嚣张气焰

（2）副刊

也称文艺副刊。是指报纸刊载内容的一种特殊形式。一说副刊创始于《申报》，一说创始于《字林西报》。最初是随报附送，后来定名为副刊，沿用至今。以《人民日报》为例，其《大地》副刊一直是《人民日报》文艺部的传统版面，1956年7月《人民日报》改版，在第八版开辟专门的副刊。作为“百花齐放，百家争鸣”的雅园，当年这里首发过毛泽东、朱德、陈毅、郭沫若的诗。中国大量著名作家和政治家在《大地》副刊上发表过作品，其影响巨大。

新闻揽客，副刊留客，这是办报前辈总结出来的经验之谈。新闻，在他们看来是严肃作品；副刊文字，在他们看来是娱乐的东西。于是便有报纸分为两部的说法，新闻为“庄部”，即庄重严肃；副刊为“谐部”，即娱乐好玩。

最初的副刊被人们戏称为“报屁股”，即放在报纸最后、可有可无的文字。新闻稿多了，就不发副刊内容，新闻稿不够，就发副刊。

这种单一文艺副刊时期，一直延续到20世纪80年代末。副刊内容每期基本固定，如散文、小说、诗歌、杂文、随笔，也发些书法和绘画作品。副刊培养了大批著名文人和书画家。

1978年开始的改革，也给中国传媒的改革带来了机遇。经济的发展，报纸“铅与火时代”① 的结束，对报纸容量提出了时代要求，即大量信息仅靠四版报纸无法传播，必须加大专刊和副刊版面，才能适应时代要求。于是，用以加大信息量的周末版和专刊便艰难地应运而生。

说它应运而生，是因为它结束了报纸只有四版的时代。这些周末版和专版、副刊内容，适应当时政治、经济、文化发展，渐渐将触角延伸到各个领域，成为正版报纸的强大补充，为广大读者提供了更多更好的新闻与服务。说它艰难，是因为当时新闻传媒的管理观念还停留在计划经济时代，报纸开办专版、周末版，或者突破平日出版张数，都是要经过严格申报审批的，媒体不能自作主张。

社会需求在变，媒体在变，媒体管理部门如宣传部，观念也在变。报纸相继出现了旅游版、休闲娱乐版、IT版、汽车版、房地产版等专版，当年的副刊，有的保留，有的则慢慢融入到文化专版里，人们称之为“大副刊”。

大副刊是一个有争议的称谓。有的报人或学者把专刊和副刊总称为大副刊，有的则把专刊和副刊区别开来，单称专刊和副刊。副刊也在改变，从当年报纸1/4的内容，变得越来越少。有的报纸则把副刊做成几个版面，在周末推出，以弥补周末新闻版面的不足。副刊的内容，也受到新闻和专刊的挤压，如诗歌、报告文学、散文这些“慢”文体，基本就被取消，代之以叙写平民百姓酸甜苦辣的时文，多以“城市笔记”、“小城故事”、“流行杂志”、“市民故事”等快餐式文本出现，具有事件的时新性和广泛的接近性，受到广大读者的喜爱。至于当年发在副刊上的杂文和随笔这些文艺性和思想性较强的文体，则分流到别的版面或专设版面上。

（3）专版专刊

下面这个专版是证券专版，我们可以读出什么信息？

---

① 以前报纸是铅字印刷，即每一个字都铸成三四厘米长的铅条，由排字工人一字一字排好印刷。铅字的熔铸还需冶炼炉，所以报社的印刷厂里还配备有炉子和几位补字工作人员，常用字有字模，冷僻字要随时补刻。我们称之为“铅与火的时代”。

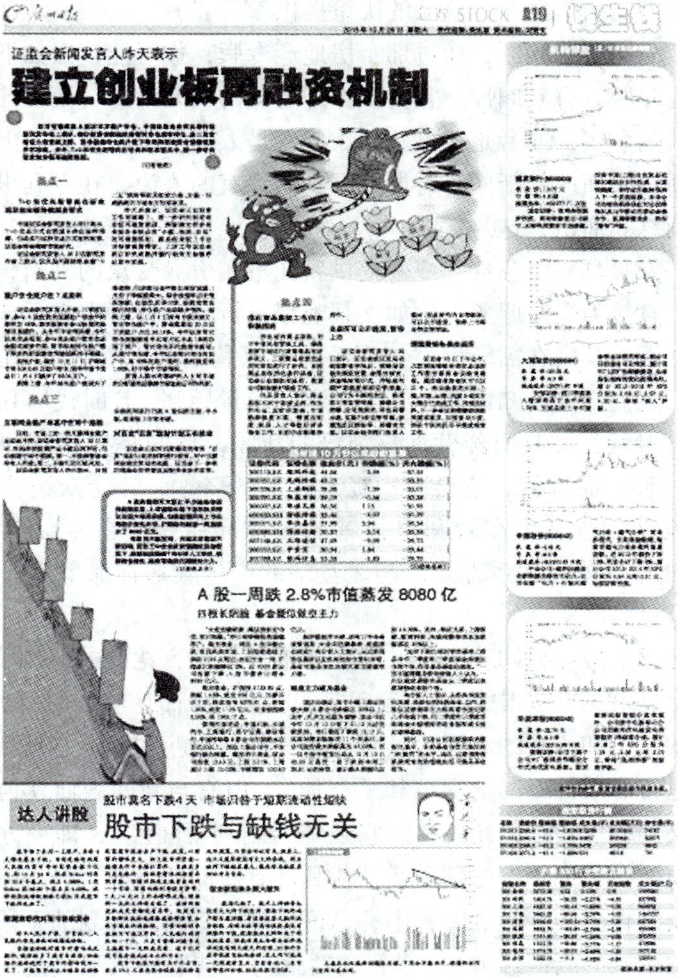
证券 STOCK A19

证监会新闻发言人昨天表示

建立创业板再融资机制

A股一周跌2.8%市值蒸发8080亿

达人讲股

股市真名下跌4天 市场归咎于短期流动性短缺

股市下跌与缺钱无关

信息需求量大，就扩大版面；经济发展了，在加强经济新闻报道的同时，相应专版也应运而生。旅游热起来了，旅游专版立即推出。不仅是报纸，所有大众媒体都是这样操作。于是，专版专刊走进了一个火红的时代，成为厚报时代报纸的重要组成部分。

原则上，由多个专版组成的、按照行业或者领域划分的内容，我们称之为专刊。体现在报纸里面，则以叠的形式出现。如B叠、C叠等。

经济多元，文化多元，人们的需求多元，媒体也不像当年那么单一，于是受众出现了细分局面。也就是说，看报纸的读者，不再是从头看到尾，而是选择其中自己喜欢的、可以为自己服务的版面细读。这就如同你想买房买车一样，以前讨厌这些广告，现在则巴望着这些广告或者专刊，因为你能从中找到自己需要的信息，为自己的决策提供参考。

回到上面提出的问题，通过那个房地产专版，你可能读出如下信息：

第一，专版具有新闻性。它告知你一定量的新闻信息，而且往往选择新近发生的新闻事实，或者是焦点新闻，或者是人们渴盼的新闻。但是，它的新闻，和新闻版面上的新闻是有严格区别的。有的人说，在专刊里，一般不用纯粹的消息和通讯，这是对的。

第二，专版具有服务性。或者提供新闻事实引导受众的判断，或者提供具体方略，直接为受众服务。例如，某晚报分析本地读者需求后认为，在新的时代条件下，其内在需求为“把握新知，以利生存”。因此，在专刊和栏目设置上，就突出了新知周刊、知本导刊、前景导刊、E时代周刊。

第三，专版往往具有经营性。纯粹的新闻，目的是报道新闻事实。广告，则是一种产品宣传，它会多次提及产品的名称，让受众记住。而专版往往二者兼具，产品生产者和出售者的名称和品牌，在专版里多次被提及，虽然没有具体的联系方式，与之互动的广告版却在那里等着你的“光临”。

原湖北日报报业集团董事长、湖北日报社社长、党委书记江作苏先生在一篇论述专副刊的文章中指出：近年来，一种全新的“新闻性副刊”日益得到社会的认可和读者的欢迎。其特点是：不属于新闻，但它是新闻的延伸和深化，它带有某种新闻的视角和“气质”，但它与新闻版面互为补充、相得益彰，共同构成报纸的统一体。它强调“副刊新闻性”，即一方面尽可能将副刊性质所决定的静态选题做活，使其富有新闻的灵韵，另一方面在组织副刊选题及制作副刊产品的过程中，尽可能地引进新闻策划的手段。在做活副刊、强调副刊的新闻性方面，“新闻性副刊”选题多数不直指突发的新闻事件，它可能是一种现象，一种系列的新闻事件的大背景，一种精神需求，甚至说是讲一种观点或一个道理，有内涵上的跨度，有相对自由的伸缩空间，就是不能没有与新闻的交叉和糅合。①

新闻的交叉和糅合，是打开读者未知、欲知之门的一把漂亮钥匙。我们来看下面这个专版：

---

① 江先生持“大副刊”观点，本书不遵从。但他的关于专副刊的论述，却是精辟的。——编者注

10 专题策划 | Topic　　滨海周刊

距成为市场消费主流还有很长一段路

五问节能汽车

一问：“油改气”好在哪？

多用气少烧油，环保又经济

二问：“油改气”安全吗？

三问：“油改气”能否广泛应用私家车？

四问：混合动力=新能源车？

五问：哪些车能上节能车牌照？

节油率超过20%的混合动力车

这是天津《今晚报》旗下的《渤海早报》2014年3月6日的一个周刊版，讨论的是新能源汽车问题。这版文章，不是纯粹的新闻，但与新闻紧密相关。因为此前，李克强总理视察几个汽车制造企业，都对新能源汽车的发展寄予厚望。北方城市近年来雾霾加重，汽车对PM2.5的“贡献”不小，因此，发展新能源汽车，成为城市管理者和广大百姓的期盼。那么，新能源汽车为什么不能立即形成规模？它的瓶颈到底在什么地方，应该解决哪些问题才能让新能源汽车成为市场消费的主流？文章通过“五问”回答了这些问题。另外，既然是专版，当然是新闻与经营的结合。这一天的周刊，围绕着新能源汽车，一共做了8个专版，其中当然不乏新能源汽车广告。

《温州都市报·时尚周刊》的《第六天》是面向中青年时尚白领的一个专刊。在“话题”的选择上，它必然要考虑到年轻人所关注的事情。金融危机教会许多年轻人节俭度日，“记账风”悄然流行起来，专刊抓住这个新鲜事，诉说了中国中青年人群生活的酸甜。抓这个，是新闻敏感的体现。同时，它为热衷于记账的人们，提供了一个记录日子的思路，《账客登场》为中青年新型理财服务，很受欢迎。新闻敏感加上服务，使这一话题具有时代特色和服务特点。

天津一家报纸，在服务上下足了功夫。在“邻讯”专版里，他们的服务到家了：您家里有什么想转让，或是您有什么需求，是要找工作，还是打算卖房子，在这个版面中，都可以体现。不用再东奔西走，在“邻讯”或许什么都有。

我们再来看专版的经营性。副刊为什么在扩版大潮中被挤压？一个重要原因就是它不赚钱还亏钱，比如编辑人员的工资待遇、纸张和印刷发行的成本、稿费等，算在一起，一年不是一个小数目。“副刊留客”是特定历史时期的现象，在媒体相对发达的当今，再靠副刊留客已经不太现实。为生存而忙碌的人们，喜欢快餐式、服务式的报刊内容，于是，副刊日益减少。后来居上的便是专刊了。

大量专刊专版的出现，不也是要花费大量成本么？为什么它壮大了，而副刊生存却存在危机？这就得说到专刊的另一个属性——在服务中赚钱。

许多商家做广告，硬广告要做，软广告也做，而且认为软广告的效果很不错，于是，大量软广告进入了专刊。某报一个房屋专刊，于 2013 年 6 月推出一个“总部国际”的“楼市聚焦”专版，一篇介绍这个楼盘的大文章，用了三个小标题，它们分别为：绝对中心，绝对品质，绝对价值。还登了销售电话。这样的专版，就是广告。但是，商家出的钱比广告钱要少得多，用这样的宣传来销售楼盘，效果不比广告差。

各专刊根据自身特性，一旦做得稍有影响，便会成立行业类工作室，如旅游工作室、健康工作室、财经工作室、3C 工作室（家电通讯类）、房地产工作室、教育工作室等，借以整合广告资源。工作室一旦成熟，就单独成立“事业部”，这就是准产业化了。产业化后的专刊，必然分流了媒体的广告收入，为了百川归海，每个工作室都会由广告公司派员参与监督，合理分配这方面的收入。

所以，一位专版的记者编辑，应该成为这个“战线”的行家，至少是一个杂家，即什么都懂。他应该是一位策划家，必须敏感地捕捉与新闻相关的选题，结合受众需求，做出专刊特色；他还应该是一个社会活动家，因为专版还要开展活动，用活动带热版面，带动商家的广告效应。除此之外，还应该成为一个经济创收的营销人员，懂得如何运用自己的专刊实现“三赢”，即读者得到了实惠，商家得到了利益，媒体也有部分收益①。看来，划清专版和广告版的分野往往很难。我们强调专版的新闻性和服务性。

（二）实训的具体要求

本次实训，具体要求如下：

（1）策划一个专版，要求具有新闻性、服务性和经营性；

（2）要求图文并茂；

（3）版面中至少有一篇是自己的文章，或者是头条新闻，或者是编后或者编辑手记；

（4）不允许照抄一个现成的版面，一经发现，则本次实训成绩不及格。

（三）选题汇报（45 分钟）

在上一次课预报下一次课的内容，让学生作好选题汇报的准备，可以参看一些报纸的专刊专版，从中受到启发。鼓励学生策划与学校生活相关的选题，如介绍学校风光、学校周边商圈、年轻人喜欢的商品、学生中新发现的消息理念等。

要求每位学生汇报专版的选题，汇报中要求说明为什么要做这个专版，如何做好这个专版。每位学生的选题得到老师认同后方可离开教室进行准备。

强调新闻性与服务性结合。也鼓励学生尝试经营性，如适当组织软广告等。当然，这些只是模拟。

三、作品赏析

《云南日报》2012 年 10 月 10 日第 11 版是旅游专版，它由 4 个板块组成。头条《擦靓黄金旅游钱》配了 4 张图片，是市场整治行动的第 12 次报道。有新闻性，也有宣传景点的意思。偏头条“相聚东江湖畔，寻美锦绣潇湘”，其“精彩推介”的是湖南张家界和东江的景点，这显然是一条软文；“腾冲加入国际温泉联盟”，既是消息，又有宣传意味；东川摄影月引来八方客，也是一条消息和广告的结合体。而左下两条，则全是“舌尖上

① 关于这点，颇有争议。首先是媒体内部，广告部和专刊部为利益时有矛盾。再就是“广告软文”一旦植入专版，媒体的屁股往往坐在商家一边，很难做到客观公正。——编者注

的广告”。

旅　游　11

擦靓黄金旅游线

相聚东江湖畔　寻美锦绣潇湘

腾冲加入国际温泉联盟

东川摄影月引来八方客

这么一个版面，既结合了云南省整治旅游市场的行动，又不误伤其美丽景点，顺便为邻省景点和特色小吃们做个广告，新闻与创收二者有机结合在一起，体现了当今专版专刊的运作特色。

四、实训作品问题诊断

学生们的实训作品，一般根据自己的兴趣爱好选题，平时所关注的熟悉领域或者产品，是他们的第一选题。图文并茂是能做到的，服务也能做到，缺少的是经营创意。也就是说，办专版，不仅仅是服务，还得为媒体赢得效益——要么是使媒体企业的文化理念得到宣传，要么是联系若干家企业赞助，至少要赚回专版发行的成本。如果仅仅只有服务，媒体作为一个企业，长期下去，是亏不起的。

专版的组版应该引起重视。一般来说，专版要求图文并茂，至少要比新闻版活泼得多。但是，版面不能太花哨。有的学生下载大量图片，基本没有什么文字，这样的版面是花哨的懒版，应该纠正。还有，学生做版面不精细，留白太多，浪费版面，这在实际工作中肯定是不被允许的。所以，教师应该在指导学生版面的时候，指出这些问题并指导学生改正。

思考与练习

1. 下面是一家报纸某天的一些专刊专版，请同学用心阅读，并指出哪些是新闻专版，哪些是专刊专版，哪些是副刊版。

第 A09：中国新闻·专题
艺术精品助龙岗打造文化强区
薛伟：推广古典音乐有战略眼光　杨洪：高雅艺术可提升市民修养
京杭高铁被飞鸟撞裂玻璃
中国最年长义工逝世
网传“南充百多人越狱”警方回复此消息是谣言
陕西一警用直升机坠毁
长春盗车杀婴案　被告正式提上诉
陈水扁狱中用毛巾自缢遭制止
一名女游客在港遭强奸

第 B06：车坛缤纷
尊享体验　超值拥有
别克“万人欢乐季”开启
本田思域最高优惠 1.6 万元
上汽特价车型迎深港澳车展
广汽本田第三工厂动工
红旗 H7 荣耀上市
圣达开启重大酬宾活动

第 C01：人文天地
音乐产业“拐点”还有多远
法国大皇宫展览馆　化身“温室花园”

"正能量"提升 书画的文化价值
中国艺术家"赶海"威尼斯
百余作品将汇聚"中国名家画北京"展览

第C02：人文天地/前海
我不了解自己的手
马大哈
观澜河的龙舟记忆
雨中鼓浪屿
初会草原
菜头粿热单畔
长在树上的粽子
大厨

2. 认真体会专版与专刊的区别。如果让你做一个"大学生毕业季"的专刊，你策划做多少个专版？每一个专版的主要内容是什么？

实训十 媒体考试

一、实训目的及要求

通过这次实训，让学生知晓新闻媒体招聘新闻工作者时笔试所考内容、面试程序及基本问题。要求学生在进入新闻单位之前，有较强的针对性准备，加长自己的“短板”。

二、实训步骤

（一）理论提示（45 分钟）

尽管新闻媒体门槛越来越高，但新闻院系学生毕业后，仍然想选择与自己专业对口的职业。敲开媒体从业大门的第一块砖是实习作品，第二块砖是笔试，第三块砖是面试。了解媒体招聘从业人员的程序及考试内容，是新闻专业学生的必要知识。

媒体招聘从业人员，近些年也遵循“逢招必考”的原则。如何知道哪个媒体招聘、如何报名、如何笔试、如何面试，在当前的新闻教育里，似乎还没有相应课程，学生想到媒体工作，多是自己摸索门径。

1. 关注媒体招聘信息

媒体招聘，往往事先刊登招聘启事。以报纸为例，它会把招聘启事刊登在报纸和自己的网络上，时间一般是年初，即二三月间。这是常规的招聘，如果媒体因为工作需要急招，则随时可能发布招聘启事。

有心从事新闻工作的应届毕业生，应该随时留心各媒体的招聘启事，不要错过难得的机会。

无论是网络报名还是到媒体报名，相关证件和作品是少不得的。学生们都有相关证件，而作品尤其是新闻作品未必人人都有。后者能够证明自己的新闻从业能力，是媒体比较看重的。

填写表格或者出示作品，请把独立署名的放在前面。无论是新闻作品还是论文，独立署名表明能力很强，被实习指导老师带上名字的新闻作品，只能说明你有新闻实习的实践经历，并不能完全代表你的新闻写作水平。

媒体招聘的要求，指明了学生努力的方向。比如“新闻记者”，主要指要闻和社会新闻的记者。新闻记者普遍要求有较敏锐的新闻观察能力和较强的新闻采访、写作及工作执行能力，能适应高强度工作压力，以及执行力强，团队合作精神佳。而“行业记者”，则具体到某一行业，比如旅游、IT、汽车、服装、餐饮等行业，媒体招聘的是一些特色人才。学的是新闻传播专业，得熟悉行业业务；学的是行业专业，得加强新闻写作。

还有一点得提醒大家，现在各省、直辖市所管媒体和中心城市媒体招聘新闻从业人员，招聘启事里要求是“全日制大学本科及以上学历”，实际要求是研究生及以上学历。不是研究生及以上学历的应届毕业生，应该把应聘目标降低一点，到地市一级媒体去应聘更为合适，不然，花大量精力准备应聘省城媒体，结果希望不大，还误了时间。

2. 笔试考些什么

过了资格审查关，便可以参加笔试了。有的媒体笔试程序相当复杂，可能考几天。有的媒体相对简单，就是让报名者做一份 2～3 小时的卷子，做完之后，回家等通知。

先说程序复杂的笔试。无论是程序复杂的笔试还是相对简单的笔试，采、写、编、评都会考到，这是肯定的。比如采、写的考试，有的媒体会通知应聘者某一时间在报社门前集合，然后坐车，到某一个地点，通知应聘者下车，接着在某一时间上车。下午，笔试正式开始，请根据你上午的采访，写一篇消息。

这就是在考查大家的新闻发现能力、采访能力、写作能力。既然是招聘新闻从业人员，消息就要写得像消息，特别要考查的是，你写出来的是不是新闻。有的应聘者写成了纯粹的见闻或者游记，这便与媒体考试的本意有差别了。

接下来还会安排考查编辑的内容。把大量事实不按新闻价值大小随意地写下来，要求应聘人员根据新闻价值的大小排序；或者罗列 10 来条消息，让应聘者根据新闻价值的大小安排在报纸版面上；或者把一篇长通讯改写为一篇消息，再配一篇评论。这对应聘者新闻能力的考查是非常严格的。别以为这些题你基本做得出来，但做得好不好则是另一回事。应该说，对于一个新闻院系的应届毕业生，这些题都是教学中的老生常谈。但是，媒体考试是实战，哪怕一道题做得不漂亮，你就落选了，因为这样的考试，录取比例比高考小得多！

程序复杂的笔试当然包括时政题和基本知识题，这放在相对简单的笔试里说。

这种考试方法就是让学生做 2～3 小时的卷子。其题目一般是填空题、选择题、名词解释题、简答题、改错题、实作题等。

基础知识题是指重要节假日、主题日、历代传颂的诗词歌赋等相关内容，这些都是新闻媒体日常工作中经常要用的。学生对这一块感到陌生的原因，大概是感觉大学期间学习这些没多大用处。要追究原因，只怕还是学校课程设置以及专业知识的引导方面出了问题。

笔试中，改错就成为一个必不可少的题。题型五花八门，有写出多个词或词组让你改错的，有选一段文字让你改错的，也有写出数个成语让你改错的，若文字的基本功不到位，这一关就很难过。

关于新闻的基本知识，关于新闻媒体的发展态势，关于新闻理论的一些争议，也可能进入考题，至少有一个题会涉及这方面的问题，要求应聘者简要作答。

这就要求应聘者除了关注新闻的基本理论之外，还得关注新闻媒体未来的发展，把握新媒体业态出现之后引发的新闻战线的连锁变化，即对新闻理论前沿的情况也得有一些了解。

实作题无非是采、写、编、评、组版这一套。或者提供材料写一则消息，或者把一篇通讯改写成一则消息，或者选取通讯员的一篇不成熟的稿件，让你编辑修改成一则可以发表的消息，或者让你配写一篇评论，这样的实作题，是对大学学习期间专业知识的考核。尽管学生对于这些并不陌生，但这里的考官比学校的老师严格得多，只要一题没有做好，新闻梦便可能破灭。

3. 面试要注意些什么

媒体的面试场面宏大，气氛严肃，媒体的主要领导都会参加，各部主任也会到场，这对应聘者的心理压力是巨大的。过了审查关和笔试关进入这最后一关的，都是精英。如何在面试中比较圆满地回答媒体领导提出的面试考题，是能否进入媒体工作的最重要的环节。

面试前要做好哪些准备呢？

第一，衣着打扮得体，仪态自然大方。

媒体，是文化单位，记者编辑的穿戴，都要有文化品位。这并不意味着应聘者的穿着要一味地高档和新潮。得体就好，女生化淡妆就好，不要浓妆艳抹，不要性感逼人。要仪表端庄，自然大方，不能畏畏缩缩，声音要清晰，让每位评委听得清楚。

第二，自我介绍真诚自然，别太高调。

关于姓名、年龄、毕业学校和专业，有何特长，一一向考官作出介绍，介绍时自然一些，不能像背书，也不要像演讲。介绍自己的优点特长时别说得太满，你是回答考官的问题，而不是用一种气势镇住考官。

第三，熟悉所聘媒体的性质特点，不说外行话。

这一点非常重要。如果说前面两点还只是看你的气质和谈吐，那么这一点则是考察应聘者是否有在媒体工作的潜质。

每一个媒体都有自己的定位，关于这一点，应聘者在考前一定要做功课。许多应聘者在考前不看这个媒体的“产品”，不关注新闻，不看专刊、副刊，不看广告，不研究媒体性质，一遇到考官提问，就按自己在教科书上学来的内容回答，让考官一看就知道是新闻的外行，一看就没有发展的潜质，遭淘汰就是必然的了。

有一位研究生在面试时，考官请她说说该媒体的性质和受众定位。这是一家晚报，这位应聘者说，要好好宣传党的路线方针，当好党和人民的喉舌。这样回答，哪一位考官也不会说你错了，但是，在他们心里，早已把这位应聘者列入了淘汰名单。原因何在？她的答案放之四海而皆准，没有把握住晚报特点，不懂得晚报的办报宗旨，可能更不知道晚报与日报的区别。尽管这些知识日后可以弥补，但是，考试就是考试，有比你更清楚媒体性质的应聘者，媒体不可能选中回答不得要领的你！

所以，毕业生要应聘媒体，得“熟读”那个媒体，特别要注意它的办报（台、网）宗旨，这个宗旨往往凝结成一句话，放在报头的下面，如“影响有影响的人”(《长江日报》)、“为百姓谋利益”(《武汉晚报》)、“与生活零距离　为百姓做文章”(《南国都市报》)、“为老百姓办　给老百姓看”(《新安晚报》)等，知道办报宗旨，你才能了解该媒体的办报思路、经营特点。在回答中，力求说点实在话，说点内行话，说点体己话，这样的面试回答，考官才感觉到你对他们的媒体有所了解，是铁了心进来一展身手的新生力量。

再如应聘党报，应聘者说外行话的现象更多。平时不看党报，对党报的性质停留在刻板的印象里，好像党报在新闻上从不改革。据编者所知，党报的改革比晚报改革的步子要大得多。在我国，晚报的内容几十年一直没怎么大变，只是内容更加丰富，服务更加周到。而党报的改革，说改头换面似乎有夸张之嫌，但说它们在市场开拓上艰难探索了几十年、面貌焕然一新实不为过。应聘党报，先弄清一个问题：财政还为它拨款吗？它靠什么养活自己？接下来再看它的头版，与几十年前是否大不一样，为什么不一样？最后，弄清它的民生报道在所有报道中的分量。应聘者只要弄清了这三个问题，面试就成功了一大半。

（二）模拟笔试（135 分钟）

1. 模拟笔试用时 3 学时（即 135 分钟左右）

笔试要求学生单独考试，不得使用手机上网。对于不会回答的问题，可以暂时放下，留待考完之后再补救。模拟笔试不是要把学生考倒，而是让学生知道，在媒体应聘的知识储备上还有哪些不足。事后的补救，比考试本身更重要。

2. 做考题

采编人员招聘考试试卷

考生请注意：

1. 请用钢笔或圆珠笔答题，考试时间×××分钟。

2. 请先将姓名、准考证号填写在密封线内的指定位置，如漏写姓名、准考证号则成绩作废。

3. 试卷留空不够的，请附纸作答（请向监考人员索取）。

4. 手机等通信工具请勿带入考场，如无人保管需带入，请关机；不得在试卷及答题纸上做特殊标记。否则按舞弊处理。

5. 全卷 100 分

一、综合知识填空题（每空 0.5 分，共 25 分）

1. 认识并了解一个地方的主要党政领导，是对编辑记者的基本要求。目前你所在省的省委书记是________，省长是________；你所在市（县）的市（县）委书记是________，市（县）长是________。

2. 拉动当今全球经济发展不再仅仅靠发达国家，也要靠一些发展迅速的新兴经济大国，特别是被世界舆论称为“金砖四国”的中国、印度、俄罗斯和________。

3. “砖块”一词的英文为 Bricks，因为它与四国的英文名称首字母组合而成的“BRICS”一词读音相似，所以称这四国为金砖四国，不过，称金砖四国时，单词最后的那个 S 是小写的。四年前，有一个国家填补了S的空白，这个单词中的S不再小写，它与其他四国合称金砖五国。这个国家是________。

4. ________是新闻的生命，是新闻的一个本质特征，这也是新闻与文学区别的最主要标志。

5. 按照新闻的原则，“5个W”基本概括了完整的新闻结构。在新闻的演变过程中，人们又注重了一个“H”。“5个W”是指何时(When)、何地(Where)、何人(Who)、何事(What)、何因(Why)，一个“H”是指________。

6. “长太息以掩涕兮，哀生民之多艰”是______作品________中的名句；“生当作人杰，死亦为鬼雄”是______代________的名句；“业精于勤，荒于嬉；行成于思，毁于随”是________代________的名句；“苟利国家生死以，岂因祸福避趋之”是________代________的名句。

7. 王蒙是作家，杨丽萍是________，梁振英是________，马寅初是______，袁隆平是______，白岩松是________，陈光标是________，范长江是________，潘基文是________，凯特·米德尔顿是________，刘翔是________。

8. 二十四节气是我国劳动人民创造的辉煌文化，它能反映季节的变化，指导农事活动，影响着千家万户的衣食住行。请在下面横线上写出二十四节气的名称。

____

____

____

二、改错及判断题（共9分）

1. 将错别字画出，并将正确的字填在括号里。(5分)

共商国事（　　）	墨守陈规（　　）	放浪行骸（　　）
针贬时蔽（　　）	旁证博引（　　）	挺而走险（　　）
趋言附势（　　）	一愁莫展（　　）	不径而走（　　）
相形见拙（　　）	按步就班（　　）	沤心沥血（　　）
如法泡制（　　）	独辟溪泾（　　）	世外桃园（　　）

2. 根据文意和拼音，在括号中填写相应的常用汉字词。(4分)

(1) 如果要jiàn shǎng（　　　）我国的园林，苏州园林就不该错过。

(2) 先前的紫色的圆脸，已变作灰黄，而且加上了很深的zhòu

wén（　　　）。

（3）在灯光中瞥见他黑瘦的面貌，似乎正要说出 yì yáng dùn cuò（　　　　）的话来。

（4）商店和饭馆的门 wú jīng dǎ cǎi（　　　　）地敞着，面对着上帝创造的这个世界……

三、简答题（任选一题回答，5分）

1. 谈谈你对新闻价值的理解，你认为判断新闻价值的标准有哪些？

2. 电子报近年来迅速崛起，对传统报纸产生巨大冲击，有人认为“传统报业的冬天已经来临”，你怎么看？你认为电子报和传统报纸的关系是什么？

四、简述题（11分）

新华社发布了来自铁道部的一则重要信息，此事对湖北武汉地区的市民及乘客也有较大影响，也能对交通等产生一些相关影响。作为地方媒体，编辑部要求就下面这起新闻事件采写更为深入、详尽的报道，请你根据新闻采访的有关要求撰写一份初步的采访计划，包括报道主题、采访对象及所要采访的主要内容（假设报道刊发时间为以下材料内所指的时间）。

据新华社北京1月10日电（记者刘诗平）铁道部新闻发言人王勇平10日透露，2007年铁路春运各类旅客列车票价一律不上浮，以后春运也将不再实行票价上浮制度。

王勇平说，今年春运，铁路部门在各类旅客列车中均不再实行票价上浮，这一票价政策实行后将会使数千万旅客直接受益。

2006年春运铁路火车票票价上浮情况为：春节前1月21日至27日、春节后1月31日起，硬座票价上浮15%，其他席别上浮20%。但以农民工、高校学生为主要客流的临时旅客列车票价没有上浮。

王勇平说，目前铁路运输能力仍很紧张，尤其在春运期间有的线路和方向无法全面满足旅客的出行需求。铁路部门将克服困难，全力挖潜扩能、精心组织调度，尽最大能力缓和运力与需求的矛盾，努力为旅客过一个愉快祥和的春节创造较好的旅行环境。

他同时呼吁，旅客应妥当安排出行时间，合理选择交通工具，尽可能避开客流高峰期出行。铁路部门届时将及时向社会发布旅客流向和运力配置的有关信息。

2007年全国铁路春运方案显示，在2月3日至3月14日的40天春运里，预计铁路将发送旅客1.56亿人次，较去年增长4.3%，客流高峰将超过历年春运。

五、写作题（50分）

1. 根据下列材料，改写成一篇不超过800字的消息（25分），并配发一篇不超过600字的评论（25分）。要求主题集中，角度得当，语言流畅，同时为消息、评论制作标题。

周边环境遭殃，污染屡禁不止

与长江一堤之隔的湖北楚源精细化工集团公司创建于1983年，原为石首市化学试剂厂，经过20多年的发展，现拥有11家子公司，总资产近20亿元，每年活性染料的生产能力达5万吨，有萘系、苯系、杂环系等系列产品50余种。

记者在长江岸边楚源公司的排污口看到，一根塑料排污管道伸到江中，黑红色的液体翻卷着涌向江面。到了傍晚，楚源公司厂区内灯火通明，20多根烟囱冒出浓浓的黑烟。

湖北省环保局监察总队有关负责人告诉记者，楚源公司的排污是个老大难问题，处罚过多次。他说，楚源公司每天排出废水1万多吨，其中每日产生的200吨高浓度H酸水，也随同废水一起排出。经抽查发现，高浓度H酸废水中的COD指标超标230倍，给长江生态环境和周边群众的饮水安全带来很大威胁。

楚源公司总经理陈烈权说："楚源公司在环保治理方面投入了上亿元，建立了污水和废气处理设施，但从目前的技术来讲，每天产生的200吨的高浓度H酸水国内根本无法处理，现在只能通过稀释后排放。我们最近引进了德国新技术，明年可投入使用。"

但该公司有职工告诉记者，楚源公司的环保设施其实是个摆设，污水处理厂平时很少开，上面环保部门来检查时，厂里才开。

记者来到楚源公司隔壁的石首市环保局，该局污控科负责人的说法是，楚源公司每年向环保局交纳五六十万元排污管理费。正常情况下，该公司排污基本是达标的，有时也出现排污不达标情况。

群众深受其害，患病人数增多

紧邻楚源公司的张城垸社区有居民1700多人，95%是农村户口。社区居委会党总支副书记张木春告诉记者，张城垸曾经是长江边上碧水蓝天、粮草肥美的村落。自从20世纪80年代楚源化工厂在此落户后，张城垸的环境一年不如一年，如今这里水质恶化，蓝天看不见了，患癌症的居民越来越多。

张木春说，楚源化工厂建设之后，患有癌症的人数增多。另外，患皮肤病和呼吸道疾病的村民也逐年增多。

今年63岁的袁本英说，她的儿子今年37岁，正值壮年，以前身体很好，今年2月诊断为尿毒症，已花掉医药费6万元，现在每天医药费至少120元，为了治病，家里准备把房子卖掉，可这里污染重，房子没人要。

张城垸社区居民熊中平告诉记者，随着楚源公司的不断扩建，生产车间离农户越来越近，最近的不足100米。由于排放大量的有害气体和粉尘，工厂周边的树木枝枯叶落，庄稼像被火烧过一样。

熊中平反映说，楚源公司排出的废水，流到田间地头，牛喝了也拉稀。

2005年，湖北省农业生态环境保护站曾抽取化工厂周边28个水稻样本检验，其中一个是对照样本。其结果显示：9个样本受重度污染，10个受中度污染，9个受轻度污染；2个样本减产10%，13个样本减产20%至50%，13个样本减产70%至80%。

张城垸小学与楚源公司仅一路之隔，有200多名在校生。一名六年级学生告诉记者，学校经常笼罩在浓浓烟雾之中，有时只好捂着嘴巴上课，不少同学患有呼吸道疾病。该校领导反映，今年已有30多名学生转学。

中国名牌蒙羞，企业表示整改

最近，在国家质量监督检验检疫总局授权中国名牌产品战略推进委员会对91类产品进行2006年“中国名牌产品”评价及表彰会上，楚源牌活性染料获得“中国名牌产品”称号。记者在楚源公司采访，恰巧碰到该公司举办“楚源牌”活性染料获得“中国名牌产品”的庆典，厂区内彩球飘飘，一派喜庆景象。可是不久前湖北省环保局、省监察厅联合公布的全省7家环境污染严重企业名单，楚源公司赫然名列其中。

张城垸居民反映说，楚源公司长期污染周边水体和土壤，给居民健康带来很大威胁，但该公司却获得“中国名牌”称号，这让我们心里很痛。

国家环保总局长江流域水资源保护局水保处负责人指出，地方保护主义和企业降低生产成本是楚源化工厂污染问题的主要原因。目前，长江干流总体水质良好，但局部污染严重。

中国名牌产品战略推进委员会秘书处一位姓高的工作人员表示，参加“中国名牌产品”评比主要考核指标是市场、质量、发展、效益等方面。楚源商标参评时，我们没有发现有环保方面的问题，否则我们会一票否决。

记者将以上内容的稿件传真到楚源集团公司，征求该公司的意见。该公司在一份传真件中表示，将采用高科技手段，下大力、花巨资，彻底根治污染。但愿这一承诺能够尽早成为现实。

（新华视点记者　徐旭忠　詹国强　陈春园　新华社武汉12月13日电）

（三）模拟面试（90分钟）

面试要造成“仿真”效应，有条件的，可以多安排几位老师一起面试，以锻炼学生应聘的心理素质和临场应变能力。这一环节对老师提出的要求更高，老师提出的模拟问题，应该是媒体面试时的实际问题。问题提得好，对学生的引导便正确。问题提得不好，对学生的引导便错误。有条件的学校，可联系媒体，让老师参加一两个媒体的招聘会进行旁听。或者有意安排年轻老师报考媒体，以取得应聘媒体的实际经验。或者通过实践调研的方式，向媒体讨教面试内容。

模拟面试也要打分。根据学生衣着打扮、自我介绍、回答问题是否扣题、对所应聘媒体情况是否熟悉等给一个面试分数。笔试、面试两个分数加起来，按比例计算出本次实训的成绩，计入实训课程总成绩。

三、实训问题诊断

在这一训练中，我们发现一个规律，即学生普遍对时政题和基础知识题感到棘手。时政题不会做，是因为他们在读书的四年中，很少关心时政新闻，不看电视，不读报纸，不听广播，一部手机、一台电脑，就是他们信息载体的全部，即便看新闻，也是浮光掠影，不用心思。因而对中央政治局常委有几位、他们的严格排名顺序一无所知。对省市领导是谁、“四大家”排名先后、“四大家”领导特别是党政主要领导的排名一无所知。这很危险，因为在新闻生产的实际工作中，这些都是非常重要的“常识”，一旦弄错，会造成严重后果。如果还想吃新闻这碗饭，就应该加强对时政新闻的关注。

历代著名诗句考查，所有媒体招聘时都有这样的考题。学生对这样的考题照样觉得很难。为什么感觉到难？因为背得太少。部分学生觉得，学新闻专业，没必要背诗词歌赋，只把采写编评几个技能搞熟就是一个合格的学生。其实大错。新闻实践告诉我们，当新闻记者，说不定会碰上讲话中爱引用诗词的领导，你如果不熟悉这些句子，只怕上网查找都难，更何况做新闻标题，没有中国古典文学的功底，很难做出漂亮的标题。

从事新闻工作就是吃文字饭，因而对文字的要求特别严格。国家语言文字的规范，首先是从新闻媒体规范开始，而教科书永远落后于媒体，这是不争的事实。学生在校读书期间，对国家语言文字的规范并不特别了解，例如，哪些网络词汇被国家辞典收入，学生都是通过网络了解一些皮毛，而在新闻单位，则有专门文件提醒从业人员注意。

少数学生在笔试的模拟考试中，写新闻、写评论，不会打标点符号，极少数学生甚至"一点到底"，分不出逗号和句号，对于这样的文字水平，媒体会拒之门外。原因仍然是学生从小到大没有受过严格训练，从小学到大学，所交作品全是"作业"，离实际工作隔着十万八千里。

在校学习期间，错一个字无非受到老师批评，批评之后还错，因为没有切肤之痛。在新闻单位，报纸错一个字，相关责任人扣50元到200元不等，播音员或者主持人错一个音，至少扣50元。媒体设专门人员负责审读和监听，校对室里大标语写着"校字如仇"。这套严格的制度，让广大新闻从业人员每天对文字有一种敬畏感。因而也让他们中的不少人成为语言文字的专家。

思考与练习

1. 请按规定的排名顺序写出中共中央政治局7位常委的姓名。

2. 请写出你户籍所在地（省、直辖市、自治区）的党政一把手的姓名。

3. 复习背诵100首唐宋诗词或名人诗词。背诵诗词名句150条。

4. 试买某一天的某报，请找出其中的字、词、句错误。从一份报纸中找不出10处差错的，此题视为不及格。

5. 请仔细阅读下面的内容，看看自己会不会，有没有掌握这些技巧。

（1）记者面试题①

面试，不同职业有不同的面试方法，每个企业有各自不同的面试方法。现今的我们都知道面试是一个非常关键的部分，它决定着一个企业、一个求

① http://www.0755rc.com/HTML/2013/12/20/20131220110810173.html,2013-12-20。

职者的命运，下面我们一起来看看记者的面试真题。

1. 新闻的定义，你个人的理解？

2. 有人认为网络媒体将超越纸媒，你如何看待这个问题？

3. 用自己的话解析“三个代表”重要思想和“科学发展观”。

4. 说出你喜欢看的报纸、杂志，各5种，并说明理由。

5. 假设你参加了某汽车大赏颁奖典礼，如何采写到除通稿之外的新闻？

6. 市政府举行办公会，拒绝任何媒体采访，在没有有效证件、邀请函的情况下，你如何获得会议现场的情况以及会议文件？(必答)

7. A、B两明星不和，你如何报道A骂B的话，又让B不能告你诽谤？

8. 假设你中午约定了李嘉诚的专访，但是前一个记者已经延误了近一个小时的时间，而下午你还有一个重要的采访。时间紧迫，你如何说服前面的记者结束采访？

9. “All The News That's Fit To Print”是哪家媒体的口号？

10. 说出4个新闻网站域名，2个搜索引擎域名。

11. 说出2006年至今在市场、业界、坊间的热点书籍或作家，各5个。

12. 举例说明政府关于“宏观调控楼市”所取得的成效。

13. 说说你最近最想做的一个采访选题。

（2）记者招聘面试中常被问到的几个问题及回答技巧①

面试的时候最注重的就是工作经验，如果你有相关行业的工作经验或者实习经验比较好。那就可以就相关的方面去谈，越详细越好。如果你有比较好的写作能力，也可以渲染一下。主要还是工作经验，毕竟招人的都想找一到工作岗位就能马上上手的人。

给你看看十六个注意的事项，它们是很有用的。

面试过程中，面试官会向应聘者发问，而应聘者的回答将成为面试官考虑是否接受他的重要依据。对应聘者而言，了解这些问题背后的

① http://career.eol.cn/jiuye_bbs_5904/20100519/t20100519_476775_3.shtml，2010-05-19。

“猫腻”至关重要。本文对面试中经常出现的一些典型问题进行了整理，并给出相应的回答思路和参考答案。读者无需过分关注分析的细节，关键是要从这些分析中“悟”出面试的规律及回答问题的思维方式，达到“活学活用”。

问题一：“请你自我介绍一下”

思路：

1. 这是面试的必考题目。
2. 介绍内容要与个人简历相一致。
3. 表述方式上尽量口语化。
4. 要切中要害，不谈无关、无用的内容。
5. 条理要清晰，层次要分明。
6. 事先最好以文字的形式写好背熟。

问题二：“谈谈你的家庭情况”

思路：

1. 家庭状况对于了解应聘者的性格、观念、心态等有一定的作用，这是招聘单位问该问题的主要原因。
2. 不要简单地罗列家庭人口。
3. 宜强调温馨和睦的家庭氛围。
4. 宜强调父母对自己教育的重视。
5. 宜强调各位家庭成员的良好状况。
6. 宜强调家庭成员对自己工作的支持。
7. 宜强调自己对家庭的责任感。

问题三：“你有什么业余爱好?”

思路：

1. 业余爱好能在一定程度上反映应聘者的性格、观念、心态，这是招聘单位问该问题的主要原因。
2. 最好不要说自己没有业余爱好。
3. 不要说自己有哪些庸俗的、令人感觉不好的爱好。
4. 最好不要说自己仅限于读书、听音乐、上网，否则可能会令面试官怀疑应聘者性格孤僻。
5. 最好能有一些户外的业余爱好来“点缀”你的形象。

问题四：“你最崇拜谁?”

思路：

1. 最崇拜的人能在一定程度上反映应聘者的性格、观念、心态，这是面试官问该问题的主要原因。

2. 不宜说自己谁也不崇拜。

3. 不宜说崇拜自己。

4. 不宜说崇拜一个虚幻的、或是不知名的人。

5. 不宜说崇拜一个明显具有负面形象的人。

6. 所崇拜的人最好与自己所应聘的工作能“搭”上关系。

7. 最好说出自己所崇拜的人的哪些品质、哪些思想感染着自己、鼓舞着自己。

问题五：“你的座右铭是什么?”

思路：

1. 座右铭能在一定程度上反映应聘者的性格、观念、心态，这是面试官问这个问题的主要原因。

2. 不宜说那些易引起不好的联想的座右铭。

3. 不宜说太抽象的座右铭。

4. 不宜说太长的座右铭。

5. 座右铭最好能反映出自己某种优秀品质。

6. 参考答案——“只为成功找方法，不为失败找借口”

问题六：“谈谈你的缺点”

思路：

1. 不宜说自己没有缺点。

2. 不宜把那些明显的优点说成缺点。

3. 不宜说出严重影响所应聘工作的缺点。

4. 不宜说出令人不放心、不舒服的缺点。

5. 可以说出一些对于所应聘工作“无关紧要”的缺点，甚至是一些表面上看是缺点、从工作的角度看却是优点的缺点。

问题七：“谈谈你的一次失败经历”

思路：

1. 不宜说自己没有失败的经历。

2. 不宜把那些明显的成功说成失败。

3. 不宜说出严重影响所应聘工作的失败经历。

4. 所谈经历的结果应是失败的。

5. 宜说明失败之前自己曾信心百倍、尽心尽力。

6. 说明仅仅是由于外在客观原因导致失败。

7. 失败后自己很快振作起来，以更加饱满的热情面对以后的工作。

问题八："你为什么选择我们公司?"

思路：

1. 面试官试图从中了解你求职的动机、愿望以及对此项工作的态度。

2. 建议从行业、企业和岗位这三个角度来回答。

3（参考答案）"我十分看好贵公司所在的行业，我认为贵公司十分重视人才，而且这项工作很适合我，相信自己一定能做好。"

问题九："对这项工作，你有哪些可预见的困难?"

思路：

1. 不宜直接说出具体的困难，否则可能令招聘单位怀疑应聘者"不行"。

2. 可以尝试迂回战术，说出应聘者对困难所持有的态度，如"工作中出现一些困难是正常的，也是难免的，但是只要有坚韧不拔的毅力、良好的合作精神以及事前周密而充分的准备，任何困难都是可以克服的。"

问题十："如果录用你，你将怎样开展工作?"

思路：

1. 如果应聘者对于应聘的职位缺乏足够的了解，最好不要直接说出自己开展工作的具体办法。

2. 可以尝试采用迂回战术来回答，如"首先听取领导的指示和要求，然后就有关情况进行了解和熟悉，接下来制定一份近期的工作计划并报领导批准，最后根据计划开展工作。"

问题十一："与上级意见不一致时，你将怎么办?"

思路：

1. 一般可以这样回答："我会给上级以必要的解释和提醒，在这种情况下，我会服从上级的意见。"

2. 如果面试你的是总经理，而你所应聘的职位另有一位经理，且这位经理当时不在场，可以这样回答："对于非原则性问题，我会服从上级的意见，对于涉及公司利益的重大问题，我希望能向更高层领导反映。"

问题十二："我们为什么要录用你?"

思路：

1. 应聘者最好站在招聘单位的角度来回答。

2. 招聘单位一般会录用这样的应聘者：基本符合条件，对这份工作感兴趣，有足够的信心。

3. 如“我完全符合贵公司的招聘条件，凭我目前掌握的技能、高度的责任感和良好的适应能力及学习能力，完全能胜任这份工作。我十分希望能为贵公司服务，如果贵公司给我这个机会，我一定能成长为贵公司的栋梁！”

问题十三：“你能为我们做什么？”

思路：

1. 基本原则是“投其所好”。

2. 回答这个问题前应聘者最好能“先发制人”，了解招聘单位期待这个职位所能发挥的作用。

3. 应聘者可以根据自己的了解，结合自己在专业领域的优势来回答这个问题。

问题十四：“你是应届毕业生，缺乏经验，如何能胜任这项工作？”

思路：

1. 如果招聘单位对应届毕业生的应聘者明确提出这个问题，说明招聘单位并不真正在乎“经验”，关键看应聘者怎样回答。

2. 对这个问题的回答最好要体现出应聘者的诚恳、机智、果敢及敬业。

3. 如“作为应届毕业生，在工作经验方面的确会有所欠缺，因此在读书期间我一直利用各种机会在这个行业里做兼职。我也发现，实际工作远比书本知识丰富、复杂。但我有较强的责任心、适应能力和学习能力，而且比较勤奋，所以在兼职中均能圆满完成各项工作，从中获取的经验也令我受益匪浅。请贵公司放心，学校所学及兼职的工作经验使我一定能胜任这个职位。”

问题十五：“你希望与什么样的上级共事？”

思路：

1. 通过应聘者对上级的“希望”可以判断出应聘者对自我要求的意识，这既是一个陷阱，又是一次机会。

2. 最好回避对上级具体的“希望”，多谈对自己的要求。

3. 如“作为刚步入社会的新人，我应该多要求自己尽快熟悉环境、适应环境，而不应该对环境提出什么要求，只要能发挥我的专长就可以了。”

问题十六：“您在前一家公司的离职原因是什么？”

思路：

1. 最重要的是：应聘者要使招聘单位相信，应聘者在过往单位的“离职原因”在此家招聘单位里不存在。

2. 避免把“离职原因”说得太详细、太具体。

3. 不能掺杂主观的负面感受，如“太辛苦”、“人际关系太复杂”、“管理太混乱”、“公司不重视人才”、“公司排斥我们××的员工”等。

4. 但也不能躲闪、回避，如“想换换环境”、“个人原因”等。

5. 不能涉及自己负面的人格特征，如不诚实、懒惰、缺乏责任感、不随和等。

6. 尽量使解释的理由为应聘者个人形象添彩。

7. 如“我离职是因为这家公司倒闭。我在这家公司工作了三年多，有较深的感情。从去年开始，由于市场形势突变，公司的局面急转直下。到眼下这一步我觉得很遗憾，但还要面对现实，重新寻找能发挥我能力的舞台。”

8. 如“我离开的这家公司也生产摩托车，可是由于机制问题，产品创新滞后，人才流失严重，而贵公司生产的摩托车能根据市场不断推出新品种，深受广大消费者喜爱，所以我要选择贵公司来发挥自己的专长。”

同一个面试问题并非只有一个答案，而同一个答案并不是在任何面试场合都有效，关键在于应聘者掌握了规律后，对面试的具体情况进行把握，有意识地揣摩面试官提出问题的心理背景，然后投其所好。

后　记

《新闻综合实训》终于和大家见面了。我们开这门课已经有若干年了，学生们反映效果不错，评价其教学形式新颖，训练扎实，收获很大。当时想根据实训内容和过程编写一本教材，只是颇有私心，于是敝帚自珍了数年。近年来，全国各新闻院系对于新闻人才的培养，各出应对奇招，这种人才培养前所未有的突围形势，让我们深思：一个院系的单打独斗，终究无法赢得百花齐放的局面，即便有点探索创新，也应该汇入全国新闻院系改革创新的大潮，共同探索碰撞，这才是新闻教育突出重围的门径。于是便有了今天已完成付印的书稿。

承担本书编写任务的老师有四位。从材料中“拎”新闻、专刊专版的策划与组版、媒体考试由李未熟老师编写；新闻发现、新闻通讯、以通讯员身份为媒体写稿由吴洪霞老师编写；新闻选题、新闻消息由张厚远老师编写；记者调查、述评新闻由毛毅老师编写。

本书在编写过程中，得到许多业界朋友、同行及学生的鼓励和支持，许多宝贵的意见也来自于他们。我们也参考了有关新闻著作、报刊文章及网络资料，对于有具体出处的，我们都作了注释和说明，少量注释起来比较困难的资料则未作注，希望读者朋友看到后联系我们，以便再版时弥补。

《新闻综合实训》一书的出版，如果能对广大师生新闻业务能力的提升作一点贡献，将是我们的荣幸。虽然我们在编写过程中不断完善此书，但缺陷在所难免，因此，我们恳请广大读者不吝赐教，多提宝贵意见。

最后向所有关心和支持本书出版的各界朋友表示感谢！

编　者

2013 年 8 月

NJ 高等学校新闻传播学应用型系列教材

书目

* 新闻传播学导论
* 新编新闻采访学教程
* 中国新闻事业史

西方新闻理论概论（第二版）

* 新闻编辑原理与实务
* 新时期优秀新闻作品评析
* 新闻通讯员实务
* 新闻摄影实务
* 新闻综合实训

新闻心理学

* 电视新闻节目学

电视制作实践教程

* 电视节目策划

电视文艺编导

纪录片创作基础

影视制作技术与艺术

广播编辑与音频制作

视频录制教程

* 网络新闻标题制作

新媒体概论

* 商业博客营销与写作
* 当代新闻采访与写作教程
* 财经新闻报道
* 影视赏析
* 平面媒体电子编辑实训教程

* 已出书